환국, 신시, 고조선조직사

이강식 교수 약력

학력

영남대학교 상경대학 경영학과 졸업 경영학사
경북대학교 대학원 경영학과 졸업 경영학석사
경북대학교 대학원 경영학과 졸업 경영학박사

주요경력

경주대학교 경영학과 교수(현)
경주대학교 경영학과 학과장 역임
경주대학교 교육방송국 주간교수 역임
단군학회 창립발기인(1997. 12. 12.)
고조선단군학회 부회장(현)
한국인사관리학회 부회장(현)
한국경영사학회 부회장 역임
한국자산관리공사(캠코) 선임사외이사 및 경영자문위원 역임
우리금융저축은행 선임사외이사 및 감사위원장 역임
경영컨설턴트

환국, 신시, 고조선조직사

발행일   2014년 2월 25일
지은이   이강식
발행처   상생출판
주 소   대전시 중구 선화동 289-1
전 화   070-8644-3156
팩 스   0505-116-9308
홈페이지 www.sangsaengbooks.co.kr
출판등록 2005년 3월 11일(175호)

ISBN 978-89-94295-73-2
     978-89-94295-27-5(세트)

가격은 뒤표지에 있습니다.

STB
특별기획
역사특강 ❷

환국, 신시, 고조선조직사

|이강식 지음|

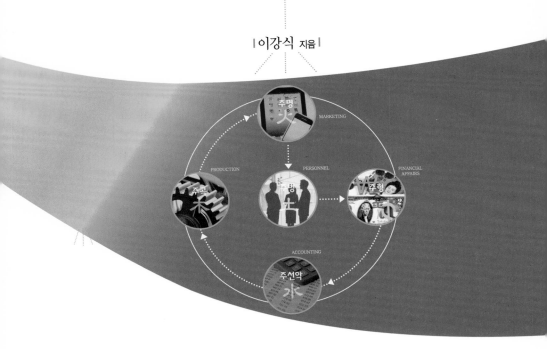

상생출판

국사와 인류사의 진실을 담은
훌륭한 우리 고대사서를 기록하고
전래해 오신 모든 선학님께 이 책을 바칩니다.

환국, 신시, 고조선조직사 서문

역사는 과거와 미래를 잇는 현재의 다리이다. 미래로 가는 현재의 다리를 잘 건너야 올바른 미래로 갈 수 있다. 따라서 모든 역사는 미래사이다. 본인이 조직사, 조직사상사, 역사조직학을 처음 제창하여 연구하여 온 지도 어느 듯 많은 시간이 흘렀다. 이번에 또 하나의 결실을 보게 되어서 무척 기쁘게 생각한다.

이 시대에 이 학문이 왜 다시 나타났을까? 어떤 섭리일까? 학문도 시대에 따라 항용 홀연홀몰하는 것이기는 하지만 이 시대에 이 학문이 다시 나타난 것은 어떤 섭리로 된 것일까? 본인은 기록에 따라 다만 성실히 연구를 할 뿐이다. 장기간의 인내를 감수하며 컴퓨터 전자파를 다 덮어쓰면서 밤잠을 못 자고 붓을 들어 본인이 굳이 기나긴 노고를 자청하는 것은 무슨 까닭인가?

이 시대에 이 국사와 인류사는 왜 다시 나타났는가? 그러나 일만년 우리의 국사는 실로 있는 그대로이며 굳이 나타내거나 달리 숨긴 일은 사실 한번도 없다. 일만년 살아있는 국사는 언제나 있는 그대로이며 이제 연구하여 오로지 새로운 시대의 원대한 진리를 밝혀야 하는 우리의 일만 남아있다. 그것은 오직 우리의 몫이 되었고 본인이 수고를 자청하는 근본 까닭이라고 생각한다.

우리의 학문과 국사는 인류를 위한 진리의 길을 고구정녕하게 밝히고 있다. 길은 다시 시작되었다. 진리로 가는 길은 어렵지 않다. 이제 나아가는 일만 남았다.

본인이 신시조직사에 대한 첫 논문을 발표한지도 햇수로 어언 27년의 장구한 세월이 흘렀다. 그동안 아쉬움은 항상 따르지만, 그 모든 것은 역시 섭리에 맡겨야한다. 모든 길은 하나에서 만난다. 본인이 처음 제창한 조직사, 조직사상사, 역사조직학 분야가 앞으로도 더 많은 발전이 있어 인류를 위한 원대한 길을 제시하여 주기를 바라는 것이다.

이 연구의 주목적은 환국, 신시, 고조선의 고대조직의 이론, 사상, 철학과 실천을 현대조직학의 관점에서 분석하여 조직의 기원과 원형을 밝히고 미래조직학의 발전을 위한 시사점을 찾고자하는 것이다. 특히 고대 천신교조직사상을 살펴보는 데에도 큰 목적이 있다. 동시에 이를 위해 환국, 신시, 고조선의 고대3국에 대한 사관의 변화과정을 밝히고자 하는 것이다. 또 이를 통해 고대사서의 진실성을 밝히는 데에도 많은 기여를 하고자 하였다. 이러한 주목적과 부목적들은 상호연결되어 있고 방대한 내용을 구성하고 있지만 이 연구에서는 가능한 간명하게 살펴보고자 한다.

환국, 신시, 고조선의 고대조직설계자의 이론, 사상, 철학과 실천을 잘 밝혔기를 언제나 바라는 마음뿐이다. 그분들의 조직학과 이론, 조직사상, 조직철학, 조직실천에 대한 훌륭한 업적에 언제나 감사드리며 그분들의 심오한 조직학이 현대조직을 크게 발전시켜 복잡다기한 우리 현대조직사회를 이끌어가는 거대한 광명이 되어주기를 바란다.

뿐만 아니라 일생을 걸고 인류의 진리를 위해 우리 고대사서를 기록하고 지켜온 모든 선학님께도 깊은 감사의 뜻을 전합니다. 그

분들의 노고와 은혜야말로 산같이 높고 바다같이 깊은 것입니다. 우리 후학이 나아가야할 길을 스스로 등불이 되어 분명하게 밝혀 주신 것입니다.

　본인의 이 역사특강 4강은 2010년에 상생방송(STB)에서 "한국고대조직사: 환국, 신시, 고조선조직의 구조와 기능"이란 제목으로 첫 방영되었는데 이제 "환국, 신시, 고조선조직사"란 제목으로 한 권의 책으로 엮어내게 되었다. 당시 방송특강 때의 강의체제와 구어체, 그리고 분위기를 살리면서 어간의 설명을 더욱 보완하는데 많은 노력을 기울였다. 실제 힘든 일이었고 생각 보다 많은 시간이 흘렀다. 그리고 학술서와 교양서를 겸용하도록 하였으며 각주는 별도로 달지 않고 본문 속에서 충분히 설명이 되도록 하였다.

　길은 각자 가야만 하는 것인데 함께 가야한다. 이 특강과 책이 나오기까지 많은 분들의 성원과 수고가 있었고 도와준 모든 분들께 감사의 뜻을 전합니다.

　누구보다 안경전 이사장님의 도움이 가장 컸으며 충심으로 큰 감사의 뜻을 전합니다. 그리고 상생방송국의 모든 임직원, 제작진 분들의 진심어린 큰 힘이 이 책을 완성하게 하였으며 깊이 감사드립니다. 그리고 당시 특강 때에 참석하여 깊은 관심을 보여주었던 방청자께도 감사드리고, 역사특강을 시청하고 본인에게 정성어린 감사의 뜻을 전하여왔던 많은 시청자께도 이 자리를 빌어 오히려 본인이 깊은 감사를 드립니다. 상생방송국이 앞으로도 계속 크게 발전하여 우리나라와 인류의 상생문화창달에 크게 기여할 것을 기원드리는 바입니다. 그리고 이렇게 책을 만들어 준 상생출판사의 임직원 여러분의 노고에도 깊은 감사를 드립니다. 그리고 편집에서 본인의 주관을 많이 반영하였는데 널리 혜량하여 주기를 바랍니다.

학문의 길에서 항상 큰 힘이 되어준 선친과 어머님, 형님 형수님 내외분, 자형 누님 내외분, 조카들의 열성어린 지지에 감사를 드리는 바입니다.

길은 여기까지 나와 함께 하였고 앞으로도 항상 함께 할 것이다. 왔던 길에 감사하며 앞으로 갈 길은 더 광대하지만 진리와 함께, 모두와 함께 하는 길이기에 언제나 즐겁게 갈 것이다. 길은 가면 돌아온다. 진리로 가는 길은 돌아왔다. 그러면 이제 다시 『환단고기』로 돌아가자!

석유환국 중부차서언!(昔有桓國 衆富且庶焉!)

2013. 4. 12.

환단재(桓壇齋)   이강식(李康植)

제2강
신시조직의 구조와 기능

1. 도시국가로서의 신시

2. 신시조직의 구조와 기능

3. 신시조직도와 시사점

제3강
고조선조직의 구조와 기능

제4강
고조선사와 단군사에 대한
사관의 변화과정

제1강
환국조직의 구조와 기능

이강식 지음

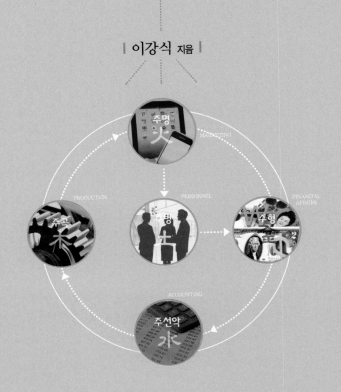

1. 환국의 역사적 실체

　안녕하십니까. 반갑습니다. 경주대학교 경영학과에 재직하고 있는 이강식입니다. 오늘 이렇게 상생방송국에서 하는 역사특강에 초청이 되어서 방송하게 된 것을 굉장히 기쁘고 영광스럽게 생각합니다. 우리나라에서 유수한 방송을 하고 있는 상생방송국이 앞으로 나날이 발전하고 무궁하게 번영할 것을 기원 드립니다.

　이번에 본인이 강연할 부분은 한국고대조직사입니다. 한국고대조직사로서 전부 4강으로 구성을 하겠습니다. 제1강은 환국조직의 구조와 기능이고, 제2강은 신시조직의 구조와 기능입니다. 제3강은 고조선조직의 구조와 기능이고, 제4강은 고조선사와 단군사의 사관의 변화과정을 다루도록 하겠습니다.

　본인은 경영학과에서 원래 경영학을 전공을 하고 있습니다. 그러면서 고대조직사를 개척해서 지금 조직사상사, 역사조직학 분야를 계속해서 공부를 하고 있고, 지금까지 연구한 결과를 다소 발표했습니다. 그래서 이번 이 특강 자리에서 우리 고대조직사와 그 고대조직사가 갖고 있는 사상적 의미, 고대사의 사관의 변화과정, 이런 분야에서 여러분들에게 말씀을 드리도록 하겠습니다. 그리고 조직사, 조직사상사, 역사조직학은 본인이 처음 만든 학문분야입니다. 앞으로 이 학문이 계속 발전하기를 바라는 것입니다.

제1강은 환국조직의 구조와 기능입니다. 여러분들은 환국이라는 이야기를 들으면 어떻습니까? 환국이라는 이야기를 들으면 우리 고대의 시원 국가다, 최초의 국가다, 이렇게 생각이 드십니까? 어떻습니까? 기록상에는 환국이 우리 고대의, 최초의 국가로 기록이 되어있습니다. 그러나 현재 그게 분명하게, 명확하게 역사로 편수가 되지 않아있는 감이 있습니다. 그래서 그 부분을 조금 설명을 드리고자 합니다.

1.1. 환국의 기록

1.1. 환국의 기록

(1) 昔有桓囯, 庶子桓雄,….(『3국유사』, 조선초본).
석유환인 서자환웅

(2) 昔有桓国, 庶子桓雄,….(『3국유사』, 이계복본(정덕본), 1512년 판각).
석유환국 서자환웅

(3) 今考『三國遺事』 載『古記』之 說 云, 昔有桓國 帝釋 庶子桓雄,….
금고 삼국유사 재 고기 지설운 석유환국 제석 서자환웅
(『藥泉集』, 南九萬, 1629~1711).
약천집 남구만

(4) 朝鮮之 初 有 桓國 帝釋 庶子桓雄,….(『修山集』, 李種徽, 1731~86).
조선지 초유 환국 제석 서자환웅 수산집 이종휘

(5) 昔有桓國, 庶子桓雄,….(『校訂 3국유사』, 1902 서, 1904년 발행,
석유환국 서자환웅 교정
일본 東京大 史誌叢書).
동경대 사지총서

* 따라서 囯은 보통 囚의 고자, 国은 확실하게 國의 고자이므로
인 인 국 국
"석유환국,"으로 국명으로 보는 것이 가장 타당함

제1강에서 우리가 봐야할 부분은 바로 환국에 관한 기록입니다. 환국이라는 기록은 일연(1206~89) 스님의 『3국유사』의 조선초본에서는 〈석유환인(昔有桓囝),〉으로 나와 있습니다(1). 석유환인으로 나와 있는데, 바로 이 부분이죠. 그래서 이 글자가 현존 최초의 『3국유사』의 조선초본에 기록이 되어있는 석유환인(囝)입니다. 그런데 이 글자가 오히려 국(国, 國)자냐? 아니면 또 다른 글자냐? 하는 의문이 있을 수 있습니다. 그 의문이 어디서 풀렸냐 하면, 이 『3국유사』를 다시 찍었는 것이 보통 우리가 지금 현재 통행본(通行本)으로 많이 보고 있는 『3국유사』의 「정덕본」입니다. 이것은 경주에서 찍었습니다. 본인이 생각하기에는 「경주본」이다, 이렇게 이름을 붙여도 괜찮지 않을까 라고도 생각을 합니다만, 그러나 원래 판본의 이름 붙이는 전통에 따라 이름을 붙이면 이를 발행한 경주부윤 이계복(李繼福 1458~?) 선생의 이름을 따라 「이계복본」이라고 이름 붙이는 것이 가장 타당하겠죠. 이계복 경주부윤도 『성종실록』 편찬(1495~9)에 편수관으로 이미 참여하신 경력이 있는 분으로서 유교사관의 정통성과 전문성을 갖춘 뛰어난 유가라고 봅니다.

이처럼 1512년에 경주에 계신 유가들은 이 글자를 국(国)자로 확실하게 인쇄를 했습니다(2). 그렇게 인쇄를 했기 때문에 <ruby>昔<rt>석</rt></ruby><ruby>有<rt>유</rt></ruby><ruby>桓<rt>환</rt></ruby><ruby>國<rt>국</rt></ruby>이 맞는 거죠. 그 유가들이, 한문에 아주 대가이신 분들이 이 글자를 국(国, 國)자로 분명하게 인식을 하고 판각을 했다는 것입니다. 그런데 그것만이 아니고, 그 후로 계속해서 석유환국으로 나옵니다. 남구만(南九萬) 선생의 『약천집(藥泉集)』에 보면 『고기(古記)』를 기록하면서 〈<ruby>昔<rt>석</rt></ruby><ruby>有<rt>유</rt></ruby><ruby>桓<rt>환</rt></ruby><ruby>國<rt>국</rt></ruby> <ruby>帝<rt>제</rt></ruby><ruby>釋<rt>석</rt></ruby> <ruby>庶<rt>서</rt></ruby><ruby>子<rt>자</rt></ruby><ruby>桓<rt>환</rt></ruby><ruby>雄<rt>웅</rt></ruby>,〉 이렇게 해서 석유환국으로 분명하게 우리 고대 최초의 국가를 기록을 했습니다(3). 그 뿐만 아니고, 그 다음에 이종휘(李種徽) 선생의 『수산집(修山集)』에서도 〈<ruby>朝<rt>조</rt></ruby><ruby>鮮<rt>선</rt></ruby><ruby>之<rt>지</rt></ruby><ruby>初<rt>초</rt></ruby> <ruby>有<rt>유</rt></ruby> <ruby>桓<rt>환</rt></ruby><ruby>國<rt>국</rt></ruby> <ruby>帝<rt>제</rt></ruby><ruby>釋<rt>석</rt></ruby> <ruby>庶<rt>서</rt></ruby><ruby>子<rt>자</rt></ruby><ruby>桓<rt>환</rt></ruby><ruby>雄<rt>웅</rt></ruby>,〉이라고

해서 환국을 분명하게 기록을 했습니다(4). 그래서 조선시대에 환국이라는 국가를 조선유가들은 분명하게 기록을 하고 있었죠.

근데 그 뿐만 아니고 사실은 일본 사람들이 1904년에 동경대에서 사지총서를 발간할 때에, 그때 『3국유사』를 활자본으로 발행을 했습니다. 발행을 할 때에 〈昔有桓國^{석유환국}, 庶子桓雄^{서자환웅},〉이라고 해서 환국이라는 것을 분명하게 인쇄를 했단 말이죠(5). 일본사람들도 한일합방 전에는 석유환국으로 봤습니다. 동경제국대학에서 그렇게 봤으면 된 것 아니예요? 뭐, 다르게 말할 것이 있나요? 그러나 지금은 그렇게 잘 안 보겠죠. 그점은 조금 아쉽지만, 그러나 이처럼 우리나라의 고려시대나, 조선시대에나, 일본에서 최초에는 석유환국으로 인식을 했다는 것입니다. 그래서 우리 고대의 최초의 국가가 환국이라는 것은 기록상으로 인정이 되는 것입니다.

인정이 되는데, 다만 이 인(田)자를, 조선초본에 나오는 이 인(田)자를 어떻게 해석하느냐? 하는 것이 조금 문제가 되겠습니다. 그래서 이 인자를 일반적으로 인(囙)자, 환인할 때 인(囙)자의 고자가 아니냐? 흔히 그렇게 보는 사람이 또 있을 수 있습니다. 물론 그런 용례가 있죠. 그러나 그것은 조금 약간 어색한 번역이 될 수 있기 때문에 더 연구가 필요하다는 것이죠.

1.2. 번역의 측면

그 다음에 보면, 번역의 측면에서 왜 이것이 환국이냐? 그걸 보겠습니다. 그런데, 원래대로 이것을 환국으로 해석을 하면, 〈옛날에 환국이 있었는데, 그 환국의 서자 환웅은〉으로 번역이 되는데 이렇게 국가로 해석하면 번역이 가장 순조롭다는 거죠(6). 번역이 가장 순조롭습니다. 근데 흔히 일부 사람이 지금 생각하듯이 만약 이걸 환인으로 보면, 〈옛날에 환인하느님이 계셨는데,〉 라고 번역이 되는데(7), 이렇게 번역하면 뭐가 이상하냐면, 이 환인이 어떤 분입니까? 하느님이시거든요. 그러니까 하느님이시니까, 옛날에 하느님이 계셨다, 이런 말을 하면 좀 이상하잖아요. 그렇죠? 하느님은 항상 여기서, 현재, 우리와 함께(Here and Now, with Us) 계시는 분이 하느님이죠. 옛날에 있었고 지금은 없다, 그러면 그 분이 하느님이 될 수 있습니까? 안 되죠. 그러니까 보통 일부 사람이 생각하는 것처럼 〈석유환인(因),〉 환인(因)으로 번역하면 그것이 오히려 더 어색하다는 거죠. 하느님을 어떻게 과거에 있었고, 지금은 어떻다, 이렇게 말할 수 있나요? 그럴 수는 없죠. 그러니까 환인이 오히려 더 어색한 번역이다, 본인이 볼 때는 그렇습니다.

그래서 또 환인을 신이 아니고 사람으로 생각하면 어떨까요. 보통 요즘은 이렇게 사람으로는 잘 생각하지 않죠. 그렇다면 환인은 어떤 분일까요? 〈옛날에 환인이라는 분이 계셨는데,〉 했을 때는 이 환인은 천제로서의 환인이죠(8). 그러니까 천황, 또는 천왕, 왕으로서의 환인이란 말이죠. 그러면 천제로서 환인이라고 할 때는 그 천제로서 다스렸던 나라이름이 있을 것 아닙니까? 그렇죠? 나라이름이 있을 것이다, 그렇죠? 그 나라가 반드시 국가이름이 있을 것이란 것이죠. 그러면 국가를 상상할 때는 환국을 안 떠올릴 수가 없죠. 환인이 천제로서 사람이라면 오히려 원문에 직접 나와 있는 나라이름인 환국이 더 우선적으로 채택이 되어야하는 것이죠. 만약 이 분이 환인이라고 하면 오히려 환국이 더 맞는 말이라는 것입니다. 국가가 있어야 하니까, 말이죠. 국가이름이 나와 있지 않습니까? 그러니까 (7)과 (8)의 번역은 언뜻 보면 그럴 듯하지만 실제 내용상으로 보면 (6)의 번역이 제일 타당하다는 거죠. 그러니까 고판본에 나온 이 글자(田)는 환인(桓因), 인(因)자가 아니고, 오히려 환국(桓國), 국(国, 國)자의 고자가 맞을 수 있는 가능성이 있다는 것입니다.

그런데 이 환국(桓田, 桓国)에 일연 스님이 〈謂 帝釋也.〉라고 주(註)를 달았기 때문에 또 환인(桓因)이 맞지 않느냐는 견해가 있을 수 있습니다만 그러나 그것은 주(註)의 문제이고 어디까지나 원문이 우선적으로 존중되어야 하는 것입니다. 그런데 더 나아가서 만약 환인(桓因)이 맞고 불교의 제석이라면, 그리고 그것을 많은 사람이 알고 있다면, 굳이 일연 스님이 〈謂 帝釋也.〉라고 주를 달 필요가 있었을까요? 물론 주를 달 수는 있지만 굳이 달 필요는 없었을 것으로 봅니다.

그러면 환국(桓国)에 왜 〈謂 帝釋也.(위 제석야)〉라고 주를 달았을까요? 그러므로 그 뜻을 조금 의역하여서 〈(제석의 나라를 이른다.)〉라고 해도 무방하지 않을까, 생각합니다. 왜냐하면 우리가 〈하늘(天)〉이라고 했을 때에는 이에는 인격천으로서의 하늘(하느님, 天神)과 자연천으로서의 하늘(하늘天, 하늘나라 天國)이 다 같은 의미로 내포되어있기 때문입니다. 따라서 제석에는 제석신과 제석의 나라의 의미를 다 같이 내포하고 있다고 보는 것이 무방할 것입니다. 즉 제석이 제석천이므로 의미를 더 연장하여서 〈제석천국(帝釋天國)〉의 의미로 해석하면 순조롭게 해석이 되는 것입니다.

그런데 또 다른 의문은 환인이라고 하더라도 환인을 〈謂 帝釋也.(위 제석야)〉라고 하여 불교의 제석으로 격의할 수 있을 것인가? 하는 것입니다. 왜냐하면 환인은 우리의 최고신인 천제, 상제이신 하느님이고 불교의 제석은 부처를 호위하는 낮은 단계의 신이기 때문입니다. 이는 뒤에서 제4강에서 다시 보도록 하겠습니다. 그러므로 일연 스님의 주(註)는 존중을 하지만 그러나 더 살펴보아야 할 부분이 많은 것입니다.

그러므로 다르게 보면 제석은 도리천(忉利天)의 선견성(善見城)에 주석을 하는데 이를 다 적으면 〈謂 帝釋之 忉利天 善見城也.(위 제석지도리천 선견성야)〉라고 해야하므로 이를 줄여서 썼다고 보면 좋을 것 같습니다.

그래서 〈석유환국,〉 이것은 『3국유사』에 기록된 우리 최초의 고대국가의 이름이라는 거죠. 그러면 환인은 어디서 최초에 나오느냐? 하면 그것은 이승휴(李承休 1224~1300) 선생의 『제왕운기(帝王韻紀)』(1287)에서 처음에 나옵니다. 『제왕운기』에는 〈上帝 桓因(상제 환인)〉, 그렇게 시작하죠. 아예 상제 환인이라고 나옵니다. 그런데 『3국유사』는 〈昔有桓國,〉^{석유환국} 환국으로 나온단 말이죠. 그러면 왜 그런 차이가 생겼느냐? 생각을 해보면 『3국유사』에 인용된 『고기』는 천신교(天神敎), 불교(佛敎) 쪽의 기록이라는 거죠. 천신교, 불교에서는 환국을 강조한 것이고, 『제왕운기』는 유가사관, 유교 쪽이죠. 유교 쪽에서는 국가로서의 환국이나 신시를 잘 인정하지 않고 신으로서의 환인을 인정한다는 거죠. 그러므로 유가 쪽에서는 고조선부터 우리나라 최초의 국가로 봅니다. 현재 기록으로 보면 고려시대 때부터의 유가의 전통이죠. 물론 그 전통은 3국시대의 유가에서 나왔을 수도 있는데 이는 앞으로 기록이 더 발굴이 되면 알 수가 있겠습니다. 따라서 기록이 있는 고려유가부터의 그 부분은 본인이 제4강에서 다루도록 그렇게 하겠습니다. 제4강에서 조금 더 자세히 보기로 하겠습니다.

여기서는 우선 환국의 역사적 실체를 조금 더 설명을 하도록 하겠습니다.

---

(9) 臣 先齊 夷考 『三國遺史』 有曰, 『古記』 云, 昔有桓因,
（신 선제 이고 삼국유사 유왈 고기 운 석유환인）

庶子桓雄, ….(『단종실록』, 이선제, 1452).
（서자환웅）

* 여기서 보면 "昔有桓因,"（석유환인）으로 되어있으나 이는 조선에서 고조선 이전의 환국, 신시의 역사를 인정하지 않는 사관에서 형성된 기록이므로 오자라기 보다도 역사수정으로 봐야할 것임, 이는 제4강에서 다시 살펴보겠음

* 이를 수정한 것은 이선제일 가능성도 있고 『단종실록』(1469년 완성 추정)의 편찬자(신숙주, 노사신 등 편찬 추정)일 가능성도 있음

그러면 여기서 먼저 설명을 해야 될 부분이 있습니다. 뭐냐 하면 『단종실록』에 보면 이선제(李先齊, 세종대의 문신)라는 분이 1452년에 상소문을 올렸습니다. 이 분이 경창부윤(慶昌府尹)을 하실 때에 황해도에 여러가지 문제가 생겼습니다. 그래서 그 상소문을 올렸을 때에, 이 분이 『3국유사』를 인용해서 상소문을 올렸습니다. 거기 어떻게 되어있냐면 『고기(古記)』, 『3국유사』의 「고기」를 보시고 〈『古記』 云, 昔有桓囙, 庶子桓雄,…〉이라고 기록을 했습니다. 거기 보면 환인으로 돼 있죠. 이것은 오히려 어떻습니까? 『3국유사』의 「이계복본」보다 60년 앞선 시기다, 이거죠. 그러니까 이 분은 고판본을 봤을 때에 〈昔有桓囙,〉으로 봤다는거죠. 그런데 60년 뒤의 「이계복본」을 쓰고 판각한 분들은, 1512년의 유학자들은 환국(桓国)으로 봤다는 거죠. 그래서 그 같은 책을 봤을 텐데글자를 다르게 봤다는 것이죠. 그러면 지금에 와서 어떤 사람들은 원본에있는 글자가 환인(桓囙) 아니냐? 하겠죠. 이선제(1452)와 『단종실록』(1469년 완성 추정) 편찬자 분들이 「이계복본」(1512)을 판각한 분 보다먼저 보신 분들이니까, 말이죠. 그런 문제가 있는데, 그것은 이제 조선시대의 유가사관을 우리가 이해해야한다는 것이죠. 조금 전에 말한 대로 고려시대의 유가사관이나 조선시대의 유가사관은 환국을 인정을 잘 안 하는 거죠. 인정 안하기 때문에 상소문을 올릴 때에 가급적 환국이란 말을빼려고 하겠죠. 그런 이유가 있었다는 거죠. 이선제 경창부윤도 이미1423년에 『고려사(高麗史)』를 개수(改修)할 때 사관(史官)으로 참여하여원전(原典)을 따르도록 의견을 제시하였고 또 그후 세종의 명으로 『고려사』를 개찬(1449)할 때에도 참여하였고, 그 사이에 『태종실록』(1431)을편찬할 때에도 춘추관 기사관으로 참여한 바가 있는, 유교사관에 정통하며 역사적 전문성을 갖춘 뛰어난 유가였다는 것을 알 수 있습니다.

그러면 문제는 뭐냐면, 신시도 문제가 된다는 거죠. 왜냐하면 이선제 경창부윤이 올린 이 상소문에는 뭐가 또 빠져있냐면 〈謂之 神市〉도 빠져 있습니다. 환국과 신시를 다 빼고 상소문을 올렸다는 것이죠. 이해 되겠습니까?

<u>그러면 고조선부터 시초국가가 되는 거죠.</u> 기록을 이렇게 수정한 가장 근본이유는 (고)조선을 우리 역사의 최초국가로 편수하기 위함이죠. 그것이 고려와 조선의 유가사관의 가장 큰 특징이죠. 그 이전에 천신교와 불교사관에서는 조금 다르죠. 천신교에서는 환국부터 고대국가로 보고, 불교에서는 신시부터 역사, 우리 고대국가의 역사로 시작하는 걸로 미루어 짐작할 수 있습니다. 그 부분은 나중에 또 설명하도록 하겠습니다.

그래서 이 환국을 환인으로 조금 고치고 신시를 뺀 것, 이것을 제4강에서 자세히 논증하도록 하겠습니다만, 이것이 유교사관의 가장 큰 특징이므로 이 수정은 유교사관의 일관된 편사방침에 따라 이루어졌다는 것을 알 수 있으므로, 이선제 부윤의 기록이 수정이 된 것이고 원전이라고 볼 수는 없다는 것이죠. 즉 〈昔有桓厷〉이 아니고 〈昔有桓國〉이 맞다는 것이죠. 그러면 이 수정을 이선제 부윤이 한 것이냐? 아니면 또 조금 넓게 생각하면, 『단종실록』을 기록하신 분들이 누구냐면, 신숙주 또는 한명회, 최항, 노사신, 이런 분들인데, 이 분들이 하셨느냐? 는 것이죠. 그래서 아마도 이 『단종실록』을 편수하는 편수관들이 조금 고쳤을 가능성도 있습니다. 왜냐면 이 분들 또한 뭡니까? 역사를 편수할 때에 자신들이 갖고 있는 사관에 따라서 기록을 조금 조절을 한다는 거죠. 그래서 오히려 이 『단종실록』의 편수관들이 조금 이것을 수정한 것이 아니냐? 고 볼 수도 있죠. 그 때는 언제냐면 추정인데 1469년으로 봅니다. 1469년에 『단종실록』을 편수할 때에 편수관들이 고쳤느냐? 아니면 이선제 부윤이 1452년

에 상소문을 올릴 때 이미 고쳤느냐? 그 두 가지 문제는 생각할 수 있습니다.

그러나 이처럼 『단종실록』에 〈昔有桓因〉이 기록되어있다고 해서 반드시 그 글자를 환인으로 볼 수 있느냐? 하는 것은 매우 별개의 문제라는 거죠. 그 점을 먼저 설명을 드렸습니다.

그래서 환국의 역사적 실체에서 기록은 분명하다는 거죠. 기록은 그 글자를 국(國)자로 보는 것이 가장 분명하고, 따라서 환국으로 보고 우리 고대사를 환국, 신시, (고)조선의 고대3국으로 편수하는 것이 가장 타당하다, 그렇게 보고 있습니다. 그렇게 보면 조선초본의 〈환인(桓因)〉의 〈인(因)〉자가 인(因)자의 고자가 아니고 오히려 국(国, 國)자의 고자 또는 속자라고 보는 것이 맞을 가능성도 상정해 볼 수 있는데, 이는 물론 계속 연구해야 하겠습니다.

그러면 이선제 경창부윤과 이계복 경주부윤이 모두 유가사관에 정통하신 전문가 분들인데 왜 이렇게 기록의 차이가 발생하는가? 하는 문제가 있습니다. 그러나 그것은 모두 유가사관 내부의 강조점이 다르기 때문으로 볼 수 있습니다. 유가사관의 바탕은 역시 춘추필법이죠! 춘추필법! 그런데 이 문제 역시 매우 주요하고 꼭 살펴봐야하지만 차후에 기회를 충분히 갖고 살펴보도록 하겠습니다. 이 연구의 범위를 조금 넘어서기 때문입니다.

1.3. 환국의 연대

1.3. 환국의 연대

(10) 昔有桓國,…初 桓仁 居于 天山,…傳 七世,

歷年 共 三千三百一年,

或云 六萬三千一百八十二年.(『환단고기』, 6면).

＊ 여기서 환국의 역년 3,301년은 타당성이 있다고 봄

＊ 『환단고기』에 따르면 신시의 역년은 1,565년, 그리고 고조선의
역년이 2,096년이고, 올해(서력 2009)가 단기 4342년이므로
환국은 지금부터 9,206년전에 건국되어 약 1만년의 역사를 가
지므로 이는 인류문화사와도 비교적 일치함

＊ 신시는 5,906년전에 건국

그러면 역사라는 것은 연대가 중요하죠. 연대를 언제로 보느냐?
하면은 그 부분도 우리 기록에는 잘 나와 있습니다. 『환단고기』에 보
면 〈昔有桓國,…初 桓仁 居于 天山,…傳 七世, 歷年 共 三千三百一年,
或云 六萬三千一百八十二年.〉으로 나와 있습니다(10). 그러니까 환국의
역년이 3,301년이라는 거죠. 이 연대는 다소 타당성을 가집니다. 왜냐하
면 신시의 역년이 1,565년입니다. 그리고 고조선의 역년이 2,096년이고,
올해(서력 2009)가 단기 4342년이기 때문에 환국은 지금(서력 2009)부
터 9,206년전에 건국됐다, 그렇게 연대를 추정해볼 수가 있습니다.

1.4. 환국의 인류문화사적 의미

> **1.4. 환국의 인류문화사적 의미**
>
> (11) 1만년전에 이르러 인류는 바야흐로 세계를 변화시키는 혁명에 돌입하게 되었다. 1만2천년전 경에 빙하가 최종적으로 (단순히 일시적이라고 해야할지) 후퇴하여 간 다음에 농업혁명이 일어났던 것이다.(『화석 인간의 꿈 – 인류의 기원, 본질과 장래』, 리처드 리키, 로저 레윈, 1979, pp.214~5).
>
> * <u>1만년전의 인류의 농업혁명과 비교적 일치</u>
> * <u>농업혁명으로 잉여가치가 발생하고 국가조직이 발생하였을 가능성이 높음</u>

그 연대가 왜 타당하냐면 건국이 약 1만년의 역사를 가진다는 거죠. 그러면 인류문화사와 비교적 일치할 수가 있습니다. 그러면 인류의 문화사에서는 어떤 문제가 발생하느냐? 약 1만년전에 어떤 일이 있었는가? 하는 그것을 보면, 대개 그때 1만년전을 고고인류학이라든지, 문화인류학에서도 인류역사상 최초의 농업혁명이 일어났다고 보는 것입니다. 이를 다르게는 신석기 농업혁명, 신석기혁명(the neolithic revolution)이라고도 하죠. 그 농업혁명이 1만년전에 일어났고 그것이 환국의 건국연대하고 비교적 일치한다는 거죠.

그러면 6만3천1백8십2년은 뭡니까? 약 7만년전! 그것은 지금으로서 조금 추론하기가 어렵습니다. 그러면 7만년전에 우리 인류역사에서 어떤 국가가 나타날 수 있는, 그런 어떤 토대가 있었느냐? 하는 그 문제는 앞으로 계속 연구해야할 분야이고, 현재로서는 학문적으로 인정되는 것은 약 1만년전의 농업혁명입니다. 1만2천년전 빙하기가 끝나고, 전 세계에서 동시다발적으로 농업이 발전하게 됐죠. 원시농경이 시작됐다는 겁니다. 이건 지금 학자들이 다 인정하고 있습니다. 원시농경이 남미의 옥수수, 그리고 지중해의 밀, 그리고 동남아시아의 벼농작, 이런 것이 전 세계적으로 동시다발적으로 시작되어 농경문화가 발전하게 됨으로써 인류가 획기적으로 발전하게 되었습니다.

뿐만 아니라 세계최고의 볍씨는 우리나라 충북 청원군에서 발굴(2001)된 소로리 볍씨인데 과학적으로 연구한 결과 13,000년~15,000년전의 볍씨로 밝혀졌습니다. 따라서 구석기말의 볍씨로서 신석기 초에 농업혁명이 일어났다고 보는 것과 일치하므로 환국의 건국의 물적 토대가 입증된다고 보는 것입니다. 또 이는 벼농사가 오히려 우리나라에서 최초로 기원했을 가능성이 있다는 것을 의미합니다.

그래서 이제 이 농업혁명으로 잉여가치가 발생하게 되고 관리가 필요한 거죠. 또 외지의 침략이 들어오니까 방어도 해야 하고, 그래서 관리가 필요하고 국가조직이 발생한다는 거죠. 그래서 이 문제는 대개 비교적 1만년전에 1차 농업혁명이 발생했기 때문에 환국이 건국될 가능성이 있다고 보는 것입니다.

그러면 우리만 그렇게 보는 게 아니고 서구에서는 뭐가 있습니까? 서구에서는 플라톤(Platon, BC 428?~BC 327?)이 『티마이오스(Timaeus)』와 『크리티아스(Kritias)』에서 기록을 한 것으로 아틀란티스 대륙(Atlantis Continent) 국가가 있습니다. 그러면 그 아틀란티스 대륙,

그 국가를 대개 언제로 보느냐? 지금으로부터 약 1만1천6백년전에 종언을 한 것으로 보는 견해가 있습니다. 종언년도는 플라톤의 기록으로 역산을 했죠. 그러면 서구의 아틀란티스 국가가 종언을 할 즈음에 우리의 환국이 건국하였다고도 볼 수 있지만, 그러나 환국이 7만년전에 건국하였다면 환국이 훨씬 더 전에 건국되었다고 볼 수 있는 거죠. 같은 나라는 물론 아니겠죠. 그쪽은 저쪽 서유럽하고 아프리카의 서쪽에 있었던 거대한 섬이라고 하는데, 같은 나라는 아니지만, 전 세계적으로 그런 문화가 발전할 때 저쪽에서는 아틀란티스 국가가 건국되고 이쪽에서는 환국이 건국될 수가 있다는 거죠.

그러면 그 기록도 많이 나오는 것도 아닙니다. 플라톤이 핵심적인 것으로는 그저 몇 마디 해놨단 말이죠. 그 마찬가지입니다. 근데 오늘날 많은 고고학자들이 그 나라를 찾으려고 지금 바다 속을 뒤지고 있습니다. 발굴을 하고 굉장히 노력을 하고 있습니다. 노력하면 그 아틀란티스 문명도 찾겠지만 다른 여러 가지 부수적인 문화도 찾을 수가 있습니다. 과거 역사를 찾을 수가 있겠죠.

우리도 마찬가집니다. 환국은 『3국유사』, 『환단고기』 등에서 한 줄, 두 줄 나오지만, 그러나 그것을 우리가 연구하고 또 계속해서 발전시켜 나가면 많은 사실, 우리 고대역사에 있어서 많은 사실을 알 수가 있겠죠. 그러니까 이 기록을 소중히 여기고 우리가 연구를 또 해야 한다는 것이죠.

우리가 왜 역사를 연구할까요? 왜? 본인한테 만약 묻는다면, 왜 역사를 연구합니까? 라고 묻는다면 본인은 한마디로 답변할 수 있습니다. 〈"기록이 있으니까."〉 기록이 있으니까 연구를 하는 거죠. 역사는 기록이니까, 기록이 중요하죠. 그러니까 그 『3국유사』의 한 줄, 우리가

<ruby>昔<rt>석</rt></ruby><ruby>有<rt>유</rt></ruby><ruby>桓<rt>환</rt></ruby><ruby>國<rt>국</rt></ruby>이라고 분명하게 읽는, 지금 그 기록이 나온단 말이죠. 이렇게 석유환국이라는 것이 분명하게 기록되어 나오니까, 이 기록을 가지고 우리가 환국을 계속해서 연구하면 우리 고대의 시원국가도 밝힐 수 있고 또 이제 여러 가지 고대역사를 더 깊이 연구할 수 있는 것입니다.

그러면 이런 환국에 대해서 본인이 앞에서도 『환단고기(桓檀古記)』를 인용했습니다. 『환단고기』를 인용하기 때문에 여러분들이 과연 『환단고기』의 역사적인 가치가 어느 정도냐? 하는 것에 의문을 갖습니다. 근데 『환단고기』의 역사적 가치는, 본인은 그렇게 생각합니다. 지금 이 순간, 이 특강을 하는 이 순간까지 『환단고기』가 특별히 진서가 아니라는 특정 증거는 아직까지 없었습니다. 본인을 설득시킬 수 있는 어떤 증거도 아직 본인은 보지를 못했어요. 그래서 『환단고기』는 아직까지는 우리가 인용해서 계속 연구할 가치가 있습니다. 향후 어떤 연구가 나올지, 그건 더 두고 봐야겠습니다만, 현재로서는 특별히 역사적 가치를 인정 안할 수 있는 특정 증거는 아직 본 적이 없습니다. 어떤 사람은 또 글을 써서 그렇게 얘기했습니다. 〈『환단고기』에 원시국가의 체통을 밝혔다.〉 이런 말이 나온다, 이거죠. 원시국가가 현대용어 아니냐? 이런 말을 하는 사람도 봤습니다. 그러나 원시국가가 현대용어일까요? 현대용어가 아니죠. 왜냐면 원시국가라는 말은 원래 없습니다. 원시사회는 있겠죠. 원시사회는 있어도 원시국가란 말은 있을 수가 없습니다. 특히 『환단고기』가 발간되기 전에 현대용어로 원시국가란 말은 없었죠. 없지만은, 근데 이제 우리가 원시국가라는 말을 생각한다면 그 원시라는 것은 뭡니까? 미개한 국가, 프리미티브한 국가(primitive state)다, 이게 아니고, 여기서는 시초의 국가, 시원의 국가란 뜻이죠. 그러니까 영어로 말하면 비기닝(beginning)한 국가

다, 이거죠. 그러니까 시초, 최초의 국가다, 그러니까 시원국가다, 이거죠. 시원국가! 원시라고 해서 미개하지만 국가를 이룬다, 그런 현대의 뜻은 아니란 말입니다. 시원, 시초, 최초의 국가다 는 것입니다.

학문적으로 그런 말을 많이 쓰지 않습니까? 〈원시유교〉, 이런 말을 많이 쓴단 말이죠. 원시유교가 미개한 유교입니까? 그건 아니죠. 그러니까 시초, 최초의 시발된 초기 모습이다, 이런 뜻이란 말입니다.

그래서 『환단고기』에 나와 있는 그 원시국가도 시초의 국가다, 그렇게 생각하면 되는데, 그렇다고 시초의 미개한 국가다, 그렇게 생각하면 안된단 말입니다. 좀더 자세하게는 〈근원에서 시작한 최초의 국가〉라고 보면 됩니다. 이 원시나 시원은 우리 고대의 역사서나 철학서에도 자주 나오는 핵심 개념입니다. 이는 『주역』「계사 하」에 나오는 〈원시요종(原始要終)〉이 잘 알려져 있죠. 그리고 〈원시반종(原始反終)〉, 또 〈원시반본(原始返本)〉도 자주 나오죠. 그리고 도교에서는 최고의 신을 〈원시천존(元始天尊)〉이라고 하죠. 그래서 그것이 현대용어가 아니라는 거죠. 그래서 어떤 사람들은 자기는 아주 뭐 현대용어를 『환단고기』에서 발견했다, 이렇게 생각하고 글을 쓰지만 실제로는 그렇지 않습니다. 여기의 원시국가란 말을 만의 하나 현대용어로 보아도 〈미개한 국가의 체통〉을 밝혔다고 할 수가 없는 것이죠. 미개한 국가에 무슨 체통이 있나요? 그러므로 〈시초의 훌륭한 국가의 체통을 밝혔다〉, 즉 국가근원의 시초국가의 훌륭한 체통을 밝힌다, 그런 뜻으로 봐야한다 는 것입니다. 다시 말하면 『환단고기』의 원시국가는 최초의 훌륭한 국가라는 뜻으로 보면 비교적 원 뜻에 가깝게 되겠습니다.

현재까지 『환단고기』의 역사적, 역사학적 가치를 낮게 볼 이유는 없다고 봅니다. 『환단고기』는 고대사의 진실을 가장 원형적으로 담고 있는 사서로서 저술 자체에 대해서는 과도한 의문을 가질 필요는 없다고 봅니다. 물론 후대에 필사되면서 각자의 사관과 주관에 따른 약간의 가필이 있을 가능성은 약간이나마 있습니다만 그것은 사서의 편수에서 항용 있는 문제입니다. 그것은 앞에서 이선제와 이계복 부윤이 기록한 『3국유사』에서도 잠시 살펴보지 않았습니까? 그런 문제는 사서에서 항상 있는 것입니다. 그것은 우리가 계속 연구를 하지만, 그렇다고 해서 환국이 아주 뭐 초고대국가로서, 아주 문명, 문화가 아주 아틀란티스 대륙 국가처럼 발달한 그런 나라냐? 하는 그런 측면은 앞으로 더 연구를 해봐야겠습니다만, 그보다 시원국가니까, 시원국가의 측면에서 봐야겠죠. 1만년전에 국가가 있었다고 해서, 그것을 아주 초고대문명으로 생각하는 것은, 조금, 현재로서는 조금 상정하기는 어렵다는 겁니다. 현재의 자료나, 기록, 문물증거로서는 그렇게 보기가 어렵지 않은가 합니다. 물론 앞으로 계속적인 연구가 나와서 초고대적인 측면도 밝혀진다면 좋겠고 또 그렇게 되기를 깊이 희망합니다. 그래서 그런 측면에서 우리가 앞으로 환국을 계속 연구를 한다면 좋은 결과를 얻을 수 있을 걸로 보겠습니다.

1.5. 환국의 의미

> ### 1.5. 환국의 의미
>
> * 환국은 환한 나라, 밝은 나라, 흰 나라, 하늘나라, 광명의 나라의
>   의미로 봄, 하느님나라, 天國(천국)
> * 따라서 그 후의 신시(배달), 조선(단군), 3한(간, 칸, 킹), 발해 등
>   의 이름의 기원이 되었다고 봄
> * 신라도 구개음화의 관점에서 보면 흰 나라(환국)에서 유래되었
>   다고 볼 수 있음
> * 환인도 같은 맥락에서 환웅, 단군, 박혁거세거서간, 동명성제 등
>   의 칭호로 계승이 되었다고 봄

다음엔 환국의 의미겠죠. 환국은 어떤 뜻일까요? 그것은 글자에 나와 있는 그대로 환한 나라다 라고 봅니다. 환한 나라, 밝은 나라, 그리고 흰 나라, 밝고, 하얀, 투명하고, 깨끗하고, 순결하고, 순백한 나라라는 것이죠. 왜냐하면 하늘에서 천제가 내려오셔서 다스리는 이화된 세계이기 때문이죠. 그러니까 아주 밝고, 투명하고, 공정한 나라다, 그런 뜻이겠죠. 그러니까 다르게 말하면 환국은 하늘나라다, 하늘나라니까 천국이다, 천국이면 하늘에 있는데, 그 하늘에 있는 천국을 이 땅에 구현한 것이죠. 이 땅에 하늘의 천국, 하느님나라를 구현한 그런 환국이다 는 것이죠. 그래서 보면 광명이다, 광명의 나라, 빛의 나라다, 밝은 나라다, 이런 뜻을 가지고 있습니다.

1.6. 환국의 계승국가

1.6. 환국의 계승국가

* 따라서 현재 한국이 환국의 유일, 정통 계승국가이며,
* 험윤(獫狁), 훈죽(熏粥), 흉노(匈奴), 호(胡), 오환(烏桓) 또 4C중반의 훈(Hun)족 등의 이름을 볼 때, 이들이 고대 桓國^{환국}에서 뻗어나간 또 다른 국가였을 것으로 봄
* 따라서 환국의 역사적 실체는 분명하다고 봄

그러면 우리가 역사적으로 이런 환국의 의미를 계승한 나라를 보면 역시 배달이죠. 배달은 밝은, 밝다, 그런 뜻이죠. 밝은 신시! 조선도 마찬가지죠. 아침이 선명한 나라, 아침 밝은 나라, 아침이 밝아오는 나라이고, 단국, 역시 마찬가지죠. 박달나무 단자니까 밝은 나라죠. 3한의 한도 마찬가지죠.

환국의 환(桓)자도 발음을 한으로 할 때가 있습니다. 기록에도 나와 있습니다. 한으로 할 때가 있으니까, 3한도 3환으로 환국을 계승한 나라죠. 그리고 한이 간이나 칸, 킹의 뜻을 가지고 있다는 거죠. 그 다음에 발해도 밝은 해(明日), 밝은 나라, 그런 뜻이죠. 발해에 환주가 있었습니다. 환주(桓州)가 발해에 있었는데, 환주가 지금 뭐가 되었습니까? 지금 중국의 환인(桓仁)현이 발해의 환주입니다. 발해의 환주는 원래 고구려의 초기 도읍지인 홀본(忽本)입니다. 홀본이 흘승골성(紇升骨城), 졸본(卒本)으로 불리게 된거죠. 고구려의 초기 도성인 홀본이 발해에서 환주가 되었다가 지금 중국에서 환인이 된거죠. 그리고 집안에 환도성이 있고 이곳을 발해

의 환주라고도 보고 있는데 넓게 보면 다같이 환주 지역이라고 볼 수 있죠. 그래서 환국을 계속 계승해서 그 이름들이 계속 나타나고 있는 것입니다.

그러면 신라도 마찬가지입니다. 신라를 보통 우리가 새 신(新)자로서, 새로운 나라다, 그렇게 볼 수 있지만 구개음화적인 관점에서 보면 원래는 흰 나라, 환한 나라에서 신라로 바뀌었을 가능성이 있습니다. 구개음화가 된다는 겁니다. 이해되겠습니까?

그래서 원래는 희다 → 시다, 그래서 한자를 신라로 차자했을 가능성도 있다는 것입니다. 신라의 원래 국명은 사로였고 또 신라를 『제왕운기』에서는 시라(尸羅)라고 했는데, 흰 백(白)자를 〈시라〉라고 발음하는 나라도 있습니다. 그러므로 충분히 그렇게 볼 수가 있죠. 그래서 신라도 흰 나라라고 본다면 환국이라는 이름을 계승했을 가능성이 있는 것입니다.

그 다음에 환웅을 볼 때, 환인이 같은 맥락에서 환웅이나 단군, 그리고 박혁거세거서간 또는 동명성제 등의 칭호로 계승이 됐다고 볼 수 있습니다. 특히 박혁거세는 뜻이 광명이세(光明理世)란 뜻입니다. 우리 발음으로는 불구내(弗矩內)인데, 불구내를 이제 해석하면 〈밝은 누리〉란 뜻입니다. 따라서 박혁거세거서간은 광명이세거서간으로서, 〈빛의 밝음으로 세상을 다스리는 천제자왕〉이라는 뜻이죠. 동명성제는 다 이해하시겠죠. 〈동쪽의 밝음으로 세상을 다스리는 성스러운 황제〉다 라는 바로 그런 뜻이죠.

그래서 환국이 그런 뜻을 가지고 있고, 그렇게 계승돼 나갔고, 그래서 오늘날 우리 대한민국이, 우리 한국이 현재 환국을 계승해서 존속하고 있는 국가다, 그렇습니다. 환국을 계승한 많은 국가가 역사에서 있었는데 현재로서는 우리 대한민국이 환국을 계승해서 국가를 계속 발전시키고 있는 세계에서 유일 정통성의 나라다, 본인은 그렇게 생각하고 있습니다.

그런데 이제 우리가 역사적으로 보면 중국 황제시기의 훈죽(葷粥)이 있고, 또 상대(商代)에는 훈죽(獯粥)이라고도 하고, 그리고 험윤(玁狁), 주시대에 흉노를 험윤이라고 불렀죠. 그리고 한시대에는 흉노(匈奴) 또는 호(胡), 또는 동호, 또 오환(烏桓) 등등의 이름으로 불렀는데 이를 볼 때에 이러한 나라들도 환국의 국가이름을 계속해서 이어온 나라가 아니겠느냐? 환국을 이어온 나라가 아니겠느냐? 그렇게 생각한단 말이죠.

근데 지금은 다 없어졌죠. 특히 4세기 중반에 유럽에 나타났던 훈족도 마찬가집니다. 훈족도 환족, 환국에서 계속해서 갈래가 내려간 나라가 아니겠느냐? 이렇게 생각을 합니다만, 그러나 이제 이 문제들은 앞으로 더 연구를 해봐야 되는 것이죠. 그래서 환국과 흉노의 관계, 그러한 그 쪽은 그 쪽대로 가는 것이고 환국을 신시로, 고조선의 3한, 즉 고조선의 진한, 마한, 변한으로, 부여, 신라, 고구려, 백제, 발해, 고려, 조선으로 면면히 이어서 1만년 역사의 대한민국으로 오늘날 계승하고 있는, 세계에서 역사적으로, 실제적으로 현존하는 유일 정통성있는 국가는 우리 대한민국 뿐이다, 이렇게 말씀드릴 수가 있습니다.

그래서 환국의 역사적 실체는 매우 분명하다, 그렇게 볼 수가 있습니다. 왜냐면 이 이름들이 계속 끊이지 않고 이어져왔단 말입니다. 고대의 최초의 환국이란 나라가 있었다, 그걸 추론할 수 있고 그 기록도 있다, 이 말이죠. 그래서 환국의 역사적 실체는 분명하기 때문에 우리의 고대역사에서 환국을 현창하기를 더욱 노력해야하지 않겠느냐? 그렇게 생각을 합니다.

2. 환국조직의 구조와 기능

2.1. 천제조직

2. 환국조직의 구조와 기능

2.1. 천제조직

(12) 謂之 桓國, 是謂 天帝 桓因氏,(『환단고기』, 4면).
<small>위지 환국 시위 천제 환인씨</small>

(13) (『本紀』日, 上帝 桓因 有 庶子 日, 雄 云云.)(『제왕운기』, 1287).
<small>본기 왈 상제 환인 유 서자 왈 웅 운운</small>

* 天帝는 『환단고기』뿐만 아니고 다른 사서에서도 기록되어 있음
<small>천제</small>

* 上帝는 여기서는 보다 유교적인 표현으로 볼 수 있음
<small>상제</small>

환국의 환인천제는 『환단고기』의 첫면에 기록되어 있고(12), 『제왕운기』에서는 『본기』를 인용하여 상제 환인으로 기록하고 있는데(13), 이 『본기』는 본인의 연구결과로는 『3국사(구)』의 「단군본기」로 추론하고 있습니다. 그리고 천, 천제, 천제자는 『3국사기』나 『3국유사』 등 고대사서나 금석문에서 광범위하게 나타나는 우리고유의 천신교사상입니다. 이 천제조직은 우리의 고유한 천신교조직사상에서 형성된 것입니다.

천제는 고대천신교에서의 최고통치자의 명호이며 동시에 우리 최고신인 환인하느님을 말하는 것입니다. 따라서 이 사상의 핵심은 하느님이 이 땅에 사람으로 강림하여 이 땅을 올바르게 다스린다는 사상이죠. 홍익인

간, 재세이화사상이죠. 그리고 상제 환인도 환인하느님이라는 뜻으로서 그 연원은 고대천신교에 있습니다. 결국 천제나 상제는 같은 말이나 상제는 주로 유가에서 전래해 왔다고 볼 수 있습니다.

그런데 천제조직은 신시조직에서 그 특징이 더 잘 나타나므로 제2강에서 더 자세하게 살펴보겠습니다.

2.2. 서자조직

2.2. 서자조직

(14) 五加 僉曰, "庶子 有 桓雄,…."(『환단고기』, 6면).
　　　오가 첨왈　　서자 유 환웅

(15) 庶子之 部 有 大人 桓雄者,….(『환단고기』, 61면).
　　　서자지 부 유 대인 환웅자

* 천제자 환웅은 서자부의 대인으로서 서자조직의 장
* 따라서 서얼의 의미가 아니고 여러 아들 중의 맏이
* 즉 천제의 천제자라는 의미로서 제위를 계승한 것으로 봄
* 『3국사기』에서는 중국 당 유인궤의 관명으로 나옴

(16) 左庶子 同 中書門下三品(『3국사기』, 중국 당 유인궤의 관명).
　　　좌서자 동 중서문하삼품

* 즉 중국에서는 왕귀족을 가르치는 동궁의 직관으로 사용
* 환국의 서자조직이 중국 후대에서 변화한 것으로 이해
* 고려에도 太子左右庶子 관명이 있음, 본인이 처음 논급
　　　　　태자좌우서자

그러면 천제조직은 제2강에서 보도록 하고, 계속해서 환국조직구조와 기능에서 서자조직을 보도록 하겠습니다. 서자조직은『환단고기』에서 보면 환국에 서자조직이 있었다는 기록이 있는데, 거기서 보면〈五加 僉曰,〉_{오가 첨왈} 5가조직이 모두 말하기를,〈庶子 有 桓雄,〉_{서자 유 환웅}이라고 해서 서자가 나온단 말입니다(14). 물론『3국유사』에도 나오죠. 그 다음에 역시『환단고기』에서 보면〈庶子之 部 有 大人 桓雄者,〉_{서자지 부 유 대인 환웅자}라고 나옵니다(15). 그래서 이 서자지부가 어떤 뜻이냐? 라고 하면 서자부, 하나의 서자조직이다, 이겁니다. 서자조직인데, 서자조직의 장을 대인이라고 했다는 것이죠. 그분이 천제자 환웅천황이시죠. 이 환웅천황께서 나라를 연 것이 신시란 말입니다. 배달, 신시라는 말입니다.

그래서 환웅은 서자부의 대인으로서, 서자조직의 장으로서 여러 아들, 그러니까 서얼의 의미가 아니고, 왕의 여러 아들 중에 맏이를 의미할 수가 있다는 것이죠. 대인이니까, 말이죠. 맏이를 의미하고, 그래서 천제의 천제자라는 의미에서 제위를 계승한 분이다, 이렇게 볼 수가 있습니다. 그래서 이 서자는 하나의 관명 내지 작명, 관작으로 볼 수가 있단 말이죠. 그러면 이 서자가 관명으로 돼있는 다른 기록은 없을까요? 있습니다. 중국에서 이 서자라는 관명이 나옵니다. 즉, 당 유인궤의 관명으로 기록이 되어있습니다. 『3국사기』에도 나온다는 것입니다. 『3국사기』에 보면 그것이 유인궤의 관명인〈左庶子 同 中書門下三品〉_{좌서자 동 중서문하삼품}으로 나옵니다(16). 좌서자란 말입니다. 좌서자가 있으면 우서자도 있겠죠. 좌우서자가 있단 말입니다. 이렇게 관명입니다.

근데 이때 서자는 뭐냐면 중국에서 왕귀족의 자제를 가르치는, 그런 왕귀족 자제의 스승, 선생, 동궁의 직관으로서 서자입니다. 왕귀족을 가르치는 선생에게 주는 관명이 서자라는 거죠. 그런데, 한 분만 있는 게 아니고, 좌서자, 우서자로 나눈단 말입니다. 이것은 관명입니다. 왕귀족의 자제를 가르치는 스승의 직관 중에 서자라는 직관이 있었다는 거죠. 그런데 중국 뿐만이 아니고 『3국사기』와 『3국유사』가 저술된 고려에서도 이 〈太子左右庶子〉라는 관명이 있었죠. 이처럼 이 〈庶子〉라는 관명의 사례가 『3국사기』와 『3국유사』를 저술한 당대의 고려에서도 있었단 말입니다. 단, 환국이나 신시의 서자조직은 후대의 그것과는 다르죠. 서자 자체가 왕귀족의 여러 아들을 의미한다는 거죠. 왕귀족의 여러 아들에게 주는 관명이나 작명이 서자라고 보죠. 이 서자라는 이름이 중국과 고려에서 왕귀족자제의 스승, 동궁의 직관으로 조금 변화했을 가능성이 있다고 봅니다.

2.3. 서자조직의 구조와 기능

2.3. 서자조직의 구조와 기능

* 서자부는 왕귀족의 자제인 대인과 서자로 구성된 동궁조직으로서 본질은 학습조직일 가능성이 있음, 후대 신라의 화랑조직과 비슷

* 즉 여러 왕자인 서자를 모아 서자조직을 만들고 수업을 하고 그 장을 대인으로 임명하고 그 대인으로 하여금 제위를 계승하도록 한 환국의 고유조직

그래서 서자부조직은 왕귀족의 자제인 대인과 서자로 구성된 동궁조직으로 볼 수가 있습니다. 본질은 학습조직이다, 일종의 황태자를 가르치

는 학교라는 것이죠. 거기서 출발을 했다, 그렇게 봅니다. 태자라든지, 왕자 이런 분들을 가르쳐야겠죠. 가르치는 게 일반인에게 가르치는 것과 다를 것 아닙니까? 여러 가지 요새로 치면 경영학, 옛날로 치면 제왕학, 이런 걸 더 가르쳤겠죠. 그런데 이런 조직이 후대에서도 나타난다고 볼 수 있는데, 그게 신라의 화랑조직입니다. 화랑조직이 원래는 신라에서 왕귀족을 가르치는 학습조직으로 출발했을 것이다, 그렇게 본인이 보고 있습니다. 물론 근원적으로는 신라천신교의 사제조직으로 출발했다고 봅니다. 그래서 서자부는 화랑조직과 조금 비슷한 데가 있고, 중국이나 일본에서도 마찬가지로 이런 조직은 나타난다는 것이죠. 따라서 서자부를 단순히 그저 여러 아들이다, 이렇게 보지 말고 관명으로 보면 여러 가지 해석을 잘 할 수가 있습니다.

그래서 이제 그 장이 대인이고 이 대인이 향후 제위를 계승하는 그런 환국의 고유한 교육조직으로 볼 수가 있습니다. 그러면 환국조직으로 이제 서자조직을 봤고, 그 다음에 5가조직을 보겠습니다.

2.4. 5가조직

2.4. 5가조직

(17) 桓國之_{환국지} 末_말,…五加_{오가} 僉曰_{첨왈},….(『환단고기』, 6면).

* 환국 말기에 5加_가조직이 있었다는 기록이 있음

* 이를 신시조직의 5加_가조직으로 미루어 살펴볼 수 있음

(18) 桓仁_{환인} 生而自知_{생이자지}, 化育五物_{화육오물}, 敷演五訓_{부연오훈}, 主治五事_{주치오사},

五加衆皆勤苦_{오가중개근고}….(『환단고기』, 58면).

(19) 五加_{오가} 曰_왈, 牛加_{우가} 主穀_{주곡}, 馬加_{마가} 主命_{주명}, 狗加_{구가} 主刑_{주형}, 猪加_{저가} 主病_{주병},

鷄加_{계가} 主善惡也_{주선악야}.(『환단고기』, 67면).

* 환국의 5가조직도 신시의 5가조직과 비슷하였을 것임

* 형성시기는 환국 초기일 것으로 봄

* 5가조직은 지역조직으로서 국가조직의 가장 기본형태일 것이기 때문

환국에는 5가조직이 있었는데, 그 기록을 보면, 〈桓國之 末_{환국지 말},… 五加 僉曰_{오가 첨왈},….〉이라고 해서, 〈5가가 모두 말했다.〉라고 했죠(17). 근데 이 5가의 내용은 지금 기록이 없습니다. 구체적으로 어떤 분들이 5가를 했다 하는 그것은 없습니다. 또 그 다음에 환국의 환인이 五事_{오사}를 주관하고 다스렸다 하는 기록도 있습니다. 5가, 5사가 환국에 있었다는 것은 기록이 나옵니다(18). 그런데, 그 구체적인 내용은 안 나옵니다. 안 나오니까 『환

단고기』의 신시사에서 5가와 5사를 차용한다고 할까, 빌려오는 거죠(19).

빌려와서 보면 신시의 5가가 牛加 主穀, 馬加 主命, 狗加 主刑,
_{우가 주곡} _{마가 주명} _{구가 주형}
猪加 主病, 鷄加 主善惡입니다. 그래서 앞부분이 5가고 뒷부분이 5사입
_{저가 주병} _{계가 주선악}
니다. 5가, 5사가 다 나옵니다. 그래서 이것을 가지고 환국의 5가를 추정
하는 수밖에 없습니다. 있기는 있었습니다. 5가와 5사가 환국에 있기는
있었어요. 있는데, 내용은 안 나오니까, 신시의 5가와 5사조직을 가지고
차용을 한다는 것이죠. 그래서 5가조직을 보면 국가조직의 가장 기본적
인 형태로서 지역조직과 중앙행정조직을 겸한 그런 구조였을 것으로 본
다는 것이죠.

2.5. 5가조직의 구조와 기능

2.5. 5가조직의 구조와 기능

* 환국인이 조직을 5로 분화한 것은 고대인의 시간관, 공간관, 행
  위관의 측면에서 보아야함
* 즉 5가조직의 사상적 배경은 5帝사상_제
* 고대인의 우주론을 형성

5가조직의 구조와 기능을 보도록 하겠습니다. 하나의 조직의 하위 단
위가 5로 분화된 최초의 조직은 환국의 5가조직으로 볼 수 있습니다. 그
러면 왜 5로 분화됐느냐? 하는 그게 상당히 궁금한 문제가 되겠습니다.
왜 2가 아니고, 4가 아니고, 8이 아니고, 왜 하필 5냐? 하는 그런 문제는

있는데 그것은 지금 본인이 말씀드리기는 어렵습니다. 왜냐하면 그것은 이쪽 학문의 차원이 아니고, 저쪽 피안의 차원입니다. 그래서 학문하는 입장에서는 최치원(857~?) 선생이 말씀하신 구학자(口學者)입니다. 있는 기록을 가지고 5로 분화됐으니까, 분화가 됐다는 것을 말씀 드리는데, 그 원인이 뭐냐? 하는 것은, 이유가 뭐냐? 하는 것은 추정을 하는 것이고, 실제 그 원인을 아시는 분은 저쪽에 있다 는 것입니다. 피안의 세계에 있습니다. 그 분들은 심학자(心學者)들이죠. 그걸 연구하는 분들은 심학자고, 본인은 구학자기 때문에 왜 5로 분화됐느냐? 하는 이유자체를 알기는 좀 어렵고 다만 추론할 수는 있다는 것이죠. 그걸 아는 것은 심학자가 해결해야할 과제입니다. 본인은 아직 구학자니까 기록을 가지고 연구한다 는 것이며 앞으로 알기를 희망하는 것입니다. 구학자도 어렵습니다. 심학자도 물론 어렵지만, 구학자도 굉장히 어렵죠.

그러면 왜 5로 분화되었을까? 하는 것을 본인이 추론해 보기론 이것은 농경문화하고 관계가 있다고 볼 수 있죠. 농경문화! 최초에 해가 동쪽에서 뜨겠죠. 동쪽에서 떠서 남쪽에서 비추다가 서쪽으로 지고 밤이 된다는 것입니다. 그러면 벌써 4, 5가 나오지 않습니까? 숫자가. 그 다음에 농경문화에서 뭐가 중요하겠습니까? 계절이죠. 그러면 시간이 봄, 여름, 가을, 겨울, 중하, 다섯 가지로 분화가 되죠. 그러니까 이 다섯 가지 분화라는 것은 농사와 관계가 됐기 때문에 농업문명과 함께 이런 시간, 공간, 그리고 인간의 행동이 5로 분화가 되는 것을 관찰했다는 것이죠. 그렇기 때문에 관찰된 바에 따라서 그것이 우주론을 형성을 했다는 것입니다. 시간과 공간과 인간의 행위, 조직의 구조가 5로 분화된다 는 것입니다. 그 이유를 알기는 어려우나 5로 분화된 것은 사실이다 는 것입니다. 이것이 농경문화와 관계되어 있다, 그렇게 본인이 추론을 했습니다.

　사상적 배경은 역시 五帝사상입니다. 그러면 5가조직에서 5제사상을 발견했느냐? 아니면 5제사상이 5가조직을 형성했느냐? 하는 그 근원적 선후는 뭐라고 말씀드리기는 어렵습니다. 차차 상보적으로 발전돼 온 것으로 봐야죠. 물론 원리적으로는 5제사상이 먼저죠. 그러므로 이 5라는 숫자가 그리고, 이 5제사상이 우주론이란 것은 사실입니다. 세상 우주만물이 5로 분화된다는 것이죠. 그것은 우리가 관찰을 한 바에 따라서 사실상 인정할 수 있는 것입니다.

　5로 분화되기 전에는 어떻게 분화되었을까요? 3으로 분화된다는 것이죠. 그래서 1, 3, 5로 분화됩니다. 3으로 분화된 것은 신시사에서 나타납니다. 그 문제는 뒤에서 다시 보기로 하고 여기서는 5로 분화된 것을 보도록 하겠습니다.

　본인이 드린 말씀은 뭐냐면 결국 이제 이 5로 분화되는 것이 우주론을 형성했고 결국은 이 우주론에서 5로 분화돼 나왔다, 이렇게 볼 수 있습니다. 그럼 우주론을 왜 5로 분화된 것을 만들었느냐? 그것은 다시 강조하면 저쪽 세계에 계신 분이 만들었다는 것입니다. 그건 환인천제님께서 아실 사항이고 본인으로서는 그렇게 관찰해서 사실에서 그렇게 숫자가 나온 것을 발견했다는 것입니다.

2.5.1. 환국의 5가조직은 5개의 지역행정조직, 5가는 지역행정조직의 장

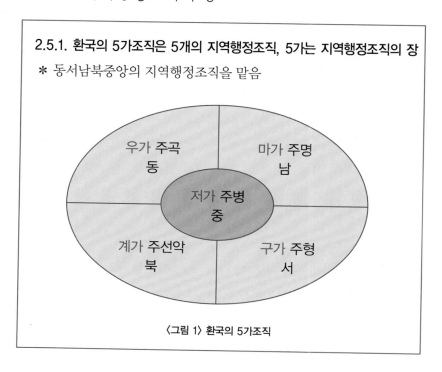

2.5.1. 환국의 5가조직은 5개의 지역행정조직, 5가는 지역행정조직의 장

* 동서남북중앙의 지역행정조직을 맡음

우가 주곡
동

마가 주명
남

저가 주병
중

계가 주선악
북

구가 주형
서

〈그림 1〉 환국의 5가조직

그러면 이 환국의 5가조직은 〈그림 1〉처럼 다섯 개의 지역행정조직이라는 것이죠. 지역행정조직은 오늘날 말하는 지방조직이 아니고 하나의 지역에서 우가, 마가 등등, 이런 분들이 하나의 세습봉건영주처럼 그 지역을 통치를 하면서 환국이라는 나라 전체의 국가조직을 구성하고 있다는 그런 뜻입니다. 그러면서 동시에 국가조직의 중앙행정조직의 하나씩의 기능과 의무를 맡고 있는 거죠. 이처럼 5가는 동서남북과 중앙의 지역행정조직을 통치한다는 것입니다. 이 위치는 다시 설명하겠습니다.

2.5.2. 환국의 5가조직은 지역행정조직이면서 동시에 중앙행정조직을 겸함

> **2.5.2. 환국의 5가조직은 지역행정조직이면서 동시에 중앙행정조직을 겸함 - 국가조직의 한 분야씩을 맡음**
>
> * 主穀, 主命, 主刑, 主病, 主善惡의 5事조직을 하나씩 맡음

그 다음에 그러면 이 분들이 지역행정조직만 맡았을까요? 그건 아니겠죠. 그것은 무슨 말이냐면 우가, 마가, 저가, 구가, 계가가 동남중서북으로 지역을 나누어서 맡아서 다스리고 있습니다. 이 위치는 어디서 나왔느냐? 하면 그건 뒤에서 다시 설명을 하겠습니다. 그러면 5가가 지역을 맡으면서 동시에 국가의 주곡, 주명, 주병, 주형, 주선악이라는 다섯 가지의 5사를 이 5가가 각각 맡고 있다는 거죠. 그러니까 중앙행정조직과 지역행정조직을 동시에 맡고 있다는 겁니다. 아직 지역행정조직과 중앙행정조직이 미분화된 초기조직의 모습을 갖고 있다는 것이죠. 초기모습이죠.

그래서 그 문제를 계속 살펴보겠습니다. 우리 고대사서를 보면 조직이 발달해가는 과정이 차근차근 나옵니다. 갑자기 고대에 확 발달한 조직이 있는 게 아니고 하나하나씩 차근차근 발전돼 나온다, 말이죠. 그걸 현대조직론으로, 현대경영학으로 해석하는 것이 본인의 과제란 말입니다.

그래서 이제 환국의 5가조직은 지역행정조직이면서 동시에 중앙행정조직을 겸해서 국가조직의 기능을 한 분야씩 맡는다는 것이죠. 그게 뭐냐면 주곡, 주명, 주병, 주형, 주선악이라는 것입니다. 이것이 또 하나의 조직입니다. 그래서 5사조직을 하나씩 맡아서 중앙행정조직의 장을 겸임하

고 있다는 것입니다. 또 현대국가조직으로 보면 국무위원을 겸했을 가능성도 있습니다.

2.5.3. 환국의 5가조직은 정치, 입법조직

2.5.3. 환국의 5가조직은 정치, 입법조직

(20) 五加衆 交相, 選於 大衆,….(『환단고기』, 56면).
오 가 중   교 상   선 어   대 중

* 5가조직은 대중으로부터 선출되었기 때문에 정치, 입법조직임

* 정치행정조직이 결합된 <u>고형태의 내각중심제조직</u>

그 다음에 이제 5가조직의 기능을 보면 이것은 정치입법조직일 가능성이 있습니다. 5가중이 서로 교체를 하는데 대중으로부터 선출됐다는 것이죠. 〈選於 大衆,〉 그래서 대중으로부터 선출됐기 때문에 이것은 오늘날 볼 때는 정치입법조직에 해당된다는 겁니다(20). 선출되는 것, 대중에서 추대 받는 것이 고대사회에서 장을 뽑는 하나의 방법이고 또 고대사회의 이상이죠. 세습은 조금 뒤의 문제입니다. 중국에서는 공자가 요순을 굉장히 높이 평가했는데 본인은 요순이 선위를 했기 때문에 공자가 그렇게 높이 평가했다고 봅니다. 대개 중국에서는 하(夏)부터 세습이 됐다고 보고 있죠. 공자는 하의 우를 그렇게 높이 평가하지 않았는데 세습했기 때문이라고 본인이 추정을 합니다. 그러므로 세습은 오히려 뒤의 문제고 고대사회에서는 선출했다, 오늘날처럼 말이죠. 선출했다고 본다 는 것이죠. 기

록은 대개 〈選於 大衆,〉 대중으로부터 선출했다, 그렇게 되어있습니다. 선출했기 때문에 정치조직, 입법조직입니다. 그러면 선출만 했겠습니까? 방금 이야기했듯이 세습도 하고 양위도 하고 워낙 기간이 오래되니까 여러 가지 형태로 나타날 수 있죠. 선출했다고 해서 전부 늘 선출만 한 건 아니겠죠. 어쨌든 정치조직과 이런 행정조직이 결합된 조직은 오늘날 보면 내각중심제조직이 되는데 다만 이때는 고대니까 고형태의 내각중심제조직이다, 이렇게 볼 수 있습니다. 지금 내각중심제조직이라는 게 뭡니까? 국회의원을 뽑아서 그 분이 국가의 장관 역할을 하죠. 장관역을 맡는다, 이겁니다. 그것이 내각중심제라는 것입니다. 여기도 마찬가집니다.

그래서 5가가 선출되면서, 지역행정조직을 맡으면서, 중앙행정조직의 한 분야씩을 맡아했다는 것이죠. 그래서 그것을 특별히 강조해서 고형태의 내각중심제조직이다, 그렇게 볼 수 있습니다.

또 5가조직은 다르게 보면 가문조직이다, 그렇게 볼 수 있습니다. 즉 하나의 가문이 세습해서 계속 내려갈 수 있는 것이죠. 그러니까 가문조직으로 세습된 형태로 본다면 그것은 고형태의 봉건제도라고 볼 수 있죠. 봉건제도는 중국 주나라에서 시작됐는데, 이것은 중국의 그런 봉건제도는 아니고 그 이전에 나타났던 고형태로서 한 가문이 그 지역을 맡아서 다스리는 그런 형태로 본다면 그것은 고형태의 봉건제도로 볼 수 있습니다.

2.5.4. 환국의 5가조직은 군사조직

2.5.4. 환국의 5가조직은 군사조직

* 직접적인 기록은 나타나지는 않지만 후대의 사례로서 보면 5가
  가 직접 군대를 통솔하는 군대조직의 기능을 하였을 것으로 봄
* 따라서 5가조직은 지금으로 보면 도지사이면서, 중앙행정장관,
  국무위원, 국회의원, 군대조직, 가문조직 등이 결합된 형태로서
  조직이 아직 완전히 분화가 덜 된 단계

그 다음에 볼 수 있는 건 환국의 5가조직은 군사조직이다 는 것입니다. 그런데 환국에서 직접 기록은 나타나진 않습니다. 그러나 고구려의 5부 조직이라든지, 신라의 6부조직의 형태로 보면 군사기능을 했을 것이다, 각 5가들이 군대를 가지고 자신들의 권력을 가졌을 것이다, 그렇게 추론할 수가 있습니다. 따라서 지금 5가조직을 보면 아주 고형태의 미분화된 조직단계인데 그러면 5가들은 오늘날 보면 지역을 맡아서 다스리는 도지사이면서 중앙행정 장관을 겸임하면서 국무위원이면서, 또 입법정치조직인 국회의원으로, 또 군대를 거느리는 군대조직의 장, 그리고 또 동시에 뭡니까? 하나의 가문조직을 거느리는 가문조직의 문장의 역할을 했을 것이다, 그렇게 본다는 거죠. 그래서 이 5가조직이 고대형태에서 나타나는 최초의 국가조직으로서 상당히 연구할 흥미있는 그런 조직입니다. 아주 원형적인 측면을 갖고 있죠. 환국의 국가조직이 국가조직으로서는 가장 원형적인 측면을 갖고 있습니다.

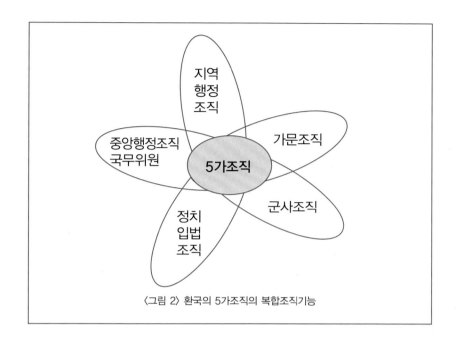

〈그림 2〉 환국의 5가조직의 복합조직기능

　그래서 이것을 다시 한번 강조해서 나타내보면 〈그림 2〉처럼 이렇게 볼 수가 있습니다. 5가조직은 기본이 지역행정조직의 5가이면서, 그 다음에 중앙행정조직의 5사를 맡고 있고, 그 다음에 정치입법을 맡고 있는, 요새로 보면 입법부의 구성원을 이루는 국회의원의 역할도 하고, 그러니까 후대의 화백회의의 구성원으로서 국무위원이기도 하고, 그 다음에 각 부의 군사조직도 장도 맡고 있고, 그 다음에 하나 더 넣는다면 조금 전에 말씀드린 가문조직, 고형태의 봉건제도로 볼 수 있는, 지역의 영주로서 세습해서 자기 가문을 형성하는 가문조직의 구조로 볼 수 있습니다. 그래서 이러한 5가조직은 복합적인 조직이다, 복합적인 구조를 가지고 있다, 고형태의 내각중심제조직이다, 그렇게 볼 수가 있습니다.

2.6. 환국조직의 조직이념: 천제의 명

2.6. 환국조직의 조직이념: 천제의 명

＊ 환인천제의 홍익인간

＊ 환인천제의 견왕이지

그러면 여기서 잠깐 환국조직의 조직이념, 조직사상을 보겠습니다. 이는 환인천제가 내려준 천제의 명이죠. 줄이면 천명이 되겠죠. 또 조직의 사명(mission)이 되겠습니다. 이것을 보면 역시 환국조직의 조직사상, 조직이념, 조직철학, 천제의 명, 천명, 사명은 홍익인간으로 볼 수 있습니다. 보통 우리가 단군왕검께서 홍익인간을 하셨다, 보통 지금 그렇게 생각을 하고 있죠. 그러나 본인이 『3국유사』의 『고기』 원문을 두고 연구를 해보면 그게 아니고 환인천제께서 뭡니까? 첫째 천명을 주어 환웅천황에게 弘益人間하라! 그래서 환웅천황에게 천명을 주어 파견하셨단 말이죠. 그러니까 홍익인간의 사상은 환인천제에게서 나온 겁니다. 기록에 보면 분명히 그렇게 되어있죠! 가히 홍익인간이라! 그래서 환웅천황을 遺往理之하라! 그러니까 파견했다는 거죠. 어디에? 人世에! 인간 세상에 자신의 아들을 보내셔 가지고 그 인간 세상을 이지하라. 가서 다스려라. 다스리는데 그냥 다스리는 게 아니고 뭡니까? 치지(治之)가 아니고, 즉 다스려라, 이게 아니고 理之하라! 이화세계(理化世界)를 만들어라! 그게 뭡니까? 올바른 세계로 만들어라는 것이죠. 올바르게 다스려라, 올바른 세계를 만들어라, 그게 견왕이지란 말이죠. 견왕이지가 또 하나의 천명이죠. 오늘날 경영학에서도 마찬가집니다. 널리 인간 세상을 이롭게 하고 널리 인간 세상을 올바르게 하는 것이 경영학 또는 조직의 이념, 사명이 돼야한다는 것이죠. 그것은 환국 환인천제에게서 나온 것입니다. 홍익인간! 그 개념을 우리가 이해를 해야겠습니다.

그러면 환인천제는 사명의 부여자가 되겠습니다. 천명을 주신 분이죠.

그러면 세상에 머물면서 이 세상을 올바른 세상으로 만드신 분은 누굽니까? 환웅천황이시죠. 환웅천황은 〈數意天下,〉 천하에 여러번 뜻을 두고, 〈貪求人世,〉 인간 세상을 구하기를 원하고, 그 다음에 뭡니까? 〈在世理化!〉 이 세상에 머물면서 이 세상을 올바른 세계로 만드셨죠. 그 분은 환웅천황이시고 그 사상을 주신 분은 환인천제이시다, 이겁니다. 그 두 분의 사상을 계승한 분이 단군왕검이시죠. 단군왕검께서 홍익인간하셨다 해도 뭐 틀린 말은 아니죠, 맞죠. 또 하셨고, 하셨지만, 그 원 근원은 어디에 있습니까? 환국의 환인천제께 있다는 것이죠, 홍익인간의 개념이.

그래서 환국의 조직사상은 홍익인간, 견왕이지, 널리 인간 세상을 이롭게 하고 널리 인간 세상을 올바른 세계로 만들어라! 그 두 가지를 조직이념으로 말씀드릴 수가 있습니다. 이것은 현대에서도 꼭 알아둬야 한단 말이죠. 홍익인간, 견왕이지, 이것은 경영학에서도 아주 요긴한 덕목이 될 수가 있습니다.

3. 환국조직도와 시사점

3.1. 환국조직도

그러면 환국조직도를 보겠습니다.

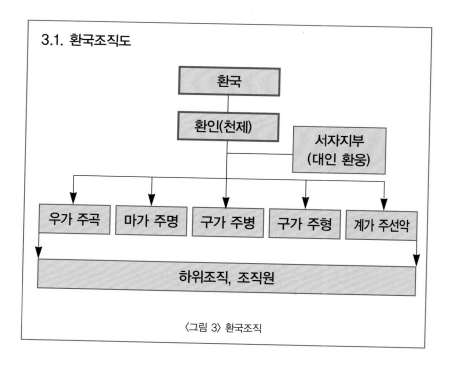

3.1. 환국조직도

〈그림 3〉 환국조직

환국조직도를 〈그림 3〉처럼 보면 환인천제가 계시고, 그 다음에 서자부 대인, 천제자 환웅이 계신다, 이겁니다. 그래서 이 조직도에서는 참모조직으로, 그리고 앞으로 제왕이 될 수업을 하는 그런 조직으로 본인이 조직도에 구성을 했습니다. 이처럼 조직도를 복원을 한 것입니다. 그 다음에 5가조직으로는 신시사에서 차용을 해서 우가, 마가, 저가, 구가, 계가를 두고, 그 다음에 5사, 이 분들이 구체적으로 맡고 있는 중앙행정조직으로 주곡, 주명, 주병, 주형, 주선악의 5사조직을 신시사에서 추론해서 넣었습니다. 그러나 5가와 5사가 환국에 있었다는 그 자체기록은 있습니다. 그런데 다만 내용자체는 신시사에서 차용을 했습니다. 그리고 하위조직과 조직원이 있을 것이기 때문에 추정을 해서 넣었습니다.

그리고 환국의 환인천제는 『환단고기』에서 7분으로 기록이 되어 있습니다. 환인의 존함은 다음과 같고, 재위년대는 앞으로 더 연구해야겠습니다.

초대, 안파견환인
2대, 혁서환인
3대, 고시리환인
4대, 주우양환인
5대, 석제임환인
6대, 구을리환인
7대, 지위리환인(단인)

이 7분에 대해서도 살펴보는 것이 주요하지만 차후의 기회로 하겠습니다. 그러면 더 나아가서 7분의 환인천제께서 역년 3천3백1년, 혹은 역년 6만3천1백8십2년을 다스렸는가? 하는 의문도 있을 수가 있습니다. 물론 이는 환국의 역사적 실체에 주요한 과제이며 이를 살펴보는 것도 큰 의의가 있으나 이 연구에서는 줄이기로 하고 차후에 연구를 더 진행하여 살펴보도록 하겠습니다.

그러면 역년을 3,301년으로 하더라도 7분의 평균재위년수가 471.57년 이 되어서 너무 길다고 보는 사람도 있을 것입니다. 그러나 이는 고대사 의 사례이므로 여러 가지 관점에서 다양하게 살펴볼 필요가 있습니다. 앞 으로 계속 연구할 부분입니다.

그리고 지리적 위치에 대해서도 파내류산 아래에 환인씨의 국가가 있 어 천해 동쪽땅을 역시 파내류국이라고 부르는데 영토는 남북 5만리요, 동서는 2만리라고 하며, 총칭해서 환국이나 12분국으로 나누어져 있다고 하였습니다. 12분국의 이름은 다음과 같습니다.

1) 비리국
2) 양운국
3) 구막한국
4) 구다천국
5) 일군국
6) 우루국(필나국)
7) 객현한국
8) 구모액국
9) 매구여국(직구다국)
10) 사납아국
11) 선비국(시위국, 통고사국)
12) 수밀이국

이 고대 환국의 12분국, 또는 12연방국에 대해서도 차후의 기회에 살 펴보도록 하겠습니다. 여기서는 조직사와 조직사상사에 보다 집중하는 것이 좋을 것이기 때문입니다.

3.2. 환국조직의 시사점

3.2. 환국조직의 시사점

* 조직의 구조와 기능이 5로 분화된 최초의 조직으로 봄
* 인류 최초의 조직으로서 기능이 복합된 복합조직의 특징을 보여
  주고 있어서 조직발달 단계를 잘 알게 해줌
  * 환국의 권력구조의 확립과 발달단계, 농경사회 분화단계를 잘
    보여줌

그러면 이런 조직구조의 특징은 뭐냐면, 5가조직에 대해서 본인이 조금 설명했습니다만, 대개 이런 기능들이 복합적으로 나타납니다. 복합된 조직이고 기능이 분화가 안됐다는 거죠. 분화가 안 되었을 뿐만 아니라, 환인천제와 5가조직만으로 보면 2계층으로, 그런데 이 서자부를 넣는다면, 이런 수직적인 계층(hierarchy)이 3계층으로 분화하는 거죠. 그리고 본인이 추정한 하위조직, 또는 조직원을 넣는다면 4계층이 되겠죠. 그러니까 수직적인 분화가 일어나고 있는데 3계층 내지 4계층으로 분화를 했다는 겁니다. 그러면 전체적으로 4계층으로 보겠습니다. 그래서 하위조직의 장도 나타나기 시작했다, 그러니까 농업문명의 결과로서 잉여가치(surplus)가 발생했단 말이죠. 잉여가치가 발생함으로서 관리하는 조직이 필요하다는 거죠. 관리하는 조직이 필요한데, 그 단계가 여기서는 소박하게 4단계로 나눠질 수가 있다는 것이죠. 사실 소박하다기 보다 수직분화로 4계층이면 상당히 발달된 조직이죠.

그리고 수평적으로 5단계의 분화가 일어났는데 이는 원형적으로 꼭 필

요한 기능이 모두 분화된 것으로서 역시 상당히 발달된 조직이라고 볼 수 있습니다.

그러면 이 환국조직에서 환국의 조직발전 단계라든지, 국가발전 단계라든지 혹은 사회분화 단계를 볼 수 있습니다. 환국은 기본적으로 어떤 단계이겠습니까? 기본적으로는 주곡, 주명, 등등 이런 조직으로 볼 때는 대체로 농경사회다 는 것이죠. 그리고, 주병은 역시 병관리, 의료로 볼 수 있고, 그 다음에 농경사회에서 주형은 치안유지, 결국은 그게 나타나고, 그 다음에 주선악, 종교윤리적인 조직분화가 나타난다는 거죠. 그래서 이런 조직으로 보면 상당히 기능자체는 수평적인 분화가 많이 되어있습니다. 다만 기능이 조직에서 분화가 안 되는 거죠. 다른 기능도 기능적으로는 분화가 되어있는데, 조직에서는 5가조직 내에 대부분 복합이 돼 있다는 것이죠.

그래서 농업문명시대의 초기단계 조직구조의 모습으로 볼 수가 있습니다. 그러면 이런 환국조직이 국가조직의 가장 기본적인 조직구조다, 그렇게 볼 수가 있다는 것이죠. 최소한 이렇게 관리조직이 나오고, 그 다음에 직접 지역을 다스리는 조직이 나오고, 다소 분화가 돼서 이런 형태가 나타나야 국가조직이라고 볼 수 있다는 것이죠. 최소한 이런 정도의 기능이 분화 돼야 한단 말이죠.

그러면 이런 기능에서 볼 때에 주곡, 주명, 주병, 주형, 주선악들이 단순히 곡을 뜻하고, 명을 뜻하고, 병을 뜻하고, 형을 뜻하고, 선악을 뜻하느냐? 하는 의문이 있죠. 물론 그렇게도 볼 수 있지만 근본적으로는 뭡니까? 5제사상에서 형성됐기 때문에 이것은 우주론의 관점에서 봐야한다는 것이죠. 단순히 주곡이라고 해서 곡식을 주관하는 조직이다, 그게 아니고, 처음에는 그렇게 출발하겠죠. 처음에는 그렇게 출발하겠지만 근본적으로는 이 조직은 뭡니까? 동쪽의 주곡이 표현은 주곡이지만, 기능은 국가조직의 어떤 분화된 조직을 의미한다는 것이죠. 그럼 경영학에서는 어떻게 보느냐? 하면 경영학에서는 이런 5가지의 업무기능을 대체로 생산, 마케팅, 인사, 재무, 회계의 5가지 기능으로 봅니다. 근본적으로는 이런 5가지의 기능을 하지 않았느냐? 그렇게 볼 수 있습니다. 그 문제는 또 뒤에서 신시사에서 계속해서 볼 수가 있습니다.

이와 같이 환국조직을 연구해보면 고대조직이 현대조직에 주는 시사점이 많다는 것입니다. 근본적인 조직은 어떤 모습을 가졌을까? 국가조직 기본 형태는 어떤 것일까? 하는 그것을 우리가 앎으로서 현대조직에 많은 도움을 받을 수가 있습니다. 다만 이 강의에서는 조직사를 중심으로 봤다는 것입니다. 그 외의 여러 가지, 앞에 나왔던 우주론이라든지 혹은 환국의 5훈이라든지, 이런 걸 더 많이 봤으면 좋았겠습니다만 조직사를 중심으로 봤기 때문에 그런 부분들은 앞으로 계속해서 공부를 해야 될 분야입니다.

이처럼 우리 최초 국가는 환국이다, 이것입니다. 환국은 또 어떤 문제입니까? 환한 나라, 밝은 나라! 우리가 앞으로 만들어나가야 할 나라의 모습은 어떤 겁니까? 역시 밝고, 환하고, 광명이세가 된 그런 훌륭한 나라를 만들자 하는, 그런 것을 우리가 환국에서, 역사에서 얻는 교훈이 될 수가 있는 것입니다. 환국이 이상국가의 원형이죠.

그런 측면에서 우리의 고대조직을 연구를 했습니다. 물론 환국이 고대국가로서 앞으로 어떤 방향에서 어떻게 연구가 되어서 우리 역사에 또는 인류역사에 공헌을 할 것인가? 하는 그런 문제는 우리가 계속 연구를 해야 됩니다. 서구인들이 아틀란티스 대륙 국가를 찾듯이 우리는 환국을 찾아서, 오늘날 그 모습을 우리가 다시 교훈삼아서 진실한, 밝고, 명랑한,

그런 훌륭한 국가를 만들어 나가야겠다 하는 과제가 있고, 또 이제 조직
에서도 마찬가집니다. 경영학이든지, 조직에서도 환국의 이름부터 시작
해서 그 사상을 받아들여서 홍익인간, 견왕이지하는 그런 조직구조를 만
들고 조직기능에서 그런 활동을 해야 된다는 것입니다.

제1강은 환국조직사로서 여기서 마치도록 하겠습니다. 여러분 대단히
감사합니다.

제2강
신시조직의 구조와 기능

| 이강식 지음 |

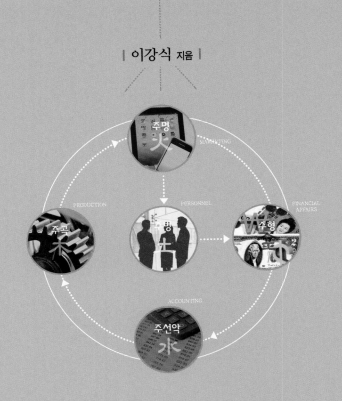

1. 도시국가로서의 신시

안녕하십니까. 반갑습니다. 경주대학교 경영학과에 재직하고 있는 이강식입니다. 지난 시간에 제1강으로서 환국조직의 구조와 기능을 봤습니다. 이번 시간에는 제2강으로서 신시조직의 구조와 기능을 보도록 하겠습니다. 신시라고 하면 이제 조금 익숙할 겁니다. 우리 고대문헌에서 〈謂之 神市〉는 분명하게 나타난다는 것이죠. 그것은 특히 『3국유사』에서 아주 분명히 나타납니다. 근데 『제왕운기』는 역시 신시가 빠져있습니다. 『제왕운기』는 환국, 신시, 그게 다 빠져있죠. 조선부터 나온다는 거죠. 그렇게 해서 『3국유사』하고 『제왕운기』가 비슷하면서도 조금 다릅니다. 근본적으로 본인은 〈『3국유사』의 『(단군)고기』나 『제왕운기』의 『(단군)본기』는 결국은 같은 사서다.〉라고 봅니다. 그걸 본인이 연구를 해서 논문을 썼습니다. 〈『3국사(구)』의 『단군본기』에서 한쪽은 『3국유사』의 『고기』로 채록이 됐고, 같은 글을 보고 한쪽은 『제왕운기』의 『본기』로 채록이 됐다.〉라고 본인이 결론을 내렸는데, 내용은 각자 사관에 따라서 다르게 됐죠. 가장 큰 차이는 고려와 조선의 유가들은 국가인 환국과 신시를 인정하지 않고 신 또는 신인으로서의 환인천제, 환웅천황, 그리고 인간 단군왕검과 국가로서의 고조선, 이렇게 인정을 하는 겁니다. 그게 큰 차이가 있는 거죠.

그러나 신시는 아주 분명하게 기록에 남아있고 과거에는 신시를 우리 고대국가의 최초국가로 보는 분들이 많았습니다. 오늘은 신시조직의 구조와 기능을 보도록 하겠습니다.

1.1. 신시의 건국년대

1.1. 신시의 건국년대

(1) <ruby>雄<rt>웅</rt></ruby> <ruby>率<rt>솔</rt></ruby> <ruby>徒<rt>도</rt></ruby> <ruby>三千<rt>삼천</rt></ruby>, <ruby>降<rt>강</rt></ruby> <ruby>於<rt>어</rt></ruby> <ruby>太伯山<rt>태백산</rt></ruby> <ruby>頂<rt>정</rt></ruby> <ruby>神壇樹<rt>신단수</rt></ruby> <ruby>下<rt>하</rt></ruby>,

<ruby>謂之<rt>위지</rt></ruby> <ruby>神市<rt>신시</rt></ruby>, <ruby>是<rt>시</rt></ruby> <ruby>謂<rt>위</rt></ruby> <ruby>桓雄天王也<rt>환웅천왕야</rt></ruby>.(『3국유사』).

(2) <ruby>後<rt>후</rt></ruby> <ruby>桓雄氏<rt>환웅씨</rt></ruby>…<ruby>持<rt>지</rt></ruby> <ruby>天符<rt>천부</rt></ruby> <ruby>印<rt>인</rt></ruby>, <ruby>主<rt>주</rt></ruby> <ruby>五事<rt>오사</rt></ruby>,…,

<ruby>立<rt>입</rt></ruby> <ruby>都<rt>도</rt></ruby> <ruby>神市<rt>신시</rt></ruby> <ruby>國<rt>국</rt></ruby> <ruby>稱<rt>칭</rt></ruby> <ruby>倍達<rt>배달</rt></ruby>,…<ruby>有<rt>유</rt></ruby> <ruby>治尤天王<rt>치우천왕</rt></ruby> <ruby>恢<rt>회</rt></ruby><ruby>拓<rt>척</rt></ruby> <ruby>靑邱<rt>청구</rt></ruby>,

<ruby>傳<rt>전</rt></ruby> <ruby>十八世<rt>십팔세</rt></ruby>, <ruby>歷<rt>역</rt></ruby> <ruby>一千五百六十五年<rt>일천오백육십오년</rt></ruby>.(『환단고기』, 4면).

(3) <ruby>倍達<rt>배달</rt></ruby> <ruby>桓雄<rt>환웅</rt></ruby>…<ruby>其<rt>기</rt></ruby> <ruby>所都<rt>소도</rt></ruby> <ruby>曰<rt>왈</rt></ruby> <ruby>神市<rt>신시</rt></ruby>, <ruby>後徙<rt>후사</rt></ruby> <ruby>靑邱國<rt>청구국</rt></ruby>,

<ruby>傳<rt>전</rt></ruby> <ruby>十八世<rt>십팔세</rt></ruby>, <ruby>歷年<rt>역년</rt></ruby> <ruby>一千五百六十五年<rt>일천오백육십오년</rt></ruby>.(『환단고기』, 9면).

* 신시는 지금(서력 2009)부터 5,906년전에 건국, 약 6천년의 역사

* 즉 고조선 BC 2333년전의 1,565년전에 건국

『3국유사』는 잘 알려져 있으니(1), 먼저 신시의 건국년대부터 한번 보도록 할까요? 신시의 건국년대는 『환단고기』에 역시 연대가 나와 있습니다. 거기 보면 〈後 桓雄氏〉가 〈持 天符 印, 主 五事,〉라고 하였는데, 여기 5사조직이 나오죠. 이 부분은 뒤에서 다시 설명하겠습니다.

〈立 都 神市, 國 稱 倍達,〉 하면서 치우천황의 이야기가 나옵니다. 〈恢 拓 靑邱, 傳 十八世, 歷年 一千五百六十五年.〉으로 나옵니다(2). 그래서 신시의 역년은 1,565년, 이렇게 나옵니다. 그리고 『환단고기』에는 한번 더 그게 나옵니다(3). 1,565년으로 나옵니다. 근데 『환단고기』에는 〈立都 神市, 國 稱 倍達,〉이라고 해서 나라이름은 배달이고 수도는 신시다, 이렇게 되어 있습니다. 그러나 일반적으로 『3국유사』에 따라서 보통 신시

를 국명으로 많이 보고 있습니다. 이 문제는 그렇게 이해를 하면 되겠습니다. 그리고 배달의 뜻은 밝다는 것으로서 단국의 뜻과도 같으며, 밝은 나라, 환국, 그 이름을 계속해서 습명하는 것이죠.

그래서 신시는 지금(서력 2009)부터 5,906년전에 건국이 됐습니다. 약 6천년전에 건국이 된 역사를 갖고 있다는 것이죠. 왜냐하면 고조선이 BC 2333년이기 때문에 그 이전의 1,565년은 지금부터 약 6천년이 되는 거죠.

1.2. 신시의 인류문화사적 의미

1.2. 신시의 인류문화사적 의미

(4) 인류역사를 보면 도시혁명도 있고 도시화도 있다. 이것들은 도대체 무엇인가? 도시혁명(urban revolution)…이것은 약 5천년전 지구 위에 도시라고 할 수 있는 정주지가 생겨나기 시작한 것을 조금 부풀린 것이다.…그러니 재산을 보호하고, 잉여생산물을 교역하고 분쟁을 조정하고 신에게 감사할 일들이 생겨났다고 한다.…분업이 생겨났고, 나아가서 생업에 매달리지 않아도 되는 군장, 사제, 군인, 학자 등 유한계급이 생겨났다고 한다.…취락이 생겨났고, 그것이 커진 도시가 생겨났다고 한다.

도시화(urbanization)는 원생지가, 농경지가, 취락이 도시로 변하는 현상이다. 5천년전에 분출하여 또 다른 혁명인 산업혁명이 물꼬를 터뜨려 도도하게 흐르기 시작한 탁류이다.(「도시화론」『건축문화』, 통권80호, 황기원, 1988.1, p.150).

* 인류의 역사에서 시장이 발생하였고 신의 도시가 나타났음
* 인류역사상 도시국가(city-state)로 볼 수 있음

그렇다면 신시를 결국 어떤 측면에서 봐야하겠습니까? 도시국가로 볼 수 있다는 것이죠. 우리나라에서 일부 연구자들은 보통 청동기문명이 나와야 국가다, 그렇게 보지만 도시사가들은 그렇게 안보죠. 도시국가가 나타났다는 것이죠. 언제입니까? 약 5천년전이라는 것이죠. 신시도 마찬가집니다. 시(市)라는 게 어떤 뜻이겠습니까? 결국은 시장(market)이 발전했고 또한 도시가 나타났는데 그 도시가 신의 도시라는 것이죠. 신시(神市)! 신의 도시가 나타났다는 거죠. 신의 도시가 나타났다는 것은 종교가 나타났다는 겁니다. 종교! 그런데 그 종교가 아주 발달된 형태로 나타났다는 것이죠. 물론 환국시대에도 종교는 분명히 있었겠죠. 있었지만 기능과 문화의 분화가 상대적으로 약하겠죠. 이때 급격하게 이런 종교가 나타나서 사제조직이 나타난다는 것이죠. 그래서 신의 도시가 나타났다고 하는 거죠. 그럼 신의 도시라는 건 어떤 뜻이겠습니까? 그것은 뒤에서 계속 보겠습니다만 인류역사상 신시는 도시국가(city-state)로 볼 수 있습니다. 도시국가는 다 인정하는 겁니다. 그렇죠? 다 인정하는 겁니다.

* 약 6천년전의 신시와 약 5천년전의 도시국가는 인류문화사로서도 비교적 일치함
* 배달국 내의 수 많은 도시국가 중에서 가장 큰 맹주국가로서 수도가 신시
* 메소포타미아의 고대 도시국가인 슈메르는 BC 3300년께 이미 운하와 시장이 있었다는 기록이 있음 – 약 6천년전의 신시와 비교적 일치함
* 이를 본인은 조직혁명으로 봄

그래서 도시국가가 언제 나타나느냐고 봅니까? 약 5천년전에 나타났다고 인정을 하고 있습니다. 그러면 신시 역시 마찬가집니다. 약 6천년전의 신시하고, 인류역사상 대개 일반적 학자들이 지금 객관적으로 인정하는 5천년전의 도시국가는 비교적 일치한다는 것이죠. 신시라는 도시국가가 나타날 수가 있는 것이 인류역사상 보편성과 특수성에 비추어볼 때 타당하다고 인정할 수 있는 것이죠.

그러면 신시 하나만 있었겠습니까? 그건 아니고. 배달국 내에 수많은 도시국가 중에서 가장 큰 도시국가, 수도국가, 맹주국가로서의 도시국가가 신시라는 것이죠. 그래서 우리가 다른 측면에서 보면 인류문명의 발상지라고 볼 수 있는, 메소포타미아문명의 고대국가도시인 수메르는 BC 3300년경에 이미 운하와 시장이 있었다는 그런 기록이 있습니다. 그러면 이 BC 3300년전이 결국은 지금부터 약 5~6천년전이죠. 수메르가 5~6천년전에 도시국가로서 나타난 것하고 신시가 기록상 약 6천년전에 건국됐다는 것하고 크게 그것이 다를 바가 없는 그런 내용입니다. 그래서 신시를 인류문명의 보편성과 특수성에 비추어서 도시국가로서 우리가 인정을 할 수가 있습니다.

그런데 우리나라 일부 연구자들은 청동기문화가 나타나야 국가가 발생한다고 보고 우리나라 국가 발생 연대를 기원전 13세기 이상 올라가기 어렵다고 보고 있죠. 그러나 그것은 아닙니다. 우선 본인은 일찍이 국가 건국하고 청동기문화는 아무 관계가 없다는 논지를 처음으로 적극 피력하였습니다(1999. 8. 17.). 지금은 본인의 논지가 확산되어 많은 지지를 받고 있습니다. 즉 수메르문명에서도 초기에는 청동기 없이 촌락이 형성되었고, 그리고 본인이 보기에는 도시국가가 먼저 건국되고, 청동기를 만들 수 있는 도시국가시스템이 갖춰진 뒤에 청동기가 나타났다는 것입니다. 이에 대해서는 앞으로 연대를 더 정밀하게, 더 깊이 연구할 과제를 갖고 있지만, 강조할 것은 청동기가 국가발생의 전제조건은 결코 아니라는 것입니다. 그러므로 청동기문화는 문화이고 도구일 뿐, 도구사용을 국가 건국의 전제로 할 수는 없다는 것입니다. 청동기 없이도 국가가 건국되고 경영이 잘 된 고대국가도 있습니다. 현대에서도 마찬가지입니다. 원자탄이 있어야 꼭 국가를 건국할 수 있는 것이 아니고 국가를 건국하고 권력체제를 활용하여 원자탄을 만드는 것입니다. 그러므로 이는 무엇이 국가인가? 하는 국가의 정의(定義)에 관한 것인데 국가의 정의는 많이 있으므로 여기서는 줄이기로 하고, 여기서 본인이 가장 강조하는 것은 우선 청동기를 만들 수 있는 국가조직과 체계적인 제조공정시스템이 형성되어야 청동기가 있다는 것입니다. 그렇죠? 그러므로 청동기 없는 국가도 있는 것입니다. 그런데 일부에서는 이를 거꾸로 생각하여 청동기가 있어야 국가라고 보지만 그것이 아니고 청동기를 만들 수 있는 시스템이 있어야 청동기가 있는 것입니다. 물론 청동기가 국가를 더 발전시킬 수는 있지만 그러나 어쨌든 논리적으로, 발전단계로는 국가든 아니든 시스템이 청동기를 만드는 것입니다. 물론 청동기가 국가시스템을 한층 더 발전시키는 것도 사실이지만 선후를 거꾸로 생각하면 안되죠. 그리고 그러한 청동기 제조공정시스템은 역시 잉여가치가 발생해야 나올 수 있는 것입니다. 다시 한번 정리하면 청동기를 만들 수 있는 잉여가치가 발생하여 그것을 만들 수 있는 시스템이 구축되었을 때, 청동기를 만들 수 있는 것입니다. 이것을 이해하는 것이 주요하죠.

그리고 다음으로는 우리나라의 청동기년대를 BC 25세기경으로 보는 학설도 있습니다. 따라서 청동기를 국가의 전제라고 하더라도 BC 25세기경의 청동기문화가 나타났다는 것으로 보면 단군조선이 이때 건국했다는 것을 인정할 수 있는 것입니다. 그런데 청동기시대는 연대에 대한 연구자의 편차가 많아서 이 정도로 줄이기로 하겠습니다.

이는 환국도 마찬가지입니다. 신석기시대에 국가가 건국될 수 있는가? 하고 의문을 품는 사람도 더러 있기도 하지만 그러나 환국이 신석기를 사용하고 있었기 때문에 국가로 보기 어렵다는 견해는 받아들이기 어렵습니다. 환국은 환국대로 신석기를 사용하더라도 그러나 소박하고 시원의 형태로 국가조직, 국가시스템과 권력체제를 형성하여 국가를 건국할 수 있는 것입니다.

그래서 이런 도시국가는 그만큼 사회의 발전이 심화되고, 그래서 여러 가지 기능이 나타나고, 또 조직단계가 수직적으로 분화가 많기 때문에 본인은 이걸 조직혁명(organizational revolution)으로 봤습니다. 그렇게 봤지만 고고인류학자들은 이것을 어떤 측면에서 보느냐? 하면은 도시혁명으로 본다는 거죠. 도시를 연구하는 분들에 따르면 약 한 5천년전에 도시혁명이 나타났다, 이렇게 보고 있습니다. 그래서 잉여생산물이 나타나고 그래서 교역과 분쟁조정, 또 그런 잉여가치를 많이 낳기 위해서 신에게 감사하는 이런 종교가 더 급격하게 발달된다는 거죠. 그래서 분업이 생겨나고 또 생업에 매달리지 않는 이런 잉여가치를 가지고 관리를 하는, 그런 군장, 사제, 군인, 학자 등 유한계급이 나타났다, 그렇게 보는데 꼭 유한계급이라기보다는 경영학적으로 보면 관리자, 또는 경영인이 나타났다는 거죠. 직접 노동에 종사하지 않고 관리에 종사하는 관리인들이 이제 급격히 나타나기 시작한다는 것이죠. 그래서 본인이 그걸 도시혁명과 비슷하게 관점을 맞추어서 인간의 측면에서는 조직혁명이 일어났다, 그렇게 보는 것입니다.

그래서 이제 도시화도 마찬가지입니다. 원생지가, 농경지가, 취락이 크게 도시로 급격하게 변하는 현상, 이것이 인류역사에 상당히 중요한 하나의 시기죠. 그래서 이런 도시국가로서의 신시가 나타날 수 있는, 그런 문명사적인 그런 토대는 우리가 이해를 할 수가 있다는 겁니다.

1.3. 신시의 의미

1.3. 신시의 의미

* 신시는 신의 도시(the city of the God)

* 신교의 도시

* 천신교를 믿는 천신교도의 도시

* <u>신교도의 도시는 사제계급의 출현을 의미</u>

* 신시는 신정합일국가

* 하늘에서 직접 강림한 천신 – 천제 – 천제자가 사람이 되어
  다스리는 국가 – 以神化人사상 (이신화인)

그러면 여기서 신시의 의미를 한 번 더 짚어보면, 신시는 신의 도시다, 신의 도시라는 것이 어떤 의미냐면 신이 사는 도시다, 그런 뜻이냐면, 그런 뜻도 있겠지만, 그러니까 말하자면 신교의 도시다 는 것이죠. 다시 말하면 천신교를 믿는 천신교도들이 사는 도시라는 것이죠. 천신교도들이 신시만 살았느냐? 물론 그건 아니겠죠. 신시에 집중적으로 사는데 그렇게 사는 이유는 뭡니까? 이 신시가 종교도시라는 것이죠. 종교도시라는 건 결국 말하자면 고대에서는 소도죠! 소도! 그러니까 신시의 국가에서

가장 큰 소도가 있었고 그 소도를 기반으로 해서 신시가 종교적, 정치적 그런 여러 가지 권위를 가지고 수도국가, 맹주국가 역할을 했다 는 것입니다. 그러니까 신전이, 아마 가장 큰 신전이 신시에 있었다, 그렇게 볼 수 있습니다. 그래서 또 다르게 보면 신교도의 도시는 결국은 사제계급, 그러니까 성직자들이 나타났다는 얘기죠. 물론 그 전에도 있긴 있었겠죠. 환국시대에도 있었지만 이때 사제계급, 성직자들이 아주 조직을 이루어서 급격히 발달하게 됐고, 그렇게 발전하게 된 물적 토대가 뭡니까? 결국 농업의 잉여가치겠죠. 잉여가치가 많이 발생함으로서 이런 관리자, 아까는 유한계급이라고 표현했습니다만, 꼭 유한계급이라기보다는 노동보다는 머리를 쓰는, 그래서 그런 복잡해진 사회를 관리하고 또 효율적으로 능률적으로 일을 추진할 수 있는 이런 관리자, 경영자와 같은 계급, 기능, 조직이 나타났다, 그렇게 볼 수 있습니다.

그래서 이제 신시는 신정합일국가다, 종교와 정치가 합일된 국가라는 것이죠. 어떻게 해서 그렇게 되었을까요? 하면 하늘에서 강림한 천신(天神), 천제(天帝), 또는 천제의 아들, 천제자(天帝子)가 이 땅에 강림해서 이 나라를 다스린다는 것이죠. 그게 앞에 본 견왕이지, 재세이화죠. 그러니까 이 천신교라는 것은 하늘에 있는 천신, 천제가 이 땅위에 사람의 몸으로 나타난다 는 것이죠. 사람의 몸으로 나타나서 천황과 천왕이 되어서 다스린단 말입니다. 그러니까 신이 다스리는 국가다, 그런 뜻입니다. 그러니까 신시라는 의미도 근본적으로는 천신이 다스리는 나라다, 이렇게 볼 수가 있습니다. 그러면 이게 우리 역사기록 또는 우리나라에서 나타나는 중요한 천신교의 교리죠. 그래서 『신사기』에 보면 〈以神化人사상〉이 있습니다. 以神, 신으로서, 化人, 사람이 됐다, 이것입니다. 하늘에 계신 신이 직접 인간의 몸을 하고 이 땅에 나타난다는 것이죠. 그것이 이신화인사상입니다. 우리나라에서 나타나는 아주 고유한 문화, 고유한 종교사상이라고 볼 수가 있습니다. 이신화인!

　물론 다른 종교에도 비슷하게 있기는 있습니다. 하나님 독생자가 이 땅에 나타났다 는 교리를 가진 종교가 있지만, 그러나 우리나라에서는 그걸 딱 교리로서 정립을 딱 했다, 이겁니다. 그것이 이신화인사상이죠.

　『규원사화』에서는 어떻게 되어 있습니까? 『규원사화』에서는 神人降世! 神人, 神이 사람(人)이 되어서, 降世, 이 인간세상에 강림하셨다, 이렇게 되는 것이죠. 그러니까 上帝께서 이 땅에 인간의 몸으로 나타난다는 것이죠. 그 분이 神人이죠. 神人! 이것이 천신교의 중요한 교리란 말입니다. 왜 인간으로 나타납니까? 여기에 천신교의 교리가 잘 나타나는데 신이 직접 인간세상에 작용할 순 없다는 것이죠. 신도 인간이 되어서 인간을 통해서 인간과 함께 경영을 하고, 인간에 의한, 인간을 위한, 인간의 정치를 해서 이 세상을 이화세계로 만드는 것을 관장을 해야 한다, 말이죠. 신이 인간세상에 직접 개입하지 않고, 개입하고 싶으면 인간의 몸으로 직접 이 땅에 다시 나타나서 다스려야 한다 는 것이죠. 화현(化現)! 그것이 화현이죠. 화현사상! 불교나 힌두교에서도 물론 나타나죠. 그러나 천신교에서 원래 나타납니다. 이 화현(아바타라 Avatara)을 다르게는 화신, 현신, 권화라고도 하는데 요새 게임이나 영화에서 유명해진 아바타(Avatar)가 여기서 나왔죠. 이 아바타사상이 우리나라 천신교에서도 원래 다 나와있다 는 것이죠. 이해하겠습니까? 『3국유사』에는 어떻게 나와 있습니까? 〈天子已降〉으로 나와 있죠. 다 같은 고대천신교사상입니다.

1.4. 신시의 계승국가

1.4. 신시의 계승국가

∗ 하늘에서 강림한 천제가 다스리는 신국

∗ 이는 천제(자)가 강림하여 다스린 후대의 고조선, 부여, 고구려,
 신라로 계승

∗ 즉 천신교의 계승

∗ 특히 신라는 『화랑세기』에서 스스로 신국이라고 하였음

그래서 神市^{신시}는 하늘에서 강림한 천제가 다스리는 신국이다 라는 것이
죠. 神國^{신국}, 또는 神州^{신주}, 또는 神鄕^{신향}으로서 신시는 신국과 같은 뜻으로 볼 수
있습니다. 그래서 천제자가 강림해서 다스리는 후대의 고조선이 있죠. 고
조선 단군은 강림하셨나요? 조선시대에 가면 강림하신 것으로 선포가 됩
니다. 단군이 천제자로서 선언이 되는 것이죠. 단군왕께서도 이제 이 땅
에 천신으로서 강림하셨다, 그것이 조선시대의 기록에는 그렇게 나옵니
다. 그전에는 환웅천황, 또 궁극적으로는 환인천제께서 이 땅에 강림하셨
다, 이렇게 되는 것이죠. 이 부분은 제4강에서 다시 보도록 하겠습니다.

그래서 고조선하고, 그 다음에 부여, 부여는 해모수께서 직접 5룡거를
타고 이 땅에 내려오셨죠. 그러니까 해모수는 천제자, 결국 천제라는 것
입니다. 고구려도 마찬가집니다. 해모수의 아들이신 고주몽 동명성제께
서는 알에서 태어나셨다고 했죠. 하늘에서 내려온 그 알이 뭐겠습니까?
하늘에서 내려온 태양을 뜻한다는 것이죠. 그러니까 중국기록에 보면 고
주몽 동명성제께서 어떻게 기록됐습니까? 日月之子^{일월지자}! 해와 달의 아들이

다, 이렇게 되어있습니다. 또 日子^{일 자}! 해의 아들이다 라고 되어있습니다. 알에서 태어났다는 것은 이처럼 알이 태양을 뜻한다는 것이죠. 그러니까 하늘에서 내려오셨다는 것이죠. 따라서 마찬가지로 고주몽 동명성제께서도 천제손, 천제자, 더 나아가서 천제라는 것이죠. 그러므로 고구려 역시 천제의 국가입니다. 다만 중국기록에서는 천제라는 표현이 직접 나오지 않고 일월지자, 일자라고 표현을 조금 바꾸었는데 그것은 중국의 황제가 자신을 천자로 표방하였기 때문이라고 본인은 추정을 합니다.

그 다음에 신라는 분명하죠. 박혁거세거서간이 하늘에서 내려오셨죠. 역시 알에서 나오신 것입니다. 근데 그 알이 태양을 뜻하는 것이죠. 하늘에 있는 알은 태양을 뜻하는 것입니다. 박혁거세거서간은 『화랑세기』에 보면, 거기서 신라시조를 어떻게 표현해놨냐면, 日光之神^{일 광 지 신}으로 표현해놨습니다. 그러니까 고구려의 동명성제께서는 日月之子^{일 월 지 자}고 신라시조는 日光之神^{일 광 지 신}이 되겠습니다. 일광이 해의 빛(햇빛, 햇볕, 햇살)이므로, 박혁거세, 일광, 또 알은 다 태양을 뜻한단 말이죠. 그러니까 하늘에서 내려오신 천제자, 더 나아가서 천신이 이 땅에 강림해서 이 나라를 다스린다 하는 그 천신교를 신라가 갖고 있었는데 특히 『화랑세기』에서는 천제의 아들이 아니라 일광신, 즉 태양신, 천신, 천제 그 자체로 표현이 되어있습니다. 그렇죠! 강림할 때는 천제자이지만 강림하면 그 자신이 바로 천신, 천제가 되는 것이죠. 그러므로 신라도 천제의 국가입니다.

이렇게 천신교를 갖고 있는 나라들은 환국, 신시를 계승한 나라다, 이것입니다. 그러니까 천신교를 계승한 나라다, 그러니까 고대천신교, 고대신교를 계승한 나라다, 이겁니다. 신교(神敎)가 신라까지 국교로 있었단 말입니다. 우리나라에서는 신라까지 있었고, 고려로 가면서 조금 불교국가로 바뀐다는 것이며 신라시대는 건국초부터 종언시까지 오로지 천신교의 나라다, 그렇게 본인은 보는 것입니다.

그래서 특히 신라, 신라는 『화랑세기』를 보면 神國으로 나와 있습니다. 신국! 요새 티뷔 드라마에 보면 신국 이야기가 나오죠. 신라를 신국이라고 하는데, 그게 『화랑세기』에 바로 나와 있습니다. 신라인이 자신의 나라를 신국으로 『화랑세기』에 기록을 했다 는 것입니다. 그러면 그것이 신라인들이 갖고 있는 천신교의 전통, 그걸 나타내는 것이죠. 그러면 신국이라고 하면 우리나라만 있겠습니까? 그렇진 않겠죠. 천신교는, 고대 천신교는 전 세계적으로 다 나타난단 말이죠. 다 나타나는데, 기록상은 우리나라에서 제일 잘 나타납니다. 특히 이신화인, 신인강세, 천자이강, 그 말은 우리나라 기록에서 제일 잘 나타납니다. 다른 나라에도 하늘에서 오셨다는 분은 많은데 딱 신인강세란 말은 안 나타난단 말이죠. 그게 교리상 조금 애매합니다. 그러나 우리나라는 『신사기』나 『규원사화』, 『3국유사』에서 매우 정확하게 그렇게 나타나고 또 하늘에서 실제 내려오는 모습도 모호하거나 은유적으로 표현하지 않고 생생하게 직접 기록을 하고 있습니다.

그래서 이제 『화랑세기』도 과연 어느 정도 역사적 가치가 있는가? 하는 것을 많은 분들이 관심을 갖고 있습니다. 지금 드라마도 했습니다만 본인이 보는 관점에서는 역시 『화랑세기』도 역사적 가치는 높습니다. 높지만, 또 후대에서 자꾸 필사되니까, 필사되면서 조금씩 바뀔 수 있는데, 그 부분이 우리가 더 연구해야 될 분야가 되는 것이죠. 그런데 원 내용자체는 역사적 가치가 상당히 높다 라고 본인은 평가를 합니다. 지난번 강의에서 말씀드린 『환단고기』도 마찬가집니다. 『환단고기』도 그 내용자체는 가치가 역사적으로 무척 높은데 다만 후대에 필사되면서 조금씩, 그게 내용이 조금씩, 뭐라 그럴까요, 기록, 필사하는 분들 관점에 따라서 조금

씩 바뀔 수가 있다, 이겁니다. 지난 강의에도 봤잖습니까? 지난 강의에서 말씀드린 것처럼 똑같은 『3국유사』를 가지고 기록하면서 어떤 분은 환인으로 기록을 하고, 어떤 분은 환국을 확실하게 기록한다, 이것이죠. 기록자가 갖고 있는 자신의 주관과 사관에 따라서 기록이 조금씩 바뀐다는 것이죠. 그런 부분을 우리가 연구해야합니다. 『화랑세기』도 마찬가집니다. 본인이 보는 관점은 상당히 역사적 가치는 있는데, 다만 그것을 후대에 와서 필사하면서 조금씩 바꿔지는 부분이 있을 수 있는데, 그런 부분은 우리가 더 연구를 해야 한다는 것이죠. 그러나 그것은 사서의 편사에서 항용 있을 수 있는 일입니다.

2. 신시조직의 구조와 기능

2.1. 천제조직

```
2. 신시조직의 구조와 기능

2.1. 천제조직

＊ 환웅천왕은 천제자로서 등극하여 천제 – 천왕이 됨
                                    천 신
＊ 천신교의 신정합일조직사상 – 天神이 이 땅에 직접 강림하여
     천 제                            이 신 화 제
   天帝가 되어 직접 다스린다는 사상 – 以神化帝사상
```

그러면 신시조직에서 가장 중요한 것은 역시 천제입니다. 천제! 또는 천제자! 하늘에서 천신이, 또는 천신의 아들이 직접 이 세상에 내려와서 등극을 해서, 천제의 아들, 천자, 천제자, 그리고 궁극적으로 천제가 돼서 이 땅을 다스린다 는 것이죠. 그러면 오히려 본인이 만든 말로서 以神化帝 사상으로 보아도 되겠습니다. 그래서 신정합일조직사상인데, 그러면 이 천제조직이 왜 중요하냐? 는 것입니다. 물론 환국에서도 환인천제가 계시니 천제조직이 중요한데, 신시에서 본인이 더 강조를 하는 것입니다. 이 천제조직이 중요한 이유는 천신이 이 땅에 직접 강림해서 인간세상을 신국처럼 만드는 것이죠. 그러니까 신시에서 관명이라든지 조직구조를 신의 조직구조처럼 만든다는 것이 잘 나타난다 는 것이죠. 하늘에 별자리 가 있죠? 하늘의 별자리가 있는데, 그 별자리에서 사람이 강림을 했단 말 입니다. 태양도 강림하고 북두칠성도 강림하고, 강림했으니까 하늘의 별

을 어떻게 합니까? 천신교의 교리에 따라서 이름을 붙이고 구조를 만든다, 이것이죠. 그러면 땅도 마찬가지입니다. 땅도 천신교의 교리에 따라서 구조를 만든다는 것이죠. 그것이 3신5제사상입니다. 3神5帝구조로 하늘의 별자리구조와 땅의 구조와 인간구조를 그렇게 만든다 는 것이죠. 그 부분은 계속해서 설명을 하겠습니다.

그래서 천제조직, 신시조직은 천신교가 어떻게 이 땅에 구현되느냐? 하는 그 측면에서 봐야겠습니다. 근데 그것은 이제 조직사상사적인 측면이고 여기서는, 조직적인 측면에서는 그 정도로 강조를 하겠습니다.

2.2. 3백조직 - 풍백, 우사, 운사조직

2.2. 3백조직 - 풍백, 우사, 운사조직

(5) 是 謂 桓雄天王也, 將 風伯, 雨師, 雲師 而 主穀, 主命, 主病,
主刑, 主善惡, 凡 主 人間 三百六十餘事, 在世理化.(『3국유사』).

* 환웅천왕이 지휘한 풍백, 우사, 운사는 조직관리의 3분화를
  나타내는 직관명 내지 조직명
* 3神사상에서 형성된 조직임
* 3伯조직은 조직의 관리조직이 3으로 분화한 최초의 조직

그 다음에 3백조직입니다. 풍백, 우사, 운사가 있습니다. 이것은 『3국유사』에 기록이 되어있죠.

是 謂 桓雄天王也, 將 風伯, 雨師, 雲師 而 主穀, 主命, 主病, 主刑,

主善惡, 凡 主 人間 三百六十餘事, 在世理化하셨다고 나와 있습니다.

지금까지는 풍백, 우사, 운사를 대개 바람의 신, 비의 신, 구름의 신, 그렇게 봤죠. 근데 풍백이라고 해서 반드시 바람의 신일까요? 그렇게 볼 수는 없다, 이겁니다. 이름을 풍백으로 붙인 것이지, 실제로는 인간조직의, 인간의 국가조직 중의 장을 하고 있다 는 것이죠. 풍백, 우사, 운사의 위(位)가 있잖습니까? 5사 앞에 기록된 이 3伯조직은 대체로 뒤의 5事조직보다는 위격이 높겠죠. 그러니까 조선시대로 보면 3정승에 해당된다 는 것이죠. 영의정, 좌의정, 우의정에 해당된다 는 것이죠. 그건 계속해서 보겠습니다.

그 다음에 중요한 건 주곡, 주명, 주병, 주형, 주선악입니다. 지금까지는 술부로 해석했죠. 그러니까 곡식을 주관하고, 명을 주관하고, 이 명은 인간의 운명, 생명이라고 할까요? 아니면 명령출납을 의미할까요? 그러나 국가조직이니까 명령출납이 더 가깝겠죠. 이처럼 명을 주관하고, 병을 주관하고, 형을 주관하고, 선악을 주관하고 인간 360여사를 주관했다, 이렇게 해서 전부 술부로 해석했단 말이예요. 그러니까 지금까지는 조직구조가 안 나타났죠. **그런데 본인이 연구를 했을 때, 主穀, 主命, 主病, 主刑, 主善惡은 그 자체가 명사라는 것이죠.** 명사란 말입니다. 조직의 이름이다 는 것이죠. 혹은 관명이다 는 것이죠. 그게 신시조직사와 한국고대조직사에서 제일 중요한 해석상의 과제입니다. 주곡 자체가 명사란 말입니다. 명사! 주곡, 주명 등등 그 자체가 명사라는 것이죠. 우리가 한번 생각해보면 어떻습니까? 주(主)자가 붙은 관명이라든지, 관직을 나타내는 명사들이 많잖습니까? 제일 먼저 뭐가 떠오릅니까? 주석(主席), 또는 주심(主審), 또 뭐가 있습니까? 그렇죠! 주임(主任)! 조금 과거로 올라가면 어떻습니까? 조선시대로 가면 별주부(鼈主簿), 별주부가 뭡니까? 주부(主簿)가 관명이잖습니까? 관명입니다. 그러므로, 별주부는 자라 주부라는 거죠. 원래는 거북입니다만. 여기서 주부는 그 자체가 명사로서 관명이란 말입니다. 그러면 또 뭐가 있겠습니까? 주사(主事), 주사는 요새도 쓰지 않습니까? 그게 옛날에도 있었던 관명이라는 겁니다. 요새도 쓰는 주사, 즉 행정주사와 같잖습니까? 마찬가지로 앞에서 본 주곡, 주명, 주병, 주형, 주선악이 5사조직이라는 것이죠. 다섯 개의 조직이다 는 것입니다. 그래서 앞에 풍백, 우사, 운사는 3분화를 나타내는 3백조직이고, 뒤의 주곡, 주명 등등은 5사조직이다, 이것이죠. 그래서 3백5사조직이다, 이해되겠습니까?

그게 이제 3신5제사상과 관계있는 것이죠. 3신5제사상은 우주론, 천신교의 우주론이죠. 천신교의 우주론을 이 땅의 인간조직에 적용을 하는 것이죠. 적용을 해서 3정승 이름을 조선시대에는 영의정, 좌의정, 우의정이라고 붙였고, 신시시대에는 뭡니까? 풍백, 우사, 운사라고 붙였다 는 것입니다. 그 이름을 우선 보면 신명(神名), 신의 이름처럼 붙였다 는 것이죠. 왜냐면 천신교의 표현이란 말이예요.

그러면 아까 이야기 했죠. 하늘의 별자리에도 천신교의 교리를 적용한다, 이것이죠. 그러면 풍백은 뭡니까? 풍백은 하늘의 별의 이름입니다. 별의 이름 중에 풍백이 있죠. 풍백이 있고 우사도 마찬가집니다. 하늘의 별의 이름에 우사가 있습니다. 그런데 이 풍백, 우사, 운사를 다시 인간조직에 적용을 해서 조직관리 3분화를 나타내는 직관이름이 되었죠. 즉 조직명으로 해석을 했습니다. 물론 3神사상에서 나왔죠. 그러므로 3백조직은 관리조직이 3으로 분화된 최초의 조직이다, 그렇게 볼 수 있습니다.

> ＊ 풍백, 우사도 한국과 중국의 문헌에서 자주 나타나지만 특히
> 중국의 시조 황제가 운사의 직관에 있었음
>
>   황제   관명 개이 운명 위 운사
> (6) 黃帝…官名 皆以 雲命, 爲 雲師.(『사기』, 사마천).
>   황제씨 이 운기 고 위 운사 이 운명
> (7) 黃帝氏 以 雲紀, 故 爲 雲師 而 雲名.(『춘추좌씨전』).
>   치우 청 풍백 우사 종 대풍우
> (8) 蚩尤 請 風伯, 雨師, 縱 大風雨.(『산해경』).
>   석자 황제 합 귀신 어 태산지 상 가 상거 이 육교룡 필방 병할
> (9) 昔者 黃帝 合 鬼神 於 泰山之 上, 駕 象車 而 六蛟龍, 畢方 竝轄,
>   치우 거전 풍백 진소 우사 쇄도
>   蚩尤 居前, 風伯 進掃, 雨師 灑道.(『한비자』).
>   입춘 후 축일 견수곡문 제 풍백 입하 후 신일 탁저 제 우사
> (10) 立春 後 丑日 犬首谷門 祭 風伯, 立夏 後 申日 卓渚 祭 雨師.
>   (『3국사기』).
>
> ＊ 이를 종합하면 황제는 신시인으로서 치우천황의 지휘를 받는
> 운사의 직관에 있었다는 것을 알 수 있음

그래서 이 점을 우선 이해를 하고, 그 다음에 조금 방향을 바꿔서 흥미 있
는 걸 한번 보겠습니다. 풍백, 우사는 우리나라도 마찬가지지만 중국의 문
헌에서 아주 자주 나타납니다. 우리나라는 『3국사기』에 나타납니다. 『3국
사기』에도 풍백과 우사에게 제사를 지냈다, 이것이 나옵니다. 신라에서 나
오고 있죠. 중국에서는 좀 더 잘 나타나는 기록이, 중국의 시조 황제가 운사
의 직관에 있었다 하는 기록이죠. 운사는 중국기록에 자주 나타납니다.

첫째, 사마천의 『사기』에 보면 황제의 관명을 모두 雲命으로 지었다,
운(雲)의 명(命)으로 지었다, 그래서 운사가 되었다, 그래서 황제의 관명
이 雲師란 말이죠. 운사입니다(6).

둘째, 이건 『춘추좌씨전』이죠. 『춘추좌씨전』에 보면 黃帝氏 以 雲紀,

운기로써 관명을 기록했는데, 그래서 故^고 爲^위 雲師^{운사}가 되었고, 而^이 雲名^{운명}이라, 운으로서 모든 관직의 명을 지었다(7), 그래서 운사다, 이것이죠.

셋째, 『산해경』도 마찬가지로 3백이 나타납니다. 『산해경』에는 조금 다른데 蚩尤^{치우}천황이 請^청 風伯^{풍백}, 雨師^{우사}, 縱^종 大風雨^{대풍우}해서 풍백과 우사를, 물론 풍신, 우신으로 보았습니다만, 이처럼 치우천황과 풍백, 우사가 같이 나타난단 말이죠(8). 그런데 황제는 이미 다른 기록에서 운사로 나타났단 말이죠. 이해하겠습니까? 이해하겠죠.

넷째, 그 다음에 『한비자』에 보면 조금 더 중국화된 기록이 나타납니다. 昔者^{석자} 黃帝^{황제}가, 여기서 황제를 신명으로 보는데, 鬼神^{귀신}을 泰山^{태산}에 모았는데, 駕^가 象車^{상거}, 코끼리 수레를 탔다, 이것이죠. 六蛟龍^{육교룡}과 畢方^{필방}으로 하여금 고삐를 쥐게 하고, 竝轄^{병할}이죠. 蚩尤 居前^{치우 거전}, 치우를 앞장세우고, 風伯^{풍백}은 나가면서 청소를 시키고, 雨師^{우사}는 길에 물을 뿌려서 깨끗하게 하도록 했다는 것입니다(9). 그래서 황제가 치우와 풍백, 우사를 지휘한 걸로 나온다, 이겁니다. 이는 중국화된 기록이라고 볼 수 있죠.

그러면 지금까지의 기록에서 치우와 풍백, 우사는 한편이고, 황제는 운사다, 이겁니다. 그러면 우리가 여기서 뭘 이해하겠습니까? 치우천황은 신시의 제14대 자오지천황이죠. 자오지천황이 풍백과 우사와 한편이 되고, 황제가 운사로서 말하자면, 치우천황에게 반기를 들었다, 이렇게 볼 수가 있단 말이죠. 이것이 탁록에서의 치우천황과 황제의 전쟁으로 볼 수 있는 신화화된 기록이란 말입니다.

다섯째, 그러면 더 나아가서 신라는 왜 풍백과 우사에게는 제사를 지내고(10), 운사에게는 제사를 안 지냈죠? 역시 본인의 추정인데, 운사는 중국의 황제이므로 신시를 계승한 신라인이 제사를 더 이상 지내지 않았다 라고 볼 수 있는 것이죠. 그러면 치우천황에게는 제사를 지냈나요? 이는 더 연구할 부분이죠.

그러면 신시에서 치우천황은 제14대 천황이란 말입니다. 그러면 치우천황과 풍백과 우사가 한편이 되고, 그 다음의 운사인 황제가 반기를 드는 그런 과정으로 볼 수 있습니다. 그렇죠? 종합하면 〈그림 1〉처럼 이렇게 된단 말입니다.

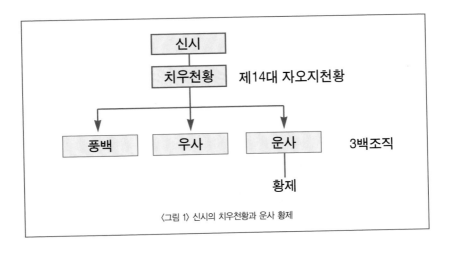

〈그림 1〉 신시의 치우천황과 운사 황제

즉 신시의 조직구조에 환원을 시키면, 풍백, 우사, 운사가 있는데, 여기서 보면 황제가 운사의 직관에 있었다, 이겁니다. 그래서 치우천황이 운사 황제와 중원을 쟁패를 하는 전쟁을 했는데, 결국은 치우천황이 전쟁에서는 이겼지만, 결국 황제가 계속해서 유지를 해서 지금 중국을 이루어 냈다, 그렇게 볼 수 있습니다. 그러니까 이 기록들을 보면 황제가 신시인(神市人)이고 신시에서 운사의 직관에 있었지 않느냐? 그렇게 볼 수가 있습니다. 이처럼 기록이 명확하게 이렇게 나타난단 말이죠. 풍백, 우사, 운사로 나타나면서 치우천황과 풍백, 우사가 한편이 되고, 운사 황제가 따

로 돼서 전쟁을 벌이는데, 그것을 조각을 맞추면 〈그림 1〉처럼 이렇게 된
단 말입니다. 이해되겠습니까? 어떻습니까? 그래서 이것을 본인이 처음
연구를 했는데 그러면 이처럼 치우천황과 황제가 전쟁한 것이 역사적으
로 사실성이 있지 않겠느냐? 그렇게 볼 수가 있습니다.

　　그러면 계속해서 3백조직의 구조와 기능을 보겠습니다.

2.3. 3백조직의 구조와 기능

> ### 2.3. 3백조직의 구조와 기능
>
> (11) 風伯之 立約, 雨師之 施政, 雲師之 行刑.(『환단고기』, 97면).
>
> ＊ 이로써 보면 3백조직의 기능은 입약, 시정, 행형인데 이는 발해
> 의 정당성, 선조성, 중대성, 고려의 중서성, 문하성, 상서성의 3
> 성조직, 조선의 영의정, 우의정, 좌의정 3정승조직, 또 현대 국가
> 조직의 입법부, 행정부, 사법부 3부조직의 구조와 기능과 비슷
> 함, 중국의 태사, 태부, 태보의 3공과도 비교가 됨
> ＊ 근본적으로는 현대조직의 계획, 조직, 통제의 3대 관리기능과 비
> 슷함

　　3伯조직은 風伯之 立約하고, 雨師之 施政하고, 雲師之 行刑으로 나옵
니다(11). 우리가 풍백이라고 하면 바람의 신이다 라고 보기도 하죠. 앞의
중국의 설화적인 기록에서 봤습니다. 치우천황께서 풍백과 우사를 불러
서 바람과 비를 일으켰다, 그래서 신적인 바람의 신, 비의 신처럼 보이는

데 『환단고기』에는 그게 조금 다르다, 이것이죠. 『환단고기』에는 구조와 기능이 딱 나옵니다. 풍백은 입약했다, 입약하는 게 뭐겠습니까? 요새 말하면 입법이겠죠. 우사는 시정을 했다, 행정이겠죠. 그러면 운사는 행형을 했다, 행형하면 요새 말로 하면 사법으로 봐야겠죠. 그러니까 풍백, 우사, 운사가 입법, 행정, 사법부를 각각 관장했다, 이렇게 『환단고기』에 나온단 말이죠. 『환단고기』에 나옵니다. 기록은 딱 나옵니다.

그러면 이런 기록을 봤을 때, 이것이, 그러면 기록이 너무 뭐라 그럴까요? 해석이 너무 잘 된 거 아니냐? 하겠지만, 사실은 이런 조직구조의 상부가 3으로 분화되는 것은 중국 고대도 숫자상 나타나는 부분이 있고, 또 중국 당은 3성조직이 나타나죠. 발해와 고려도 마찬가지죠. 정당성, 선조성, 중대성과 중서성, 문하성, 상서성의 3성조직과 비교해볼 수가 있다, 이것이죠. 그 다음에 조금 전에도 말씀드렸습니다만, 조선의 영의정, 우의정, 좌의정이라는 3정승제도, 현대국가에서의 입법, 행정, 사법의 3부조직의 구조와 기능과 비슷하다는 것입니다. 그러면 이런 현대에 있는, 이런 3부조직이, 입법, 행정, 사법이라는 현대의 3부조직이 신시시대에 있었단 말이냐? 너무 이렇게 과도한 의문을 가질 필요는 없습니다. 구조와 기능이 비슷하다는 거죠. 이것이 원리적으로 나타날 수가 있단 말입니다. 이해되겠습니까?

꼭 같은 건 아니죠. 꼭 같은 건 아닙니다. 그러면 풍백이 입약했다 해서 오늘 현대의 국회처럼 투표해서 법을 만들고 통과시키고 이런 건 아니고 그런 기능을 했다는 거죠, 기능을! 기능은 단순하고 현대보다는 좀 소박하겠죠. 그렇지만 기능 자체는 원리적으로는 있다는 것입니다. 조직에서도 마찬가지입니다. 조직에서도 관리기능에 해당되는데 관리기능으로 보면 계획, 조직, 통제를 했다는 말이죠. 계획, 조직, 통제!

조직기능에서 관리기능의 3대 관리기능은 계획, 조직, 통제입니다. 풍백은 계획을 하고, 법을 만든다는 게 계획이죠. 시정이라는 건 뭡니까? 행정이죠. 조직, 집행! 그 다음에 계획된 대로 집행이 잘 됐느냐?를 판단하는 것이 행형, 이것은 조직기능에서는 통제죠. 국가조직에서는 행형으로 표현되고, 조직에서는 통제, 그렇게 표현된다, 이거죠. 현대의 표현으로는 플래닝(planning), 오가나이징(organizing), 콘트롤링(controlling)인데, 이것은 말하자면, 고대사서의 표현으로 하면 입약, 시정, 행형으로서 庶物原理란 말이죠. 庶物原義! 하나의 조직에서 항상 계획, 조직, 통제가 따라다닌다는 것이죠. 그래야 조직이 활동을 할 수가 있죠. 목적을 달성할 수 있습니다. 관리기능과 비슷하다는 겁니다.

　　중국에서는 태사, 태부, 태보의 3공제도가 있습니다. 그것하고는 다르지만, 그러나 비교해볼 수는 있죠. 물론 중국에서도 당에서는 이런 3성제도가 나타나죠. 그런데 그 기원은 신시에 있단 말이죠. 신시에서 제일 먼저 나타났어요. 조직의 상부가 3으로 분화되는 것, 그것은 신시에서 제일 먼저 나타났단 말입니다. 이름은 신적으로 표현되어 있지만 기능은 현대 조직론의 원리적인 기능과 일치한다는 겁니다. 뭐 똑같다, 이런 건 아니죠. 원리적으로는 같게 나타난다는 겁니다. 그래서 그것이 조직기능에서 연구해야 될 중요한 과제란 말이죠.

　　그래서 계속 보면 〈그림 2〉처럼 이렇게 순환을 하게 됩니다.

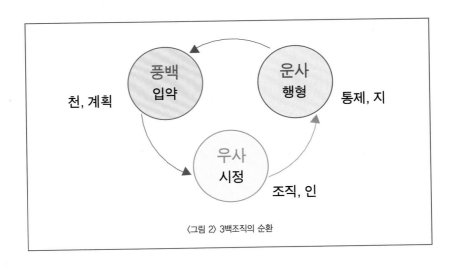

〈그림 2〉 3백조직의 순환

입약했으면 시정을 하고, 시정을 하면 행형을 한다, 이것이죠. 그래서 입약, 시정, 행형, 이렇게 되겠습니다. 조직에서도 마찬가지죠. 계획, 조직, 통제란 말이죠. 그러면 천지인사상, 3신사상에 비교를 할 수 있습니다. 3신사상에서 천은 뭡니까? 하늘이죠. 지는 땅이죠. 인은 사람이죠. 단순히 표현은 그렇게 하지만 3신사상에서 천지인을 다르게 표현하면 천은 조화로 표현됩니다, 조화주! 인은 치화, 치화주이죠. 지는 교화, 교화주로 표현되죠. 그러니까 조화, 치화, 교화, 이 세 가지가 이제 순환되는 개념이죠. 천지인은 하나의 표현이고 기능은 뭡니까? 造敎治 3化라고 하며, 저것이 3化이기 때문에 조교치 3화가 경영학의 조직론으로 보면 계획, 조직, 통제하고 비슷하단 말이죠. 물론 똑같다는 건 아니고 원론적으로는 세 개의 기능이 나타나는데, 그 관리기능들이 비슷하단 말입니다. 국가에서도 그렇게 나타나고, 조직에서도 나타나고, 고대조직에서도 나타나고, 현대조직에서도 나타난단 말입니다. 그것을 3백조직의 순환이라는 개념으로 볼 수가 있습니다.

그러면 이런 관리조직이 3으로 분화된 것은 그만큼 사회가 발달되고 잉여가치가 더 많이 발생하여 물적 토대가 되고, 관리해야 될 업무가 더 많아지고 복잡해졌다, 이것이죠. 관리해야 될 업무가 많아지고 또 뭡니까? 그 관리하는 직분을 가진 사람들에게 돌아갈 잉여가치가 많이 발생했다는 것이죠. 그것이 없으면 직분이 안 나타나죠. 저런 기능들을 가진 관리조직이 나타날 수가 없단 말입니다. 또 효율적으로 관리하면 잉여가치가 더 많이 발생하여 국가가 그만큼 더 발전하는 것이죠. 그래서 이제 신시에서 이런 관리조직인 3백조직이 가장 잘 나타났습니다.

2.4. 5사조직 - 주곡, 주명, 주병, 주형, 주선악조직

2.4. 5사조직 - 주곡, 주명, 주병, 주형, 주선악조직

* 신시의 主穀, 主命, 主病, 主刑, 主善惡은 명사로서 관명 내지 조직명임

* 본인이 이를 처음 논증하여 논문발표하였음(1987. 12.)

* 5事가 명사라는 상론은 본인의 기존의 연구를 참고

* 5事조직은 단순히 5개의 직관이 나열된 것이 아니고 5帝사상을 배경으로 하여 구조, 기능과 과정이 있음

그 다음에 조금 전에 설명한 대로 5사조직으로서 주곡, 주명, 주병, 주형, 주선악은 하나하나 명사라는 것이죠. 지금도 마찬가지입니다. 지금도 주(主)자를 붙여 사용하는 직명이 많이 있습니다. 지금도 있지만, 또 신라에서는 이 주(主)가 뒤에 갑니다. 접미사로 가서 관직이름을 만듭니다. 품

주라든지, 군주라든지, 당주라든지, 주를 뒤에 붙이죠, 신라에서는. 이처럼 앞에도 붙일 수도 있고 뒤에도 붙일 수 있죠. 그런데 명사라는 것은 본인이 처음으로 논증해서 1987년에 논문으로 발표를 했습니다. 주명, 주곡 등등이 명사다, 5사조직이다 는 것을 논문을 써서 발표한 것이 1987년 12월입니다. 지금(2009년)부터 22년 전에 논문을 발표했단 말이죠. 지금도 그렇지만 당시로서 정말 대단한 논문이었죠. 고조선도 아니고 신시의 5사조직을 연구하였으니 정말 대단한 고대사의 혁신이었죠. 그 연구는 고대사연구의 일대 전환점(turning point)이 되었다고 봅니다. 근데 이걸 표절하면 안되겠죠. 연구윤리를 말하지 않더라도 표절해서는 사계의 발전이 없습니다.

근데 역시 5사조직도 사상적인 배경은 5제사상이죠. 단순히 5개의 직관이 나열된 것이 아니고, 5제사상을 배경으로 해서 구조와 기능이 성립됐단 말입니다. 그 문제는 어디에 나타나있냐면, 『환단고기』에 보면 이를 알 수 있는 기록이 분명하게 있습니다. 이는 『환단고기』의 진실성에 대해서도 상당히 주요한 내용입니다.

(12) 龍王玄龜 主善惡,

朱鵲赤熛 主命,

靑龍靈山 主穀,

白虎兵神 主刑,

黃熊女神 主病.(『환단고기』, 51면).

龍王玄龜가 主善惡을 맡고, 朱鵲赤熛가 主命을 맡고, 靑龍靈山이 主穀을 맡고, 白虎兵神이 主刑을 맡고, 黃熊女神이 主病을 맡는다 하는

기록이 있습니다.

그러니까 이 5사조직의 앞부분은 뭡니까? 용왕현구 등등은 역시 5제사상에서 나왔죠. 5제사상과 5사조직이 결합이 됐다, 이겁니다. 이해하겠습니까? 그러면 앞부분에 나온 것처럼, 용왕현구가 주선악을 맡는다면, 이것 역시 신적인 이름이 아니냐? 이렇게 보겠지만, 꼭 그런 건 아니고, 주선악이라는 조직의 어떤 문장(紋章), 혹은 상징, 그런 것이 용왕현구다, 이렇게 봐야하겠죠. 이해되겠습니까? 예를 들어서 군대도 마찬가지잖아요. 북부군이다 하면 흑색깃발을 달겠죠, 5색사상에 따라서. 남부군이다 하면 그러면 옷이라든지, 그런 어떤 의장(意匠), 휘장을 어떻게 하겠습니까? 빨간색으로 하는 수가 많겠죠. 그런 뜻으로 보면 되겠습니다. 깃발을 들고 나가는데, 깃발에 예를 들어서 용왕현구를 그려서 나갑니다. 군기(軍旗)의 그런 상징으로 보면 되겠죠. 꼭 이걸 신적인 이름으로 봐서 용과 거북이가 무슨 주선악을 하느냐? 이런 게 아니고 이건 하나의 상징으로 봅니다. 5제사상에서 나왔다는 것입니다. 이것은 분명합니다. 따라서 이처럼 현, 적, 청, 백, 황을 전후좌우중앙, 또는 동서남북중앙에 배열할 수 있습니다. 특히 중앙이 황인데 곰 여신이 배열되어 있잖아요? 고구려의 4신도에서는 이 부분이 전혀 안 나타나는데 이제 『환단고기』의 5제사상에서 잃어버렸던 **황웅여신**을 찾았던 것이며 이 웅녀는 우리 고유의 사화이며 따라서 5제사상이 우리 고유의 천신교에서 나왔다는 것을 더 잘 알 수 있습니다. 그런데 가장 주요하다고 볼 수 있는 중앙의 상징신이 왜 여신일까요? 그것은 고대 모계사회의 여신사상을 반영하는 것으로 볼 수 있고 따라서 이 5제사상이 연원적으로 더 오래 되었다는 것을 의미하며 동시에 『환단고기』가 연원이 더 깊은 보다 원형적인 사상을 담고 있는 진실성이 매우 높은 사서라는 것을 알 수 있게 하는 것입니다. 즉 가부장적 사상이나 유교사상이 있던 그런 시기 이전에 저술된 것이라는 것입니다.

그런데 그 뿐만 아니고 1984년에 중국 요하문명의 홍산문화의 우하량에서 황토로 만든 여신상과 곰발상, 그리고 곰턱뼈가 발굴되었습니다. 이 여신상은 황토색이며 동시에 이 유적은 홍산이기 때문이기도 하겠지만 황토흙으로 덮혀 있었습니다. 물론 본인은 채색된 부분도 있었지만 현재 모습은 황토색인 것을 강조합니다. 즉 황(黃)웅여신이죠. 그리고 우하량문화는 약 5~6천년전으로서 약 6천년전인 신시의 웅녀황후와 연대가 거의 같습니다. 따라서 황웅여신이 유물로서 증명이 된 것으로 볼 수 있습니다. 그러므로 우하량유적은 1984년에 발굴되었는데, 그 전인 1911년에 편저 출간되고 1979년에 공개출간된 『환단고기』에 이미 황웅여신을 기록하고 있으므로 이는 『환단고기』의 진실성이 매우 높다는 것을 증명합니다.

그리고 더 나아가서 이렇게 5제사상의 배경 속에서 5사조직이 형성됐다 하는 것을 본인이 다시 한번 설명드립니다. 5제사상 중에서도 어떤 사상일까요?

그걸 계속 보면, 그러면 이 청룡령산, 주작적표, 백호병신, 용왕현구, 황웅여신을 5제사상에서 배열을 할 수가 있습니다. 그래서 동서남북중으로 배열을 했습니다. 이는 사실 『하도』의 배열이죠. 배열하고, 그에 따라서 주곡, 주명, 주형, 주병, 주선악을 또 같이 배열을 했습니다. 배열하니까 〈그림 3〉과 같은 이런 모습이 나왔죠. 이 부분이 『3국유사』와 『환단고기』의 깊은 구조의 일치성 연구에 매우 주요합니다.

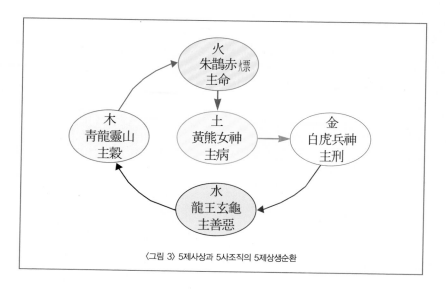

〈그림 3〉 5제사상과 5사조직의 5제상생순환

　자, 잘 한번 봅시다. 『고기』, 즉 『3국유사』의 『고기』에 어떻게 나와 있습니까? 『3국유사』의 『고기』의 5사조직의 순서를 따라가면 딱 이 순서대로 되어있습니다. 주곡, 주명, 주병, 주형, 주선악의 순환구조가 5제사상에 따라 정연히 나타납니다. 이해되겠죠?

　그러니까 『3국유사』에 이 다섯 개의 조직이 나열되어 있는 것을 이 5제사상에 입각하면 이런 순환으로 되어있다는 것입니다. 이 순환이 뭐겠습니까? 이 순환이 5帝相生循環이 되겠죠. 5제상생을 그림으로 그리면 이렇게 딱 된다, 이겁니다. 그러면 『3국유사』의 『고기』의 이 주곡, 주명, 주병, 주형, 주선악이 어떤 사상적 기반을 가지고 있다는 겁니까? 5제사상의 기반을 갖고 있다는 것이죠. 단순히 나열적으로 주곡, 주명, 주병, 주형, 주선악, 이렇게 쓴 게 아니고, 그걸 쓰신 분들은 바로 이 5제사상에 입각해서 순서를 기록했단 말입니다. 그러면 5제사상 중에서도 이 순환은 5제상생사상에 해당을 하는 것입니다. 즉 『고기』는 5제상생사상입니다. 5제상생사상이 『3국유사』의 『고기』에 나온다는 것입니다. 이해하겠습니까? 5제상생사상은 『하도』의 상생사상입니다. 이 부분은 차후의 기회에 더 살펴보기로 합시다. 그러면 『3국유사』의 『고기』는 『하도』의 상생사상을 보여 주고 있습니다. 주요하죠. 『고기』에서 『하도』의 5제상생사상이 나타났다, 아주 주요하죠.

즉 『환단고기』, 『하도』와 『고기』가 5제상생사상에서 깊은 구조가 일치하는 것이죠. 이해되겠습니까?

그러면 『환단고기』는 5제사상의 어디에 해당될까요. 『환단고기』 자체의 〈현 → 적 → 청 → 백 → 황〉의 순환을 『하도』에서 〈그림 4〉처럼 나타내 볼까요.

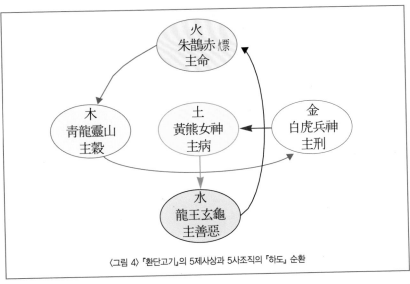

〈그림 4〉 『환단고기』의 5제사상과 5사조직의 『하도』 순환

이 〈그림 4〉의 순환은 『하도』에서 나타낸 것인데 이 순환의 의미는 앞으로 더 연구를 해 봐야하겠죠. 그러면 『환단고기』의 이 순환을 금화교역이 나타나는 『낙서』에서 〈그림 5〉처럼 나타내 볼까요.

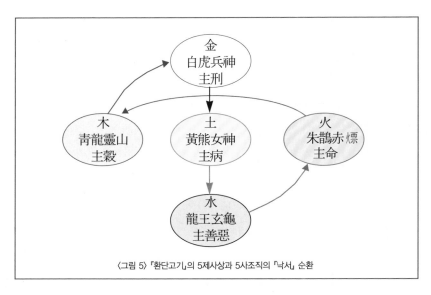

〈그림 5〉『환단고기』의 5제사상과 5사조직의 『낙서』 순환

〈그림 5〉에서의 『낙서』 순환의 의미 역시 지금으로서는 알기가 어려운데 앞으로 더 연구해야할 분야입니다. 그러면 이왕이면 『낙서』의 5帝相^{제 상}剋循環을 〈그림 6〉처럼 보고 갈까요.

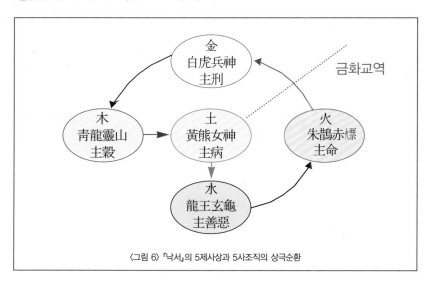

〈그림 6〉『낙서』의 5제사상과 5사조직의 상극순환

〈그림 6〉은 『낙서』의 5제상극순환을 5사조직에 적용을 해보았는데 이는 금화교역을 적용한 것입니다.

지금까지 살펴본 것처럼 『환단고기』와 『3국유사』의 『고기』가 『하도』의 상생순환의 깊은 구조(deep structure)에서 일치하는데 이는 『환단고기』의 진실성이 매우 높다는 것을 의미합니다. 이해하겠습니까?

2.5. 5사조직의 구조와 기능

2.5. 5사조직의 구조와 기능

* 따라서 주곡, 주명, 주병, 주형, 주선악조직은 단순히 곡, 명, 병, 형, 선악을 담당하는 조직이 아니고 근본적으로는 조직의 생산, 마케팅, 인사, 재무, 회계의 5대 업무기능을 하는 조직으로 볼 수 있음

* 중국의 사도, 사마, 사공, 사사, 사구의 5관조직과 비교하여 볼 수 있음

그러면 이 주곡, 주명, 주병, 주형, 주선악조직은 주곡이 나오니까 역시 농사, 농경문화를 반영을 하겠죠. 반영한다고 해서 꼭 이 조직이 농사를 지었다, 이게 아니고, 농산부다, 이게 아니고, 뭔가 근원적인 역할을 했을 거다, 이겁니다. 그러니까 목화토금수의 목에 해당되는 어떤 일을 한 것이 주곡이다, 이렇게 봐야하겠습니다. 이해하겠습니까?

따라서 주곡, 주명, 주병, 주형, 주선악조직은 단순히 곡, 명, 병, 형, 선악을 담당한 조직이 아니고 근본적으로는 5제사상이므로 보다 원론적으로 봐야하겠죠. 그런데 조직에서는 기본적으로 다섯 가지 업무기능이

있습니다. 생산, 마케팅, 인사, 재무, 회계의 5대업무기능을 하는 조직이죠. 이를 〈그림 7〉로 나타내 볼까요?

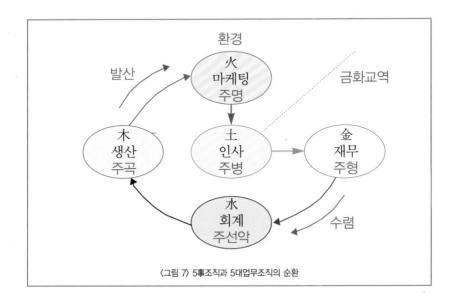

〈그림 7〉 5事조직과 5대업무조직의 순환

〈그림 3〉과 〈그림 7〉을 좀더 유심히 볼까요? 이처럼 여기 화에서 토로 꺾어 들어가서 금으로 나오죠? 그러면 이것이 뭡니까? 여기서 하나의 변화가 오죠. 그러니까 화가 금이 되는 이 변화가 여기서 온단 말이죠. 이는 『낙서』에서 잘 나타나는데 金火交易이라고 하죠.

그러니까 화 → 토 → 금, 여기서 한번 뭔가 변화가 오는 것이 5제상생 사상이다 라고 볼 수 있죠. 그런데 이 금화교역을 경영학적으로 설명을 할 수 있습니다. 그래서 경영학적으로 보면 목, 여기가 생산에 해당될 수 있습니다. 생산한 후에 마케팅, 판매를 하죠. 이는 화에 해당되는데, 이쪽 은 환경으로 나가는 쪽이며 발산하는 쪽이죠. 그러면 마케팅했으면 돈이 들어온단 말이죠. 토를 인사로 볼 수 있고, 그리고 들어온 돈을 관리하는 데 이를 재무라고 한단 말이죠. 금을 재무로 본다면, 화 → 토, 이건 돈이 들어오는 쪽이고, 토 → 금, 이건 들어오는 돈을 관리하는 재무란 말이죠. 금을 재무라 보고, 수를 회계라 보면 되겠죠. 즉 생산해서 밖으로 마케팅, 즉 판매해서 돈이 들어왔다 는 것입니다. 그리고 안으로 들어온 돈을 관리하고 계산하는 것이 재무와 회계죠. 그러니까 금, 수는 재무, 회계와 비슷한 그런 순환원리다, 이것이죠. 그래서 경영학에서도 보면 이쪽 생산과 마케팅은 나가는 쪽이고 재무와 회계는 들어오는 쪽이란 말이죠. 생산 – 목, 마케팅 – 화, 이것은 전개, 발산이고, 외부지향적이죠. 이것은 뭡니까? 재무 – 금, 회계 – 수, 이처럼 들어오는 것은 회귀, 수렴이고 내부지향적이라고 보면 되겠죠? 그렇게 보면 됩니다. 그게 5제사상하고 순환구조가 매우 비슷하다 는 것입니다.

　그러니까 주곡, 주명, 주병, 주형, 주선악도 이런 5제사상에서 보는 근본적인 역할을 하고, 기능을 담당했지, 단순히 곡을 주관하고, 명을 주관하고, 병을 주관한 것 등등은 아닐 것입니다. 그렇게 볼 수가 있습니다. 그래서 이것은 5제상생순환과 일치한다고 볼 수 있습니다. 그래서 『고기』에 기록된 5사조직은 5제사상에 입각한 조직이라는 것을 알 수 있습니다. 이해되겠습니까? 어떻습니까? 그것은 이 〈그림 3, 7〉을 그리는 과정을 이해하면 됩니다. 기록상 5제사상과 5사조직이 결합돼 있고 이것을 그려놓고 『고기』의 5사조직의 순서로 순환을 하니 『하도』의 5제상생사상과 꼭 일치한다 는 것을 알게 되었죠. 그러니까 『고기』를 기록한 사람들은 누구란 말입니까? 고대천신교의 사제다 라고 봐야죠. 천신교의 사제들이 기록했을 가능성이 많습니다. 그러니까 3신5제사상을 잘 아시는 분이 기록했다는 것이죠. 그 분들이 천신교의 사제직분을 가진 성직자분들이라는 것이죠.

그러니까 환국에서 농업혁명이 일어나서 잉여가치가 발생했죠. 그게 신시에서 도시혁명이 일어나서 잉여가치가 급격히 늘어났다 는 것입니다. 늘어나서 사제집단을 후원할 수가 있다, 이것이죠. 사제집단이 하는 일이 뭐겠습니까? 문자를 만들고, 교리를 기록하고, 그런 역할을 하겠죠. 그렇죠? 그러니까 그 당시에 이 글을 쓴다든지, 문자를 안다는 것은 상당히 공부를 많이 해야 한단 말입니다. 공부를 할 수 있는 경제력, 그것은 물론 하부토대에서 나오고, 그걸 가지고 기록을 하는 것은 대부분 성직자, 학자들이다, 이것이죠. 고대에는 학자보다도 성직자들이 많이 기록을 하겠죠. 역사도 그렇고, 대개 그 분들이 기록한단 말이죠. 그 분들이 이제 경제력이 생기는 것이죠. 경제력이 생겨서 『고기』를 기록했고, 『고기』는 뭡니까? 불교도들이 기록한 게 아니고 천신교도들이 기록했다 는 것입니다. 천신교의 사제들이 기록을 했다, 그렇게 보면 되겠습니다. 그래서 『고기』의 사상적 배경은 불교가 아니고, 천신교다 는 것입니다. 3신5제 사상이다, 이것이죠. 3백조직과 5사조직, 3신5제사상을 아시는 분들이 그 『고기』를 기록했던 겁니다. 그 분들이 대개 천신교 성직자들이죠. 그러니까 그 고대 역사기록은 대개 성직자들이 기록을 한다 는 것입니다. 성직자들이 기록 안하면, 기록할 수 있는 능력을 갖출 수도 없고, 또 보존이 안 된다는 겁니다. 대개 그렇지 않습니까? 대개 종교의 경전만 내려오지 일반인들이 쓴 글은 잘 안내려오죠. 그렇지 않습니까? 보존을 안 하는 거죠. 왜냐면 성직자들은 대대손손, 보다 성직의 고유한, 신성한 임무를 띠고 경전을 전수를 한단 말입니다. 그런데 일반인들은 잘 안하지 않습니까? 대개 폐기시켜버리잖습니까?

그러니까 우리가 지금 보는 대부분의 고대기록들은 종교하고 관련돼 있습니다. 거기에 교육을 받은 우수한 인력이 있고, 그걸 기록할 수 있는 경제력이 생기고, 또 보존하고 후대로 물려줄 수 있는 그런 역할과 공간이 있는 것입니다.

근데 성직자들이 기록을 남기는 수도 많지만, 대개 고대에서는 암송입니다. 글을 쓰고 이렇게 남기는 건 어렵단 말입니다. 예를 들어 종이다, 죽간이 있어야 하고, 토판이 있어야 하고, 보관도 힘들죠. 대개는 암송입니다. 고대 성직자들은 대개 암송을 하죠. 외운단 말입니다. 머리 좋은 사람들이 성직자를 해서 수천페이지에 달하는 고대역사, 경전, 교리들을 몽땅 외우는 거죠. 그걸 암송으로 전달한단 말입니다. 암송은 전달이 잘되면 좋은데, 안 되는 수가 많단 말이죠. 예를 들어 여러 가지로 전쟁이라든지, 죽음이라든지, 혹은 기억을 상실한다든지, 그런 등등의 일이 있죠. 그러니까 어떤 시기에 어떤 전란이나 변란이 일어나면 기록이 전수가 안 되는 거죠. 평소에 계속 후진양성해서 외우게 해야 한단 말입니다. 유교 같은 경우는 사서삼경을 다 외우게 하죠. 외우는 게 강(講)입니다. 외워서 암송해서 스승에게 바치는 것을 강(講)이라고 하죠. 그래서 경전이 전수가 되고, 어느 시기에 오면 문자화 되는 것이죠.

그러니까 우리나라 고대역사도 마찬가집니다. 물론 기록이 있을 수는 있지만, 그 역사를 암송으로 남기다가 어느 시점에서 문자화되어 기록이 되는 것입니다. 그러니까 암송하는 역사하고 기록되는 역사하고 조금 다를 수가 있는 것이예요. 대개 암송의 문제는 그런 문제죠.

여기도 문제는 뭐냐면 한문화되면서 주곡, 주명, 주병, 주형, 주선악으로 기록이 됐다 고 봐야합니다. 근데 원래 이 이름이 주곡이냐? 하는 그것은 조금 다른 문제란 말이죠. 암송으로 전달될 때는 어떤 우리말 고유의 명사가 있었겠죠. 그런데 나중에 한문으로 기록될 때 주곡으로 기록이 되는 것이죠. 이해되겠죠?

그러니까 이 이름이 정확하게 원뜻을 반영했느냐? 하는 것은 조금 다른 문제란 말입니다. 그러니까 본인이 말씀드리는 건 그 문제입니다. 주곡이라고 해서 반드시 곡식을 주관했다, 이렇게 생각하면 안 된다는 것이죠. 뭔가 원형적인 기능이 있었는데 기록자가 채택할 때 주곡을 채택했다는 것이죠. 그러니까 그 점을 조금 이해하면 문자를 떠나서 원형적으로 5제사상을 이해할 수 있습니다. 그 점을 이해하면 좋겠습니다.

그래서 『고기』를 기록하신 분들은 불교도가 아니고 3신5제사상을 신앙으로 하는 고대천신교의 성직자일 가능성이 많다, 그것을 이해하면 『고기』를 더 잘 이해할 수 있습니다. 그래서 『고기』는 천신교의 역사입니다. 천신교! 천신교의 역사니까, 그 측면에서 연구를 더 많이 해야 한다는 것입니다.

그 다음에 중국에서도 마찬가집니다. 중국 주대(周代)에서도 5관(五官)조직이 있었습니다. 사도, 사마, 사공, 사사, 사구의 5관조직이 있었는데, 여기에서처럼 중국에선 주로 사(司)자를 붙였죠. 사(司)를 붙여서 다섯 개의 조직을 만들었습니다. 그리고 그 훨씬 이전에 우리 신시에서는 주(主)자에 해당하는 말을 붙여서 다섯 개의 조직이름을 만들었다 는 것입니다. 그런데 이 역사를 암송해오다가, 그러니까 본인은 암송했다고 봅니다만, 어느 시점에서 암송으로 내려오던 이 조직이름을 한자로 채택하면서 우리나라는 주(主)를 붙였고, 뒤의 곡, 명, 병, 형, 선악도 마찬가지로 한자화해서 붙인 것입니다. 그리고 이런 과정은 중국도 마찬가지라고 봅니다. 중국은 후대에 사(司)를 붙였다 는 것입니다. 이해되겠습니까? 중국 사람들은 사도, 사마, 사공, 사사, 사구로 문자화하였는 것이죠. 사구(司寇)하면 대표적으로 누굽니까? 대표적으로 공자죠. 공자가 제후국가인 노에서 대사구벼슬을 했잖습니까? 이 벼슬을 하기 전에는 사공(司空)을 했다는 것입니다. 사공벼슬을 하다가 사구를 했습니다. 대표적인 공자의 관명이죠. 이처럼 중국에서는 다섯 개의 관직, 5관조직으로 나온다는 것이죠. 중국도 마찬가지로 암송되던 것이 어느 시점에서 이렇게 기록이 되면서 한자화될 때 이렇게 사(司)를 붙이게 됐다고 봅니다.

암송이 있고, 그 다음에 뭐가 있겠습니까? 결승(結繩)이 있습니다. 새끼 꼬는 것, 노끈을 매듭지어서 하는 것 있잖습니까? 결승으로 한다는 거죠. 잉카제국은 그렇게 나라가 발전했는데 문자가 없다고 말을 하죠. 문자가 없는 게 아니고, 우리가 생각하는 문자는 없는데, 그 분들은 그림문자가 있고, 그 다음에 일반적으로 그 분들은 결승, 노끈을 꽈서 전부 기록을 한다는 것이죠. 노끈을 아주 복잡하게 꼽니다. 그걸 꼬고, 그걸 이해하는 사람들이 대개 사제라든지, 혹은 서기관들이죠. 그 분들이 사회의 하나의 지식층, 학자, 또는 사회의 지도층, 선도그룹이 되는 거죠. 그게 쉬운 게 아니잖습니까? 그걸 외우고 꼰다는 것이. 지금은 잉카의 결승을 아는 사람은 다 없어졌죠. 그래서 문자가 없다고 보는 것같은데 단순히 그렇게 보면 곤란하죠. 이처럼 문자를 아는 사람이 사회의 지도층이 되는 것은 지금도 마찬가지죠. 또 잉여가치가 집적되는 단계에 따라 암송, 결승, 문자단계, 그리고 성직자, 서기관, 학자 계층이 나타날 수 있습니다. 그것은 그 훨씬 이전의 신시조직에서도 마찬가집니다.

지금까지 본 것처럼 주(主)가 붙은 것을 반드시 주관한다, 그렇게 술부로 볼 수는 없고, 그것을 이제 관직이름으로 명사로 보는 것이 맞는 것이죠. 따라서 신시의 5사조직은 매우 주요합니다.

2.6. 5가조직

2.6. 5가조직

(13) 五加 曰, 牛加 主穀, 馬加 主命, 狗加 主刑, 猪加 主病, 鷄加 主善惡也.(『환단고기』, 67면).

(14) 及 監董 人民之 職, 以 獸畜 名 官, 有 虎加, 牛加, 馬加, 鷹加, 鷺加之 稱, 盖 牛, 馬, 狗, 豚之 屬 皆 當時 民衆 養生之 料 而 類以 爲 業者也.

虎 與 鷹, 鷺者 境內 棲息之 鳥獸 而 以 表 官職之 性也.

(『규원사화』「태시기」).

* 신시도 환국과 같이 5가조직이 형성되었는데 이는 환국조직에서
  내용을 살펴보았으며, 여기서 『규원사화』의 기록도 봄

그 다음에 신시에도 5가조직이 있었습니다(13). 『규원사화』에 보면 5
가조직이 잘 나옵니다. 물론 『환단고기』는 앞에서 봤습니다만, 거기와는
이름이 조금 다릅니다. 호가, 우가, 마가, 응가, 노가 등등의 이름이 나옵
니다. 그건 시대에 따라서 조금 다르게 나오는 거죠. 시대에 따라서 어떤
때는 이름을 호가로 붙이고, 어떤 때는 우가로 붙여서 조직을 개편하는
하는 것입니다(14).

그런데 여기서 아주 주요한 것은 『3국유사』의 『고기』는 〈…主病,
主刑,,…〉의 순서인데 비해 『환단고기』는 일관성있게 〈…主刑, 主病,,…〉
의 순서로 되었습니다(13). 이 차이는 주요한데 본인의 다른 논저를 참고
하면 되겠습니다.

* 『환단고기』에서는 신시의 5가조직과 5사조직이 결합되어 있으나, 『규원사화』에서는 분리되어있는데, 이는 시대에 따라 조직이 발전되어 달리 나타나는 것으로 봄
* 5가조직의 이름도 다르게 나타나는데 이 역시 시대에 따라 조직발전단계를 반영하는 것으로 봄
* 부여의 4가조직은 馬加(마가), 牛加(우가), 豬加(저가), 狗加(구가)로 나타나는데 여기에 犬使(견사)(大使(대사)?)를 합하면 결국 5가조직으로도 볼 수 있음 (『3국지』)
* 고구려의 5부조직과도 비교하여 볼 수 있음

그 다음에 『환단고기』에는 지역행정조직인 5가와 중앙행정조직인 5사가 결합이 됐는데 『규원사화』에서는 5가와 5사가 결합이 안 되어 있고, 분리되어 있습니다. 그래서 결합이 된 것은, 본인이 앞에서도 말씀드렸습니다만, 고형태의 내각중심제조직이라고 보고, 분리되는 것은 이제 고형태의 왕정중심제조직이라는 것이죠. 중앙행정조직이 뭡니까? 왕의 직속으로 발전되는 것이죠. 그게 조금 다릅니다. 그래서 계속 한번 볼까요?

이처럼 『환단고기』에서는 5가조직과 5사조직이 결합돼 있으나 『규원사화』에서는 분리되어 있는데, 이것은 조직발전의 단계로 볼 수 있죠. 그것은 후대에도 마찬가집니다. 부여에서는 4가조직이 마가, 우가, 저가, 구가로 나타나는데, 보통 4가조직으로 봅니다. 그러나 뒤에 보면 견사(犬使)가 나옵니다. 견사(犬使)가 대사(大使)의 오자냐? 아니면 견사라는 것이 원래 있었느냐? 있었다면 사실상 5가조직으로 볼 수 있죠. 후대에도 나타나는 겁니다. 고구려의 5부조직도 마찬가지로 볼 수 있습니다.

그러면 이 가(加)가 뭘 의미하느냐? 하면 가(加)가 말하자면 집 가(家) 자가 될 수 있습니다. 그러니까 말을 기르는 집안, 그리고 소를 기르는 집안, 그래서 마가, 우가가 붙었다고 보는데, 그러니까 그러한 생산을 담당 하니까, 그 분들이 사회에 큰 영향력을 가진 집안이 되는 것이죠. 즉 즉 고대의 주요한 사회단위인 가문이죠. 가문조직입니다. 그 다음에 가(加) 를 다른 의미로 보면 간, 칸, 킹, 한, 선우를 뜻하는 수도 있습니다. 다르 게 보면 가문의 문장(門長)을 뜻하는 것이죠. 그래서 가(加)가 집 가(家)자 가 될 수도 있고, 왕이나 하위 독립된 지방영주를 뜻할 수 있습니다. 우리 가 거서간, 박혁거세 거서간할 때 간(干)자로 볼 수 있다는 것이죠. 그러 므로 간, 칸, 킹(king), 한, 선우와 같은 의미로 볼 수 있죠.

2.7. 360여사조직과 조직원 3천명

> ### 2.7. 360여사조직과 조직원 3천명
>
> * 〈凡 主 人間 三百六十餘事〉도 360여사조직으로 하위조직으로 보 며 〈徒 三千〉도 조직원 3천명으로 봄

그 다음에 보면 360여사조직이 있습니다. 360여사도 여러 가지로 분 석하고 있습니다만, 조직으로 볼 수가 있습니다. 그 다음에 徒 三千, 도 3 천도 『제왕운기』에서는 鬼 三千으로 되어있습니다. 그래서 귀신처럼 보 는데 『3국유사』에서는 徒로 나왔습니다. 그래서 조직원이다, 그렇게 볼 수 있습니다.

2.8. 화백조직

2.8. 화백조직

* 신시에서 화백조직이 있었음이 『환단고기』에 기록됨

(15) 桓雄天王…與 衆 議 一歸 爲 和白.(『환단고기』, 7면).
환웅천왕 여중의일귀위화백

(16) 神市…和白 爲 公.(『환단고기』, 90면).
신시 화백위공

(17) 是以 發 政, 莫先 於 和白.(『환단고기』, 95면).
시이발정막선어화백

* 화백은 "희게 화합한다."는 뜻이므로 공정, 순백한 정치를 의미하며 환국, 배달의 국가정신을 구현한다는 것으로 봄

* 만장일치를 원칙으로 하고 있음

* 신라의 화백정치와 많은 비교를 할 수 있을 것

* 현대 조직으로는 경영참가제도(management participation system)를 통한 투명경영으로 볼 수 있음

그 다음에 신시에서도 화백조직이 나타난다는 것이죠. 그 기록을 한번 보겠습니다. 주로 『환단고기』에서 나타납니다.

桓雄天王이 與 衆 議, 여러 대중들과 의논해서, 一歸 爲 和白, 하나로 돌아가니 화백이다(15).

그래서 신시에서 화백회의가 있었고 화백조직이 있었다 하는 것은 기록상으로 충분히 나타납니다. 그럼 화백이 어떤 뜻이냐? 하면 역시 백은 희다는 뜻이겠죠. 흰 것과 화합한다, 희게 화합한다, 그게 무슨 뜻입니까? 이화세계, 환한 나라, 밝고 투명한 나라, 그걸 뜻하겠죠. 일귀라는 건 뭘 뜻하겠습니까? 말하자면 만장일치를 원칙으로 한다는 것이겠죠. 그건

신라사하고 비슷합니다.

그렇다면 신라의 화백조직이 이 신시의 전통을 이어받은 것으로, 그렇게 볼 수가 있습니다.

神市…和白 爲公, 화백으로 공정하게 했다(16).

그 다음에도 마찬가집니다.

是以 發政, 정치를 행함에 있어서, 莫先 於和白, 화백보다 앞서는 건 없다(17).

희게 화합한다는 것은 환국, 배달의 국가정신, 만장일치를 강조하는 것이죠. 현대조직으로 보면 경영참가제도라고 볼 수 있는 것이죠. 의사결정에서 많은 조직구성원이 참여해서 만장일치를 원칙으로 해서 의사결정을 한다는 것이죠. 그러면 아무래도 어떻습니까? 권력이 평등화되고 투명경영을 할 수 있고, 요새로 치면 지속가능한 경영을 할 수가 있다는 것입니다.

2.9. 신시조직의 조직이념: 천제의 명

> **2.9. 신시조직의 조직이념: 천제의 명**
>
> * 환인천제의 홍익인간, 견왕이지
> * 환웅천왕의 삭의천하, 탐구인세, 재세이화 – 실천사상
> * 화백정신 – 만장일치

신시조직의 조직이념은 무엇이겠습니까? 환인천제는 어떤 사명(mission)을 내려주었나요? 천제의 명, 다르게는 천명이죠. 조직이념, 천

명, 하느님의 명, 하늘의 뜻은 역시 홍익인간 사상을 받아들여서 실천적으로 탐구인세, 또는 재세이화하는 것이죠. 실천이죠. 좋은 사상을 현실에서 잘 실천하는 것이 신시조직의 중요한 조직사명이 되겠습니다. 즉 미션이 되겠습니다. 환웅천황은 실천가의 미션을 받은 것입니다. 이는 또 단군왕의 고조선으로 계승이 되고 현대 우리 모두의 천명과 미션이 되겠습니다.

그러면 신시조직을 오늘의 우리 조직에서 구현한다면 역시 재세이화겠죠. 현실에 있으면서 세상을 올바르게 만드는 조직의 이념을 가져야 되겠다 하는 것이 신시조직이 가지고 있는 중요한 조직사상이 되겠습니다. 또한 화백정신으로 조직원의 화합을 강조하는 만장일치의 의사결정을 들 수 있겠습니다.

그러면 신시조직의 전체적인 모습을 보겠습니다. 본인이 지금까지 설명한 것을 〈그림 8〉로 나타내면 원형조직이 되는데 다음과 같습니다.

3. 신시조직도와 시사점

3.1. 신시의 원형조직 - 1황3백5사366사조직

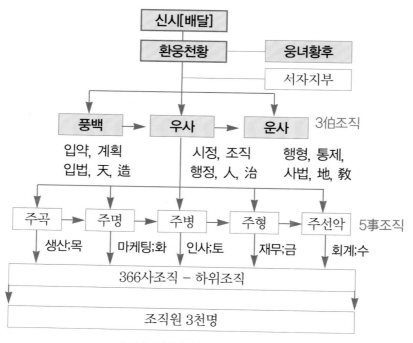

〈그림 8〉 신시의 1황3백5사366사조직-원형조직

이처럼 신시조직에는 환웅천황이 계시고 또 웅녀황후가 중요한 역할을 하겠죠. 그 다음에 서자지부가 있습니다. 역시 환국에 서자지부가 있으니까, 신시에도 있겠죠. 여기 빠진 것은 비왕(裨王)이 있습니다. 부왕(副王)이 있죠. 그 다음에 풍백, 우사, 운사의 3백조직이 있죠. 현대조직으로 치면 입법부, 행정부, 사법부에 해당되는 것이죠. 경영학으로 치면 계획, 조직, 통제가 되겠습니다. 이것은 관리조직이고, 관리조직이 분화된 것이죠. 환국에서는 환인천제와 5가조직이 직접 연결되는데 신시조직에는 중간에 관리조직이 들어왔습니다. 사회분화가 수직적으로 더 늘어난다는 것이겠죠. 그리고 5사조직을 보면, 주곡, 주명, 주병, 주형, 주선악이 있습니다. 그래서 이것은 경영학으로 보면 생산, 마케팅, 인사, 재무, 회계를 의미하겠습니다. 그 다음에 366사조직이 하위조직으로 있고, 도 3천이 조직원으로 있습니다.

이렇게 계층으로 치면 환웅천황의 1계층, 3백의 2계층, 5사의 3계층, 366사의 4계층, 조직원 3천명의 5계층, 즉 5계층의 수직적인 분화로 나타났습니다. 환웅천황에서 조직원 3천명까지 모두 원형적으로는 5계층이 되겠습니다. 그런데 신시는 국가조직이므로 서자지부를 넣으면 6개의 계층으로 분화가 된다고 할 수 있습니다. 서자지부는 결국 부왕(비왕)조직으로 볼 수 있기 때문에 이를 넣으면 수직적인 6계층의 분화가 되는 것입니다. 그러므로 원형적으로는 5계층, 신시의 실제 국가조직으로는 6계층으로 분화가 되었다고 보는 것입니다. 물론 더 세분하면 더 많은 수직 분화를 상정할 수 있는데 여기서는 기록을 중심으로 크게 6계층으로 보는 것이 타당합니다. 따라서 이는 아주 발달된 분화입니다. 앞서 본 환국은 4계층이었죠.

그리고 수직적인 분화 뿐만 아니라, 수평적인 분화도 3백, 5사로서 매우 많이 분화됐다 는 것입니다. 그만큼 도시혁명, 조직혁명에 따라서 더 많은 사회 분화를 볼 수 있습니다. 이 〈그림 8〉의 원형조직에서 빠진 것은 5가조직입니다. 실제 국가조직에서는 지역조직이 발전하는데 주곡, 주명, 주병, 주형, 주선악 옆에 5가조직을 더 그려 넣으면 됩니다. 이는 뒤의 〈그림 9〉에서 신시조직의 완형에서 보겠습니다. 그건 그곳에서 잘 참고하시면 되겠습니다.

> * 신시조직의 의의는 原型組織(archetype of organization)임

그리고 이 〈그림 8〉의 신시조직을 본인의 생각으로는 특별히 원형조직이라는 것입니다. 하나의 조직이 가장 원형적으로 이렇게 발전을 할 수가 있습니다. 그러면 1 → 3 → 5로 분화가 되는 것이죠. 3신5제사상으로 분화가 된다는 것이죠. 따라서 이를 3神5帝組織이라고 이름 붙이겠습니다. 이 역시 분화의 원형을 잘 보여 주는 것입니다.

여기서 이 5사조직에서 빠진 것은 뭐가 되겠습니까? 주곡, 주명, 주병, 주형, 주선악에서 빠진 것은 병부조직이 빠져있죠. 병부조직이 빠져있습니다. 아주 고대국가는 병부조직이 오히려 나중에 발전합니다. 그렇잖아요? 물론 5가들이 군사를 거느리고 있다고 봅니다. 5가가 거느리고 있다고 보지만, 왕 직속으로는 이 병부조직이 아직 안 나타난단 말입니다. 중앙행정조직으로는 안 나타나지만, 그러나 신시에서 나타나긴 나타납니다. 그러니까 치우씨가 병마도적을 맡았다, 이렇게 나옵니다. 『환단고기』에서는 병마도적으로 나오고 『규원사화』에서는 병용제작으로 나옵니다. 치우씨가 병용제작을 맡았다, 그렇게 나옵니다.

그래서 병부조직이 아직 국가중앙행정조직으로 발전하지 못하고 그 하위조직으로 있다 는 것입니다. 그러니까 그것이 오히려 고대조직의 모습을 잘 간직하고 있다는 거죠. 그런데 〈백호병신〉의 신명이 주형과 결합

이 되어서(⑫), 주형이 병부조직의 기능을 일부 했을 가능성도 있습니다. 그렇게 보면 병마도적으로 결합이 된 것으로 볼 수도 있습니다. 다만 직접 중앙행정조직이 되었다는 기록은 아직 찾아 볼 수 없습니다. 지금까지 전체적으로 이 신시의 원형조직을 살펴봤습니다. 그러면 신시조직의 완형을 보도록 하겠습니다.

3.2. 신시조직의 완형 - 1황5가3백5사366사조직

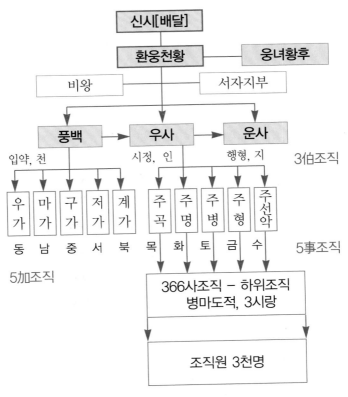

〈그림 9〉 신시의 1황5가3백5사366사조직

〈그림 9〉의 신시조직의 완형에서 주요한 것은 신시가 국가조직으로서 지역조직인 5가조직과 중앙행정조직인 5사조직이 분리된 형태로 나타난다는 것입니다. 그만큼 신시가 도시국가의 맹주국가로서 국가발전의 정도가 매우 심화되었다는 것을 뜻합니다. 그렇게 보면 3·5구조의 고대 국가조직으로는 〈그림 9〉가 원형조직이라고 할 수 있겠죠. 더 자세한 조직도는 본인의 기존의 논저를 참고하면 되겠습니다.

　그리고 『환단고기』에 따르면 배달국 신시의 환웅은 18대가 재위하였는데 그 18분의 존함과 재위년수, 수(壽)와 재위 BC년대는 다음과 같습니다.

초대, 환웅천황(거발환), 재위 94년, 수 120세, 신시 도읍, BC 3897~

2대, 거불리환웅, 재위 86, 수 102세, BC 3804~

3대, 우야고환웅, 재위 99년, 수 135세, BC 3718~

4대, 모사라환웅, 재위 107년, 수 129세, BC 3619~

5대, 태우의환웅, 재위 93년, 수 115세, BC 3512~

6대, 다의발환웅, 재위 98년, 수 110세, BC 3419~

7대, 거련환웅, 재위 81년, 수 140세, BC 3321~

8대, 안부련환웅, 재위 73년, 수 94세, BC 3240~

9대, 양운환웅, 재위 96년, 수 139세, BC 3167~

10대, 갈고환웅(갈태천왕, 독로한), 재위 100년, 수 125세, BC 3071~

11대, 거야발환웅, 재위 92년, 수 149세, BC 2971~

12대, 주무신환웅, 재위 105년, 수 123년, BC 2879~

13대, 사와라환웅, 재위 67년, 수 100년, BC 2774~

14대, 자오지환웅(치우천왕), 재위 109년, 수 151세, 청구국 천도, BC 2707~

15대, 치액특환웅, 재위 89년, 수 118세, BC 2598~

16대, 축다리환웅, 재위 56년, 수 99세, BC 2509~

17대, 혁다세환웅, 재위 72년, 수 97세, BC 2453~

18대, 거불단환웅(단웅), 재위 48년, 수 82세, BC 2381~BC 2333

이렇게 18대의 환웅의 총재위년수, 즉 역년은 1,565년이며 평균재위년 수는 86.94년입니다. 특히 치우천왕은 지금(2009년)으로부터 4,716년 전에 등극을 하셔서 약 5천년전이라고 봐도 무방합니다. 그러면 인류역 사의 청동기문명의 발생과 비슷한 연대로 볼 수 있군요. 그러면 우리나라 의 청동기문명은 치우천왕 때부터 발생했다고 볼 수 있겠군요.

그리고 18분의 총수명도 2,128년으로서 평균수명은 118.22년이 됩니 다. 평균재위년수와 평균수명이 너무 긴가요? 그러나 이 역시 고대사의 문제이므로 평균재위년수와 평균수명에 대해서도 앞으로 더 비교연구해 야 하겠습니다.

그리고 비왕과 3시랑, 병마도적, 병융제작 등의 하위조직은 본인의 다 른 논저를 잘 참고로 하면 되겠습니다.

3.3. 신시조직의 시사점

3.3. 신시조직의 시사점

* 관리조직이 3으로 분화된 최초의 조직

* 비왕(부왕)의 조직화

* 6계층의 수직적 분화, 3·5의 수평적 분화

* 지역행정조직인 5가조직과 중앙행정조직인 5사조직의 분화 – 5 사가 명사로서 조직명임

* 병부조직의 미분화 – 단, 병마도적(병융제작) 설치

* 원형조직을 보여줌

* 3백5사조직은 3신5제사상에서 형성

* 조직의 분화가 1 → 3 → 5로 분화되어 道(도)와 우주론의 분기를 실 제적으로 보여줌, 3神(신)5帝(제)조직

* 치우천황, 풍백과 우사 대 운사 황제의 전쟁을 보여줌

조직사와 조직사상사의 측면에서 신시조직은 많은 시사점을 주고 있습니다. 무엇보다 조직의 원형을 보여준다는 것이죠. 그런데 그것은 도(道)와 우주론의 분기와 일치하고 있습니다. 따라서 도(道)와 우주론의 실제적인 연구에 조직학이 기여할 수 있음을 잘 나타내주고 있습니다. 그런데 그것은 결국 조직도 우주의 도에서 나왔다는 것을 의미하는 것입니다. 특히 관념적이고 추상적인 조직에서 1 → 3 → 5의 구조가 나타났다는 것은 우주론도 그러한 분화구조를 갖고 있다는 것을 알게 해줍니다. 이는 우주론의 연구에서 매우 주요한 실증증거가 될 수 있습니다.

무엇보다 고대사와 고대사상사에서 주요한 핵심은 5事(사)가 명사로서 조

직명이라는 것입니다. 더 나아가서 이 5事조직이 5帝사상에서 형성되었고 그 사상적 배경은 고대천신교라는 것입니다. 따라서 고대천신교에 대한 학문적 소양이 없이 고대사를 연구한다는 것은 거의 가능하지 않을 것이라고 봅니다. 이를 고대사 연구자가 항상 주의를 해야한다고 봅니다. 특히 본인은 환국에서 신라까지를 고대천신교의 세계라고 강조하기 때문에 따라서 환국에서 신라까지 고대천신교에 대한 별다른 전문적 소양을 쌓지 않은 연구자가 이 분야를 연구하는 것은, 그래도 하기야 하겠지만, 학문적 성과를 거두기는 매우 어렵다고 봅니다. 이는 고대사연구의 혁신을 이루는 매우 획기적이며 독창적인 학설이죠. 나머지 시사점도 다 주요하지만 자세한 설명은 줄이기로 하겠습니다.

지금까지 제2강은 신시조직사로서 신시조직의 구조와 기능을 설명 드렸습니다. 여러분들이 좀 흥미진진하게 들으셨는지 잘 좀 내용을 보시고 혹 나중에 또 질문하실 것이 있으면 마치고 질문을 하면 되겠습니다. 대단히 감사합니다.

제3강
고조선조직의 구조와 기능

이강식 지음

1. 고조선의 건국

안녕하십니까? 반갑습니다. 경주대학교 경영학과에 재직하고 있는 이 강식입니다. 이렇게 훌륭한 방송을 하고 있는 상생방송국에서 역사특강을 하는데, 본인이 참여하게 돼서 다시 한번 무한한 영광과 기쁨으로 생각을 합니다.

지난 시간에 제1강으로서 환국조직의 구조와 기능을 봤고, 그 다음 시간에 제2강으로서 신시조직의 구조와 기능을 봤습니다. 오늘 이번 시간은 제3강으로서 고조선조직의 구조와 기능을 보겠습니다. 먼저 고조선의 건국에 대해서 알아보도록 하겠습니다.

1.1 고조선(왕검조선)

1.1. 고조선(왕검조선)

(1) 號曰 壇君王儉, 以 唐高 卽位 五十年 庚寅(…),
都 平壤城, 始 稱 朝鮮. 又 移都 於 白岳山 阿斯達,…
御國 一千五百年.
周 虎王 卽位 己卯, 封 箕子 於 朝鮮,
壇君 乃 移 於 藏唐京, 後還 隱 於 阿斯達,
爲 山神, 壽 一千九百八歲.(『3국유사』「고조선(왕검조선)」).

고조선의 건국에 대해서는 지금 크게 두 가지 기록이 나와 있습니다. 세부적으로는 더 많은 기록이 있습니다만.

첫째, 먼저 『3국유사』의 『고기』를 한번 보도록 하겠습니다. 이 기록은 여러분이 많이 보셨을 거라고 믿습니다만, 여기서 새로이 한번 더 보도록 하겠습니다.

---

* 왕검조선은 임금조선의 의미
* 단군왕검은 단군임금, 단군왕의 의미
* 중국의 요임금, 요왕과 대등한 왕이라는 의미
* 즉 조선의 단군임금과 중국의 요임금이 천하를 분치
* 순, 하, 은, 주 무왕과도 병립
* 기자조선은 주 무왕(?~BC 1116?)이 봉한 제후국으로
  고조선(임금조선) 보다 위격이 낮음
* 4번의 도읍 – 평양성, 백악산 아사달, 장당경, 아사달
* 고조선(왕검조선)은 총역년 1,908년(BC 2333~BC 426년)의
  조선을 의미
* 단일왕조로서의 고조선(왕검조선) → 천신교, 불교사관

일연 스님이 기록한 고조선은 어떤 모습일까요? 나라이름은 고조선이고 뒤에 왕검조선이라고 주를 달았습니다. 왕검조선이라는 것은 지금 본인이 판단하건데 임금조선이다, 그렇게 볼 수가 있습니다. 그것이 어떤

뜻인가? 하는 것은 계속 보도록 하겠습니다.

　　보시면 〈號 曰 壇君王儉.〉 그래서 역시 왕검입니다. '왕검이 어떤 뜻일까?' 하는 것을 조금 더 설명을 해드리도록 하겠습니다. 중국의 唐高, 당고는 堯죠. 요임금하고 같은 시기라는 거죠. 여기서는 堯 卽位 五十年 庚寅이라고 해놨습니다만, 우선 설명하면 조선의 단군임금과 중국 당의 요임금의 건국이 대개 같은 시기라는 것이죠. 지금은 『제왕운기』에 따라 단군임금과 요임금이 같이 무진년을 원년으로 BC 2333년에 건국한 것으로 정립하였습니다.

　　따라서 왕검은 임금이며 단군임검은 중국 요임금과 동격으로서 천하를 분치했다는 뜻입니다.

　　처음에 수도는 平壤城에 정하고 이때 비로소 朝鮮이라는 이름을 사용했다 는 것이죠. 조선이라는 것은 뜻 그대로 하면 '아침의 밝음'이 되겠고 환국이나 배달, 신시의 나라이름과 거의 같다고 보겠습니다. 그 다음에 어디로 옮겨갔냐면 白岳山 阿斯達로 옮겨갔습니다. 아사달은 어떤 뜻일까요? 아사달을 어떤 의미로 보느냐? 하는 것을 잠깐 설명 드리면, 우선 본인이 말씀드릴 수 있는 것은, 이 아사달이라고 하는 것은, 그러니까 인도의 산스크리트에서 사원, 절을 '아수라마'라고 하는 것에 영향을 주었단 말이죠. 그러니까 그것은 현대 영어에서는 '아슈람'이라고 합니다. 혹시 여러분이 들어보셨는지 모르겠지만 현대어로는 아슈람이고 지금도 많이 사용하고 있습니다. 그래서 아사달이 아수라마, 아슈람에 영향을 주었고 결국 같은 의미로 봅니다. 그러면 왜 '달'이 '람'이 됐느냐? 하면 그것은 역시 유음화 현상이죠. 예를 들어서 우리가 역사적으로 보면 신라에 압독국이 있는데, 압독국을 다른 말로 하면 압량국이 되는 것이죠. 그런 현상으로 보면 되겠습니다. 이 부분은 본인의 기존의 연구를 참고하면 되겠습니다.

따라서 아사달은 일종의 사원, 성소, 성역, 현대영어로는 치외법권지역을 뜻하는 어사일럼(asylum, Asyl 아질)의 어원이 되는 것입니다. 그러니까 다르게 부르면 신시, 즉 종교도시다, 그렇게 보면 되겠습니다. 그러면 지금 보면 상소도, 즉 가장 큰 소도다, 소도 수도의 뜻으로 보면 되겠습니다. 가장 큰 소도에 도읍을 두고, 御國 一千五百年, 나라를 1천5백년을 다스렸다 는 것입니다. 다만, 1천5백년의 의미는 앞으로 더 연구를 해봐야겠습니다. 그 다음에 여기서 중요한 것은 기자가 등장하는 것이죠. 周 虎王, 즉 주 무왕(?~BC 1116?)이죠. 卽位 己卯년, 그러니까 BC 1122년입니다. BC 1122년에 封 箕子 於 朝鮮해서, 기자를 조선에 봉했다, 그렇게 이야기를 하고 있습니다. 여기는 완전히 封을 했죠. 封하면 어떻게 되겠습니까? 봉하면 기자는 제후국가가 되는 것이죠, 제후국! 그러니까 주 무왕보다 위격이 낮죠. 주 무왕보다 위격이 낮음과 동시에 당연히 단군왕검보다 기자는 위격이 낮게 되겠습니다. 이해하겠습니까? 왕검은 왕이잖습니까? 임금이란 말이죠. 임금인데, 이 임금이 누구하고 격이 같으냐? 하면 당요, 요임금하고 격이 같단 말입니다, 위격이. 그러면 주 무왕하고 단군왕검하고는 위격이 같죠. 같기 때문에 이때 봉해진 기자는 단군보다 위격이 낮게 되죠. 그러면 여기서 알 수 있는 것은 국초에는 단군왕검과 요임금이 계속 나라를 병립했다는 것이죠. 그리고 그후 왕검조선과 주 무왕의 두 나라가 병립하고, 다만 기자가 조금 옆에서 같이 있었다는 것이죠. 그런 의미로 보면 되겠습니다. 그 다음에 壇君은 계속해서 아사달에서 다시 藏唐京으로 옮겨 갔다가, 다시 아사달로 옮겨왔습니다.

그런데, 아무래도 後還 隱 於 阿斯達, 후에 돌아와서 아사달에 숨어있었다, 아사달로 돌아온 것은 국력을 회복한 것인데, 다만 숨어있었다고 보면 세력은 아무래도 주 무왕이나 또는 주 무왕의 세력을 등에 업은 기자보다는 좀 약하다, 이렇게 또 생각할 수 있는 구절입니다. 근데 주 무왕이나 기자 보다 약하다기 보담도, 당시 은을 멸하고 중국의 통일왕조인 주 왕조를 중창하여 동진(東進)을 도모할 수도 있어 보이는 주 무왕에 대해서 단군왕검이 조금 그 세력을 피하고자 한 점이 있다, 그걸 나타내는 것 같습니다. 그러므로 이때는 단군왕검과 주 무왕, 그리고 제후의 기자가 병립을 했다는 것입니다.

근데 이 부분을 유심히 보면 BC 1122년 이후 단군조선 – 기자의 2조선의 분립을 의미하게 되는데 크게는 3조선을 의미할 수 있는 단초가 됩니다. 또 이렇게 보면 단군조선 자체는 전후조선으로 시기를 가를 수 있고, 그 합한 역년은 1,908년이 되는 것입니다. 즉 여기서 보는 것처럼 평양, 백악산 아사달의 1,500년과 장당경과 후기 아사달의 408년으로 전후조선을 편수할 수 있습니다. 다만 장당경으로 천도한 것을 BC 1122년 기자 동래 바로 그 해로 본다면 전조선 역년은 1,212년이 되고, 후조선 역년은 696년으로 볼 수 있죠. 이 연대에 대해서는 계속 연구가 필요합니다. 지금으로서는 모든 가능성을 열어 놓고 연구해야죠. 특히 1,500년의 의미를 더 연구해야 합니다.

그리고 여기서도 뒤에서 볼 유교사관에서 단군조선을 곧바로 계승한 기자조선을 편수할 수 있는 여지가 조금 엿보이게 되는 것입니다.

그 다음에 단군왕은 山神이 되었고, 도합 一千九百八歲를 壽를 했다고 했는데, 나라를 1,908년 동안 다스렸다, 그런 의미로 보면 되겠습니

다. 즉 고조선, 왕검조선, 그러니까 단일왕조인 단군조선의 역년은 1,908
년이 됩니다.

그런데 여기서 산신이 되었다 고 했는데 이는 단군왕검이 붕어 후 아
사달의 산신이 된 것을 의미하며 고대천신교에서 단군왕검을 아사달 산
신으로 추대한 것을 보여줍니다. 물론 단군임금은 하늘에서 내려오신 천
신의 화현이지만 동시에 이 땅의 지신으로 아사달의 산신이 되신 것입니
다. 이는 후대에서도 자주 나타나죠. 신라의 김유신 장군(595~673, 추
봉 흥무대왕)은 하늘의 형혹과 진성이 합쳐진 별의 화현이며 동시에 33
천의 한 아들의 화현으로서 천신이지만, 사후 대관령 산신으로 추대하여
지신이 된 것과 같은 것이죠. 이는 모두 고대천신교의 교리를 따른 것입
니다.

그러면 이 기록은 고조선이 단일왕조로서 계속해서 역년 1,908년을 이
어갔다는, 그런 뜻이 되겠습니다. 그렇게 되면 일연스님이 기록한 이 『고
기(古記)』는 천신교, 불교 쪽의 사관이 되겠습니다. 이처럼 고조선, 왕검
조선, 임금조선은 단일왕조로서 1,908년을 이어간 그런 고대국가의 모습
으로서 나타나고 있습니다.

1.2. 전후조선(단군조선과 기자조선)

둘째로, 그러면 이와 다르게 유교 쪽에서는 어떻게 보고 있는가? 하는 것은 이승휴 선생의 『제왕운기』에서 알 수가 있습니다.

1.2. 전후조선(단군조선과 기자조선)

(2) 初誰開國啓風雲, 釋帝之孫名檀君.
초 수 개 국 계 풍 운 　 석 제 지 손 명 단 군

並與帝高興戊辰, 經虞歷夏居中宸.
병 여 제 고 흥 무 진 　 경 우 역 하 거 중 신

於殷虎丁八乙未, 入阿斯達山爲神.
어 은 호 정 팔 을 미 　 입 아 사 달 산 위 신

享國一千二十八, 無奈變化傳桓因.
향 국 일 천 이 십 팔 　 무 내 변 화 전 환 인

却後一百六十四, 仁人聊復開君臣.
각 후 일 백 육 십 사 　 인 인 료 복 개 군 신

後朝鮮祖是箕子, 周虎元年己卯春.
후 조 선 조 시 기 자 　 주 호 원 년 기 묘 춘

逋來至此自立國, 周虎遙封降命綸.
포 래 지 차 자 립 국 　 주 호 요 봉 강 명 륜

禮難不謝乃入覲, 洪範九疇問彝倫.
예 난 불 사 내 입 근 　 홍 범 구 주 문 이 륜

四十一代孫名準, 被人侵奪聊去民.
사 십 일 대 손 명 준 　 피 인 침 탈 료 거 민

九百二十八年理, 遺風餘烈傳熙淳.(『제왕운기』「본시」).
구 백 이 십 팔 년 리 　 유 풍 여 열 전 희 순

『제왕운기』의 본문 「본시(本詩)」에서는 단군조선의 후기에 기자조선이 병립한 것이 아니고 나라를 전후로 직접 계승한 걸로 되어있습니다. 겉으로는 비슷한 것 같지만 내용상 상당히 다르게 나타나는데, 우선 이 내용을 보겠습니다.

* 조선(아사달, 전조선) - 당 요와 병립한 국가, 천하분치
* 순, 하, 은과도 병립, 천하분치
* 당 요 무진(BC 2333)~은 무정 8년 을미(BC 1286)까지
* 전조선(단군조선)은 역년 1,048년(1,028년)의 조선을 의미
* 무군장시대 164년(병신~무인)
* 후조선(기자조선) 주 무왕 원년 기묘(BC 1122년) 자립국
* 기자는 주 무왕이 멀리서 봉국하여 제후국의 조칙을 내리니
  예의상 받음 → 실제는 병립한다는 의미내포
* 후조선(기자조선) 역년 41대 928년(BC 1122~BC 194)
* 총역년 2,140년(BC 2333~BC 194), 무군장 164년 포함
* 전후2조선, 2개의 왕조(단군조선과 기자조선)로 직접 계승
  → 고려유가의 단군사관 → 조선유가로 계승

처음에 누가 風雲을 열어서 나라를 開國을 했는가? 釋帝之孫名檀君, 단군이라는 것이죠. 석제라는 것은 『3국유사』에서 보면 제석으로 주를 달았는데, 여기는 석제로 해놨습니다. 그러면 여기 석제라는 것은, 유교 쪽에서는 원래 상제라고 하는데, 상제 쪽에 가까운 용어입니다. 물론 제석을 석제환인다라(釋帝桓因陀羅)라고도 하지만 그것보다는 불교용어를 쓰지 않고 상제라는 유교 쪽 뜻을 강하게 나타내기 위해서 석제라고 하지 않았느냐? 그렇게 생각을 합니다. 공자를 기리는 제사의 이름이 석전대제(釋奠大祭)이죠. 따라서 석전(釋奠)의 뜻은 조금 다르지만 석(釋)자가 유가에서도 주요하게 사용되었으므로 상제를 석제로 부른 것은 여기에서

영향을 받은 유교의 존대어라고도 볼 수 있죠. 여기도 보면 역시 竝與^{병여}
帝高^{제고}, 그러니까 요임금이죠. 요임금과 같이 병립했다는 것이죠. 언제?
戊辰^{무진}년에. 그러면 BC 2333년이 되겠습니다. 그리고 虞^우, 우는 순(舜)입니
다. 帝高^{제고}, 이 분은 요(堯)고, 虞^우, 이 분은 순(舜)이죠. 그래서 순우와 夏^하를
지나서 계속 왕위에 있었다, 왕위를 이어갔다는 것이죠. 그러면 언제 단
군이 수가 다 했는지를 볼까요.

於殷虎丁八乙未^{어은호정팔을미}년, 이때가 BC 1286년입니다. BC 1286년에 아사달에
가서 산신이 되었다. 그래서 享國一千二十八^{향국일천이십팔}, 실제 계산해 보면 1천4
십8년이 되겠습니다. 여기선 20년의 차이가 나는데 조금 생각의 차이가
있는 것 같으며 이 연대의 근거는 찾아볼 수는 있습니다. 그래서
無奈變化傳桓因^{무내변화전환인}, 여기서 환인이라는 말이 나옵니다. 환인이라는 말은
『제왕운기』에서 처음 나오고 있습니다. 그래서 환인이 전한 일이 어찌 변
화가 없겠느냐? 그래서 於殷虎丁八乙未^{어은호정팔을미}에 일단 단군조선이 종언을 했다,
그렇게 나옵니다. 그러면 단군조선은 전조선이 되는 거죠.

却後一百六十四^{각후일백육십사}, 164년 뒤에 仁人聊復開君臣^{인인료복개군신}이라, 仁人^{인인}은 여기서 기
자를 뜻한단 말입니다. 『논어』에 보면 공자(BC 552~BC 479)가 은에 세
명의 인자가 있었다("殷 有 三仁焉^{은 유 삼인언}.")라고 합니다(18-1). 이 앞 문장이 〈
미자는 은을 떠났고, 기자는 노예가 되고, 비간은 직간을 하다가 죽었
다.〉(18-1)입니다. 이처럼 『논어』에서 기자의 이름이 직접 나오는데 기자
가 세 명의 인인 중에 한 사람입니다. 여기서 인인은 기자를 뜻하죠. 그래
서 다시 군신을 회복했다, 그러니까 164년 동안은 군신이 없고 부자만 있
었다 는 것이죠. 그러니까 왕이 없고 군신이 없어서 권력주체가 없고 다
만 사람들만 살고 있어서 결국 나라가 없는 것이나 마찬가지다, 이 뜻입
니다. 이승휴 선생이 국가의 정의를 정확하게 이해를 하고 있군요. 그리

고 왜 164년이 나왔는가? 하는 그것은 연구해 볼 과제가 되고 있습니다. 왜 하필 164년이냐? 왜 하필 을미년이냐? 하는 것은 더 연구할 과제이고, 어쨌든 164년을 지나서 그 다음에 後朝鮮^{후조선}이란 말이 나옵니다. 그러면 단군조선은 당연히 前朝鮮^{전조선}이 되는 것이죠. 단군조선은 전조선이 되고, 기자가 와 가지고 후조선을 열었다는 것이죠. 기자는 어떤 뜻이냐면, 箕^기는 성(姓)이 아니고 지역이름입니다. 처음에 이 분을 箕^기라는 곳에 봉했습니다. 그러면 子^자는 뭐냐면 공자(孔子)할 때의 자(子)와 같은 이런 존칭접미사의 뜻이 아니고 기자는 자작(子爵)을 받았던 겁니다. 자작! 중국에 공후백자남, 다섯 가지 작위가 있습니다. 그 중에 앞에서 보면 4번째 작위, 자작을 받았단 말입니다. 그래서 箕子^{기자}입니다. 기자의 원 성은 子^자씨입니다. 아들자자 자(子)씨입니다. 이름은 서여(胥餘) 또는 수유(須臾)이기 때문에 자서여, 또는 자수유가 본래 성명입니다. 원래 은왕조의 성이 자(子)씨입니다. 그러면 공자도 결국 성은 뭐겠습니까? 자(子)씨입니다. 노에 와서 공자의 선조가 공씨로 바꿨단 말입니다. 일반적으로 통상 공자를 송 미자의 후예로 보는데, 직계로 보면 공자는 미자의 동생이며 송의 두 번째 제후인 미중 연(微仲 衍)의 직계후예입니다. 그렇지만 공자의 조상을 은의 기자라고 해도 됩니다. 『논어』에도 기자를 존숭했는데 이는 기자의 후손임을 자랑스럽게 생각한 것입니다. 은에 세 명의 인자가 있다, 공자의 조상이 은의 인자다 는 것입니다. 그래서 공자는 3인의 후예라는 것을 자랑스럽게 말씀하셨고 그 중에 기자가 있는 것입니다.

그리고 周虎元年^{주호원년}, 주 무왕이죠. 원년 己卯^{기묘}의 봄에, 이때는 BC 1122년입니다. 그러니까 BC 1286년하고 BC 1122년 사이에 164년의 시차가 있단 말입니다. 간격이 있습니다. 이 간격의 의미는 앞으로 더 연구할 분야입니다. 그 다음에 기자가 逋來至此^{포래지차}, 기자가 주 무왕을 피해서 조선에 왔단 말입니다. 조선에 망명와서, 이승휴 선생은 뭐라고 기록했냐면, 스스로 나라를 세웠다 는 것입니다. 自立國^{자립국}이죠. 이해하겠습니까? 이게 굉장히 중요한 얘기란 말이죠. 단군조선이 종언을 하고 164년이 지나서 인자(仁者)인, 仁人^{인인}인 기자가 망명해 와 가지고 스스로 나라를 세웠단 말입니다. 스스로 나라를 세웠다는 것은 무슨 뜻이겠습니까? 주 무왕이 봉한 게 아니라는 것이죠. 주 무왕이 봉했으면 제후국가가 되는 것이죠. 제후국가가 되니까 뭡니까? 뭐라고 할까요? 중국의 봉건체제의 국가가 된단 말이죠. 봉해서 건국된 국가는 주 무왕의 제후국가가 된다는 겁니다. 근데 여기서 이승휴 선생은, 고려시대의 이승휴 선생은 自立國^{자립국}이다 라고 하였죠. 봉한 게 아니고 스스로 나라를 세웠다는 것입니다. 그러니까 기자가 와 가지고 단군조선의 국민과 영토, 그 토대 위에 다시 나라를 세웠다, 이게 굉장히 중요한 얘기입니다. **자립국!** 이해하겠죠? <u>이것이 고려유가사관입니다. 이 뜻은 기자가 주 무왕과 대등한 기자왕으로서 중국 주와 대등하게 병립하는 천하국가, 천명국가, 천자국가인 후조선, 기자조선을 건국했다는 것입니다.</u> 그 바탕은 독립 천하천명천자국가인, 별유건곤인 전조선, 단군조선이죠. 즉 중국 주와 병립하는 또 하나의 천하천명국가, 별유건곤인 단군조선을 계승한 기자조선을 자립국 건국하였다는 것입니다. 이것이 매우 주요한 고려유가사관입니다. 이 뜻은 분명합니다.

앞에서 우리가 본 것은 뭡니까? 『3국유사』에는 封 箕子^{봉 기자}라고 되어있죠, 기자를 봉했다 는 것입니다. 여기서는 봉한 게 아니고 스스로 나라를 세웠다 고 했단 말이죠. 그러면 『3국유사』는 무슨 사관이겠습니까? 『3국유사』는 1,908년의 고조선, 임금조선이 중국과 대등한, 병립하는 별도의 천하천명천자국가라는 뜻입니다. 기자는 봉을 받은 제후국가라서 위격이 낮다는 것이죠. 사관이 다르죠. 전혀 다르죠. 이것이 천신교, 불교사관입니다.

그러면, 세우고 난 다음에 어떻게 됐느냐? 하는 부분이 주요하겠죠. 주 무왕이 遙封^{요봉}, 멀리서 봉했다는 것입니다. 降命綸^{강명륜}, 그러니까 조칙을 내렸다, 이것이죠. 주 무왕이 멀리서 조칙을 내려서 봉했다 는 겁니다. 나라를 세우고 난 다음에 멀리서 봉했단 말이죠. 이게 전혀 다르잖아요. 수순이 다르죠. 수순이 전혀 다릅니다. 이승휴 선생이 생각하는 것은, 고려유가들의 사관인데, 수순이 전혀 다르다는 것이죠. 이것이 굉장히 중요합니다. 요봉을 했는데, 이는 멀리서 봉했다 는 것입니다. 그러니까 그 봉이 주 무왕과 기자가 합의를 하거나 직접 대면해서 왕의 권위를 가지고 봉한 것이 아니고, 주 무왕이 기자를 직접 마주 보고 대면해서 의례를 하고 봉한 것이 아니고, 보지도 않고 멀리서 일방적으로 봉했다 는 것입니다. 그러니까 멀리서 봉한 것이 그게 뭐 효력이 있겠느냐? 바로 그 얘기입니다. 즉 다르게 말하면 그 봉은 기자의 본의가 아니라는 것이죠. 그렇죠. 기자는 이미 멀리서 자립국인 후조선의 왕이 되어있는데, 왜 봉을 받겠습니까?

근데 그 다음 문장이 또 중요합니다. 예의상 어렵다, 이것이죠. 뭐가 어렵습니까? 사례 안하기가 어렵단 말입니다. 이해하겠죠? 스스로 나라를 세웠는데, 왜 주 무왕이 봉을 합니까? 그러나 봉을 하니까 안 받을 순 없다, 이것이죠. 안 받으면 어떻게 되겠습니까? 쉽게 말하면 전쟁이겠죠. 그렇겠죠? 주 무왕이 자기가 봉을 내렸단 말입니다. 임명했는데, 제후에 임명을 했는데, 안 받으면 실제 전쟁이니까, 여기서는 예의상이라고 했는데, 좋아서 입근하는 게 아니고, 예의상 不謝^{불사}하기가 어려워서 입근했단 말입니다. 入覲^{입근}이란 건 주 무왕에게 가서 신하의 예를 하는 거란 말이죠. 여기는 묘하게 되어있습니다, 지금. 국가를 세우는 自立國^{자립국}을 하고 나중에 봉을 받았단 말이죠. 결국 근본 뜻은 예의상 사양하기 어려워서 어쩔 수 없이 받았다 는 것입니다. 원래는 入覲^{입근}하고 봉을 받아야 되는데 거꾸로 봉을 받고 入覲(입근)했단 말이죠. 전쟁하는 것을 생각하게 되면 일단 그래도 피하는 게 낫겠죠. 그렇게 생각할 수도 있겠죠, 일단 평화가 중요하다고 생각하면. 그러니까 기자죠. 仁人(인인)이란 말이죠. 기자는 백성들을 위해서 일단 입근을 했단 말입니다.

근데 입근을 했는데 주 무왕이 洪範九疇(홍범구주)를 물었다는 것입니다. 홍범9주로 답한 彝倫(이륜), 이륜에 대해서 물었단 말이죠. 물으니까 답변을 잘해드렸단 말이죠. 봉은 받았는데 결국은 뭡니까? 주 무왕에게 뭘 가르쳐줬다는 겁니까? 홍범9주를 가르쳐줬다는 것이요. 그러면 신하가 아니고 뭐라는 겁니까? 주 무왕의 스승이다, 이것이죠. 이해하겠죠? 유교에서도 스승이 굉장히 중요한 것 아닙니까? 군사부일체가 아닙니까? 그러니 신하가 아니고, 신하는 신하인데 신하가 아니고 뭡니까? 불신지신(不臣之臣)이다 는 것입니다. 신하는 아닌데 신하로서 오히려 주 무왕의 스승을 했다, 그 뜻입니다. 이것이 고려유가들의 뭡니까? 아주 기자에 대한 자립적인 생각이란 말이죠. 이해되겠습니까? 그러니까 기자왕의 후조선이 중국과 별도의 천하국가라는 뜻입니다.

그러면 봉을 받았으면 주 무왕보다 위격이 낮겠죠. 근데 여기는 봉을 받았는지 안 받았는지 애매하게 되어있단 말입니다. 받은 것 같기도 하고 안 받은 것 같기도 하고, 이해하겠습니까? 받았으면 위격이 낮는데, 받았는 것 같은데 안 받았으니까 뭡니까? 주 무왕하고 위격이 같을 수도 있다는 것이죠. 이해하겠죠. 이것이 고려유가들의 자존심이란 말입니다. 그래서 고려유가들은 이렇게 기자가 오긴 왔지만, 봉을 받긴 받았다고 볼 수도 있지만, 기자조선이 중국에 완전히 봉국이 된 건 전혀 아니라는 것이죠. 이해하겠습니까? 그래서 중국과 다른 또 하나의 천하가 조선에 있다는 것입니다. 그것이 고려유가들의 자존심입니다. 이해하겠습니까? 그런데 여기서 요 앞 부분의 문장을 보고 갈까요? 보통은 연구자들이 이 문장을 더 깊이 연구를 잘 안 하는 것 같은데, 그래서 여기서 강조해 봅시다.

(3) 遼東別有一乾坤, 斗與中朝區以分.
洪濤萬頃圍三面, 於北有陸連如線(一作 華句).
中方千里是朝鮮, 江山形勝名敷天.
耕田鑿井禮義家, 華人題作小中華.(『제왕운기』「본시」).

이 문장이 『제왕운기(하)』「동국군왕개국년대(東國君王開國年代)」의 실제 본문 첫면, 「본시(本詩)」 첫 문장으로서, 이 선언으로 이승휴 선생은 「본시」를 시작하고 있습니다. 여기서 『제왕운기(하)』의 본문, 「본시」 첫 문장이 遼東別有一乾坤입니다. 대단하죠! 이것이 고려유가의 일대 선언입니다. 요동에 별도의 건곤국가가 있다, 그 뜻입니다. 근데 왜 별건곤이죠? 그게 주요하죠! 사실 이 부분이 지금까지 잘 이해가 안 되었죠. **이 별도의 건곤이 바로 천제자가 하강을 하여 중국과 별도로 대등하고, 병립하며 천하를 분치하는 천명을 받은 자립국가 조선이라는 것입니다.** 건(☰)은 하늘이며 곤(☷)은 땅으로서 단군조선이 천지국가라는 뜻입니다. 그러니까 신인강세하여 중국과 별도로 직접 천명을 받은 천하, 천제, 천자, 황제국가라는 뜻이죠. **천제자의 하강! 이것이 별건곤이예요!** 즉 이는 바로 고려가 천자국가이며 황제국가라는 뜻이죠. 이게 상당히 주요한 얘기입니다. 그래서 斗與中朝區以分, 이라고 해서 뚜렷이 중국왕조와 구분되며 조선이 천하를 분치하고 있다는 것입니다. 그 조선은 단군왕의 전조선이고 이를 계승한 기자왕의 후조선이라는 것입니다. 이해하겠습니까? 고려유가의 사관은 분명한 것입니다. 다만 이를 완곡하게 표현한 것인데, 그것은 당시 고려의 국제 정세를 반영하고 있는 것입니다. 이는 뒤에서 계속 보겠습니다. 그러므로 왜 이승휴 선생이 그렇게도 이 뒤 문장에서 기자의 자립국을 강조하였는지 이해하겠습니까? 별건곤으로 국가를 개천하였으니까 단군의 전조선이 천제천명자립국이고 당연히 기자왕 후조선도 천제천명자립국이라는 것이죠. 즉 〈단군조선 – 별건곤 : 기자조선 – 자립국〉이라는 것입니다. 그런데 건곤국가이면 직접 하늘로부터 하강하여 천명을 받은 건곤국가, 천지국가, 천하국가이고 천제국가이므로 개벽주가 하늘로부터 강림해야합니다. 그러므로 고려유가의 『제왕운기』에서는 『본기』를 인용하면서 단웅천왕이 천명을 받고 강림하여 내려오므로 단웅천왕을 개벽주로 기록한 것같으면서도, 그런데 실제 개국은 단군조선왕이 하여 은연중에 단군왕이 개벽주가 되는 것으로 기록했던 것입니다. 따라서 『제왕운기』는 유가사관에 입각하여 『본기』를 수사(修史)하면서 이 부분을 명확하게 하지 않았으나 <u>실제 「본시」에서는 단군을 개국주로 완전 확립을 합니다.</u> 이것이 유가사관이죠. 그러면 일단 『제왕운기』는 개천주, 개벽주는 단웅천왕이고 개국주는 단군왕으로 기록한 것으로 조금 구분해서 보도록 합시다. 우리 국사와 천신교의 전통에서는 천제, 천제자가 하늘에서 내려와야 천명을 받은 천하국가가 되죠. 이 부분은 뒤의 제4강에서 다시 볼까요.

洪濤萬頃圍三面,, 큰 파도가 수만 굽 일어나 3면을 호위하고,

於北有陸連如線. 북쪽에는 육지가 실처럼 연결되어있네.

이는 우리나라가 4면이 천제의 보호를 받는 천혜의 요새라는 뜻입니다. 그렇죠!

中方千里是朝鮮, 나라 가운데는 천리니 곧 조선인데,

<ruby>江山形勝名敷天<rt>강 산 형 승 명 부 천</rt></ruby>. 강산의 빼어난 경치는 천하에 유명하네.

<ruby>耕田鑿井禮義家<rt>경 전 착 정 례 의 가</rt></ruby>, 논밭농사 짓고 우물 설치하여 문명생활하는 예와 의의 국가이니,

<ruby>華人題作小中華<rt>화 인 제 작 소 중 화</rt></ruby>. 중국인이 우리를 소중화라 부르네.

다른 부분도 고려유가의 자존심을 나타낸 시문으로 모두 주요하지만 여기서는 줄이기로 하고, 여기의 마지막 문장이 매우 주요합니다. <ruby>華人題作小中華<rt>화 인 제 작 소 중 화</rt></ruby>라고 하였죠(3). 그러니까 중국사람들이 우리나라를 <ruby>小中華<rt>소 중 화</rt></ruby>라고 불렀다, 이겁니다. 이해하겠습니까? 소중화, 작은 중국, 작은 문명국이라는 높은 위상을 갖는 좋은 이름은 우리가 불렀는 것이 아니고, 우리가 소중화라고 자처한 것이 아니고, 누가 우리를 소중화라고 이야기를 해줬단 말입니까? 바로 문명국, 중화국인 중국사람이 그랬다, 이겁니다. 근데 왜 소중화죠? 이 부분도 더 깊이 연구를 해야할 것 같은데 그것은 바로 기자가 평화적으로 오셨다는 것이죠! 그러니까 고려유가의 자존심은 기자가 와서 스스로 나라를 세워 왕이 되었는데, 다만 주 무왕이 봉했는 같기도 하고, 안 봉했는 것 같기도 한데, 그런데 기자가 뭡니까? 기자가 주 무왕의 스승을 했다, 이겁니다. 그래서 기자가 자립국을 세워 독립국이라는 것이죠. 그리고 더 주요한 것은 평화적 교화인데 이는 조금 뒤에서 다시 보겠습니다. 이게 가장 큰 자존심이죠. 이해되겠습니까? 그래서 중화인인 중국사람이 우리를 소중화라고 높이 평가했다는 것입니다. 이를 고려유가와 이승휴 선생이 반드시 기록하겠죠? 이승휴 선생은 중국인의 말을 빌어 우리의 자존심을 나타내보였다는 것입니다. 이승휴 선생이 주관적 객관성을 잘 알고 있군요. 그렇죠?

그런데 여기서 우리가 별건곤인 천명을 받은 단군의 천하국가로서 기자의 유교적 교화로 소중화가 되었다는 유가사관의 관점이 아주 잘 나타

<u>나있죠</u>. **별건곤과 소중화!** 유가들의 꿈이었죠. 서시에 해당하는 이 시문의 요 단락의 앞 부분의 첫 단어와 마지막 단어에 유가의 모든 꿈이 담겨져있죠. 유가의 이상이었죠! **별건곤으로서의 소중화!** 즉 유가의 알파와 오메가였죠. 물론 엄격히 말하면 이는 고려유가의 꿈이고, 후대 조선유가는 별건곤을 아주 겉으로 내세울 수가 없었죠. 중국을 의식한 거죠. 그러나 후대 조선유가도 별건곤을 잊은 것은 결코 아닙니다. 속으로는 늘 기억을 하고 회복을 해야한다고 생각하고는 있었지만 대외적으로 분명하게 나타내지는 못했죠. 그런데 이 소중화가 항간에서는 매우 오해가 많은데 이승휴 선생이 처음 기록하기는 중국인이 우리를 높이 평가하여 그렇게 불러 주었다는 것입니다. 우리가 그렇게 자처한게 아니란 말입니다. 이해 되겠습니까? 특히 소중화만 보면 왜 또 작은 소(小)중화냐? 하겠지만 그것은 중국인의 지칭으로부터 유래한 완곡한 표현이고 실제 자부심으로는 황제국가로서 전통적인 심정적으로는 대(大)중화 이상이었죠. 또 이 소중화란 표현만 하드라도 당시 이민족인 요, 금, 원의 침략하에 있던 중국에 대해서 은근히 큰 자부심을 나타낸 것이란 말이죠. 그리고 별건곤도 마찬가지죠. 별건곤은 우리가 자처한 것인데 이왕이면 본건곤이라고 하지 왜하필 별(別)건곤이냐? 하겠지만 역시 완곡한 표현이고 당시 별건곤, 또다른 건곤이라는 표현만 해도 내적으로는 본건곤이라고 하는 것과 마찬가지였죠. 건곤! 이 표현을 넣는다는 것 자체가 이미 심정적으로는 본건곤이죠!

그래서 『3국유사』에 나와 있는 『고기』하고는 또 사관이 전혀 다르단 말입니다. 전혀 다르죠. 근데 그것은 중국에서도 두 가지 기록이 나옵니다. 중국에서도 이렇게 두 가지 기록이 나오는데 그것은 나중의 기회에 설명을 해드리도록 하겠습니다. 다시 「본시」(2)로 돌아갈까요?

그러면 그 후 기자는 어떻게 됐느냐? 기자의 41대손 기준이 被人侵奪 ^{피 인 침 탈}
聊去民, 피인(被人)이라고 하는 것은, 피인은 머리를 풀어헤친 사람들이
란 말이죠. 말하자면 위만을 말한단 말이죠. 위만도 상투를 틀었다고 말
하는 사람도 있는데 여기서는 피인으로 표시돼 있습니다. 피인은 머리를
풀은, 아주 미개한 족속을 말하는 것입니다. 피인 위만이 침탈해서, 기준
왕은 국민을 떠나서 마한으로 도피를 해갔단 말이죠. 근데 흥미있는 것은
41대라는 대수하고, 그 역년이 928년으로 딱 나와 있는 것입니다. 이해
되겠습니까? 그래서 고려유가들은 기자조선이 41대고, 928년이라는 계
산을 다 했단 말이죠. 계산을 다 해놨습니다. 그래서 기자조선이죠. 또 그
래서 유가죠.

그래서 遺風餘烈傳熙淳이라, 그 남은 풍습과 좋은 점이 계속해서 빛나
도록 전하고 있다, 이렇게 되어있습니다. 그래서 단군조선하고 기자조선
을 어떻게 했다는 겁니까? 전후로 직접 연결시켰단 말이죠.『3국유사』는
병렬시켰고,『제왕운기』는 직접 계승시켰습니다. 직접 계승시키다 보니
까 어떻게 됩니까? 단군조선의 향국 역년이 줄어든 거죠. 이해하겠죠.『3
국유사』는 병렬로 되어있으니까, 1,908년이 나온단 말이죠. 그런데 여기
는 전후로 직접 연결시키니까, 당연히 단군조선은 역년이 줄어들었고, 기
자조선 928년이 바로 뒤를 계승하게 되었다는 것이죠. 이해하겠죠.『3국
유사』는 1,908년이 나오고『제왕운기』에서는 1,028년, 또는 1,038년으
로 나오는데, 실제는 1,048년이죠. 그게 차이입니다.

그런데 이『제왕운기』의 가장 큰 특징은 어쨌든 간에 주 무왕의 스승인
기자가 와서 우리를 교화를 시켰다, 그러니까 우리가 어떻게 됩니까? 말
하자면 유교적인 국가가 되겠죠. 그렇죠? 그러면 기자가 은에 있다가, 조

선으로 와서, 조선을 다시 유교적으로 교화를 했다는 것입니다. 그러면 우리가 어떤 나라가 됩니까? 그러니까 유교의 뭡니까? 우리가 오히려 유교의 전통 종주국이 되는 것이죠. 이해하겠죠. 중국은 물론 계속해서 또 유교가 내려가죠. 공자에 의해서 쭉 내려가지만 그 이전에 이미 기자가 어떻게 했습니까? 공자의 선조 인인 기자가 조선에 와서 조선을 중국보다 먼저 홍범9주로 교화를 시켰다, 유교적으로, 바로 그 자존심입니다.

그러니까 조선이 어떻습니까? 중국보다 못할 바가 없단 말이죠. 그러면 이것은 어떤 의미를 가지고 있습니까? 결국 고려당대를 비춰보면 조금 이해를 할 수가 있단 말이죠. 고려당대를 비춰보면, 고려는 황제국가죠. 황제국가인데, 요나 금이나 원의 침략을 받아서 황제로서의 위상을 회복을 못하고 있는 것입니다. 그러니까 고려황제가 위격이 조금 애매하다, 이것이죠. 이해하겠습니까? 고려황제 위격이 조금 애매한 게 여기 나타난단 말이죠. 그런데 요나 금이나 원은 어떻습니까? 중국의 이민족이죠. 이민족은 유교의 교화를 받았습니까? 안 받았겠죠. 그렇죠! 그런데 고려는 어떻습니까? 기자의 후손으로서 유교의 유풍을 갖고 있고 중국인도 매우 인정하는 〈소중화〉가 됐다는 것입니다. 그러니까, 고려가 요나 금이나 원에 비해서 우월하다, 그런 자존심이 이 기록에 지금 깔려있는 것입니다. 바탕에! 이해하겠습니까? 더 나아가서 소중화로서 요금원 보다 낫다는 자부심까지 있는 것입니다. 결국은 요금원이 지금 우리를 엄청 핍박하고 있지만 알고 보면 우리가 (소)중화의 정통성을 이어서 피인인 요금원보다 중화로서 낫다는 것이예요. 중화의 정통성을 어떻게 이었다는 것입니까? 그러니까 기자의 교화에 의한 유교로써 이었다는 것이지요. **즉 소중화는 중국화가 아니고 유교화인 것입니다.** 유교적 태평성대의 소중화! 이것이 기자가 조선에 온 가장 핵심적인 뜻으로 고려와 조선유가의 최강력한 자존심이 되었죠. 유가가 기자를 강조하는 근본원인은 여기에 있죠! 이해하겠습니까?

그리고 소중화에는 또 주요한 뜻이 있는데 천명입니다. 중화는 천명을 받은 천하의 중심국가라는 뜻으로서 건곤과 같은 뜻도 됩니다. 이 점이 또 주요합니다.

그렇게 보면 이 기록을 좀 이해할 수가 있습니다. 왜 기자를 단군조선에 계속 붙여서 편수했느냐? 꼭 기자가 유교니까, 유교에서 우리를 중국화시키려고 기자를 넣었다, 꼭 그런 게 아니고 기자를 넣음으로서 어떻습니까? 요금원의 중국보다도 더 우월하다는 것을 나타내게 되는 것이죠. 이해되겠습니까?

보통 기자를 넣으면 사람들은 중국을 숭배해서 기자를 넣은 게 아니냐? 그렇게 생각하는데, 사실은 다르게 보면 기자를 넣음으로서 어떻습니까? 우리는 기자의 교화를 받아서 우수하고 요나 금이나 원은 유교의 교화를 받지 않은, 천명이 없는, 별건곤이 아닌, 말하자면 피인이다, 이겁니다. 피인! 이해하겠습니까? 그러니까 여기 피인은 위만조선인데 고려당대로 보면 어떻습니까? 고려를 침략하고 무력으로 강압하는 요나 금이나 원이 피인이다, 이겁니다. 이해되겠습니까?

그러니까 역사라는 것은 현대시점에서 보면 또 그렇게 볼 수가 있다는 것입니다. 물론 이건 본인이 그렇게 해석한 겁니다. 실제로 이승휴 선생이 그걸 생각해서 이렇게 썼는지는 더 연구해봐야 하겠지만, 다만 본인이 볼 때는 이 입장들이 아주 고려당대의 입장에 흡사하게 맞아 들어갈 수가 있다는 것입니다. 그러니까 고려는 기자의 유풍을 가지고 우월하고, 지금 고려를 침략하고 무력으로 강압하고 있는 나라들은 좀 우리보다 못하지 않느냐? 는 그 뜻이란 말이죠. 뜻은 그 뜻인데, 그렇긴 한데 직접 표현하지는 못하고 간접적으로 은연 중에 나타내었습니다. 그러나 그 뜻은 분명하게 전달했습니다. 본인은 그나마 이승휴 선생의 뜻을 분명하게 이해했습니다. 이 부분은 앞으로 좀 더 보도록 하겠습니다.

그러면 이 사관이, 고조선에 대한 이 사관이, 단군조선을 직접 계승한 기자조선을 편수해야만 했던 이 사관이 결국은 조선유가로 계승이 됩니다. 조선유가로 계승이 되는 부분은 뒤에서 다시 보기로 하고, 여기서 중요한 점은 지금까지 설명해드린 대로 별건곤, 소중화, 그리고 우리가 기자의 교화를 받은 더 우수한 나라다 하는 것이고, 그 다음에 이제 시기가 세 개의 시기고, 중간에 164년의 간격이 있다는 것, 그리고 위만이 침략해와서 기자조선이 종언을 하고 기준왕이 천도를 한다는 것입니다. 그것이 이 기록에서 중요한 내용이 되겠습니다. 그래서 총역년은, 계산을 해봤을 때, 2,140년이 된다는 거죠. 왜냐하면 BC 2333년에서 BC 194년, 즉 위만조선이 수립될 때까지 총 2,140년이 『제왕운기』에 나와 있는 전후조선의 역년이 되겠습니다.

그러면 『제왕운기』의 기록에 164년의 무군장(무군신)시기가 중간에 있는 것은 어떤 역사적 의미인가요? 그러니까 기자가 왔을 때 이미 전조선이 종언을 하고 장기간 국가가 없었기 때문에 기자가 무력이나 폭력을 쓰지 않고 평화적으로 신민의 소망을 담아 후조선을 저절로 건국했다는 유가의 최고 이상인 요순 같은 평화사상의 소중화를 나타낸 것이예요.

그러므로 기자가 仁人이고 유가가 매우 존경하는 분이 된 것입니다. 즉 기자를 주 무왕과 대비되는 평화주의자로 높이 숭상한 것입니다. 또 이것을 고려당대로 보면 장기간 요금원의 침략에 시달린 고려유가의 염원을 담은 평화사상을 이를 통해 나타낸 것이예요. 즉 기자는 평화롭게 왔는데 요금원은 침략한 것을 은연중에 비판한 것입니다.

2. 고조선 역년

2.1. 역년 1,908년(『3국유사』): 불교사관

2. 고조선 역년
2.1. 역년 1,908년(『3국유사』): 불교사관

∗ BC 2333년∼BC 426년

∗ 역년 1,908년은 『환단고기』를 참조

∗ 1,908 = 1,500 + 408 ....①

= 1,212 + 696 ....②

= 1,048 + 860 ....③

그러면 고조선의 역년을 보겠습니다. 그러면 두 개의 기록에서 크게 달라진 점이 역시 역년이 되겠죠. 그래서 『3국유사』의 『고기』에 나와 있는 불교적인 측면에 보면 1,908년이 역년입니다, 고조선의 역년이. 그러면 BC 2333년에서 BC 426년까지입니다. BC 426년까지로 종년을 추정해서 역년을 계산해볼 수 있는데 이것은 ① 1,500년의 기간, ② 기자 봉국, ③ 『환단고기』의 3조선 중건에 따라 다시 3개의 시기로 나누어 볼 수 있습니다. 특히 원문에 나와있는 기간인 1,500년의 시기를 어떻게 해석하느냐? 가 주요합니다. 지금까지는 여기에 대해 전혀 해석을 못 했습니다만 본인은 이 시기가 장당경에서 다시 아사달로 천도한 시기로 보면 다소 이해가 될 수 있다고 봅니다. 즉 단군은 BC 1122년에 기자가 봉국되자 장당경으로 천도를 했는데 그 후 어국 1,500년인 BC 834년에 장당경에서 다시 아사달로 숨어가서 은거한 연도라고 봅니다. 이 시기는 말기로서 세력이 다소 약화된 408년 기간으로 보는 것입니다. 우선 〈그림 1〉로 보고 상론은 차후의 기회에 하겠습니다.

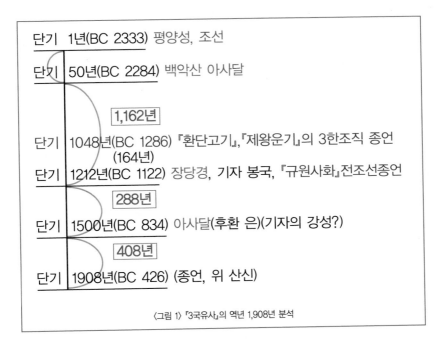

단기 1년(BC 2333) 평양성, 조선

단기 50년(BC 2284) 백악산 아사달

1,162년

단기 1048년(BC 1286) 『환단고기』, 『제왕운기』의 3한조직 종언
        (164년)

단기 1212년(BC 1122) 장당경, 기자 봉국, 『규원사화』전조선종언

288년

단기 1500년(BC 834) 아사달(후환 은)(기자의 강성?)

408년

단기 1908년(BC 426) (종언, 위 산신)

〈그림 1〉 『3국유사』의 역년 1,908년 분석

2.2. 역년 2,096년(『환단고기』): 천신교사관

2.2. 역년 2,096년(『환단고기』): 천신교사관

* 3한조선(1,048년)과 3조선(860년)과 대부여(188년)
* BC 2333~BC 238
* 2,096 = 1,048 + 860 + 188 ....①
      = 1,908 + 188 ....②
      = 1,048 + 1,048 ....③

『환단고기』를 참조해 보면, 앞의 『3국유사』의 1,908년이 어떻게 구분되느냐? 하는 것을 알 수 있는데, 3한의 1,048년하고 3조선의 860년 두 개의 시기로 나눠볼 수 있습니다. 『환단고기』에는 이렇게 『3국유사』의 고조선역년을 두 개의 시기로 나눠볼 수 있도록 기록되어있습니다. 그런데 『환단고기』를 보면 고대 천신교사관에서는 고조선 역년을 2,096년으로 본 것입니다. 이것은 세 개의 시기로 나눕니다. 3한조선 1,048년으로 나오고, 3조선 860년, 그리고 대부여 188년으로 나눠집니다. 그러면 시기는 세 개 시기가 됩니다. 그러면 『제왕운기』도 실질적으로는 어떻습니까? 세 개의 시기죠. 이처럼 역년은 조금 다르지만 세 개의 시기인 것은 일치합니다. 이처럼 『제왕운기』와 『환단고기』가 실질적으로 세 개의 시기로 구분한 것이 일치하므로, 이는 고대사의 그 어떤 진실을 담고 있다고 보아지는데 앞으로 더 연구할 과제입니다.

그런데 『환단고기』도 3한조선과 3조선으로 전후조선의 1,908년의 역년이 나오므로 이 역시 『3국유사』의 역년과 같습니다. 뿐만 아니라 3한조선이 1,048년으로 마감을 하고 3조선이 중건되는 것은 『제왕운기』와 비슷하기는 하나 다만 『제왕운기』는 단군조선 1,048년 후에 164년의 무군장시기가 있는데 『환단고기』는 3한조선이후 곧바로 3조선이 중건되어서 무군장시기는 전혀 찾아볼 수 없습니다. 그리고 『환단고기』에서는 기자조선 자체는 전혀 인정을 하지 않고 다만 번조선의 후대에 정권이 기자의 후손으로 교체가 된 것을 기록하고 있습니다. 그러니까 기자가 오기는 주 무왕 원년 BC 1122년의 3년 뒤인 BC 1120년에 왔지만 그 후손인 기후가 번조선의 왕이 된 것은 BC 323년으로 기록하고 있습니다. 즉 단기 2011년이죠. 이는 연대의 차이는 있지만, 오히려 『3국유사』의 깊은 구조와 일치하는 부분이 있습니다. 이러한 점이 차이이지만 그러나 연대의 구분과 역년은 일치성과 유사성이 있는 부분이 있습니다. 그러므로 우선 일치성과 유사성이 있는 부분을 중점으로 연구하는 것이 좋겠죠.

그리고 BC 2333년에서 2,096년을 생각하면 『환단고기』의 고조선 종년은 BC 238년이 되겠습니다. BC 238년에 고조선이 종언을 하기 1년전에 해모수의 북부여가 들어서서 건국하게 됩니다.

그러면 BC 238년에 어디에서 어떤 일이 일어났는가? 하는 그것은 지금 앞으로 더 연구해야할 역사적, 역사학적 큰 과제입니다. 이때는 중국 전국시기 말기입니다. 전국시기 말기로서 진 시황(BC 259~BC 210)의 시기입니다. 그것하고 어떤 관계가 있는지 앞으로 더 연구해볼 과제가 되겠습니다.

중국의 주 무왕의 은 멸망과 기자 동래, 그리고 진 시황의 중국통일과 전후조선의 종언이 어떤 관련이 있는지 더 연구해 보아야할 것입니다.

『환단고기』를 중심으로 하는 천신교사관에서는 역년이 2,096년이고, 본인도 대체로 2,096년을 고조선 역년으로 많이 생각을 하고 있습니다. 이 다음에 바로 해모수의 북부여가 나오기 때문에 그 전까지를 고조선역년으로 보는 것입니다.

그러면 2,096년은 1,048년 + 860년 + 188년이라는 세 개의 시기로 나눠지면서 동시에 앞쪽의 2개 시기를 더하면 1,908년이 되고 또 이 뒷부분의 2개 시기를 더하면 1,048년이 됩니다. 즉 2,096년이 공교롭게도 1,048과 1,048년으로 반씩 나눠지는 것입니다. 그래서 2,096년, 이것이 『환단고기』에 나와 있는 고조선역년입니다. 다음 슬라이드를 한번 볼까요?

2.3. 역년 2,140년(『제왕운기』): 유교사관

2.3. 역년 2,140년(『제왕운기』): 유교사관

* 단군조선(1,048년)과 무군장시대(164년)와 기자조선(928년)의
  3개의 시기
* 단군조선에 이어 기자조선을 편수하기 위해 단군조선의 역년을
  1,908년 또는 2,096년에서 1,048년으로 절반으로 줄임
* BC 2333~BC 194
* 2,140 = 1,048 + 164 + 928 ....①
        = 1,212 + 928 ....②
* 『규원사화』(1675)의 단군조선 1,205년으로 계승
* 전후조선의 단군의 대수는 88대(47 + 41)

그러면 『제왕운기』는 아까 설명을 해드린 대로 역년을 2,140년으로 보고 세 개의 시기로 갈라집니다. 그래서 단군조선에 이어서 기자조선을 편수하기 위해서 단군조선의 역년이 반으로 줄어들었단 말입니다. 이것이 지금 고대사에 있어서 상당한 연구과제를 주고 있습니다. 과연 2,096년이냐? 아니면 1,048년이냐? 는 문제로 고대사의 학설이 크게 두 개로 그렇게 갈라진단 말이죠.

절반으로 줄어들었는데 어느 쪽이 진실이냐? 하는 것은 앞으로 더 연구를 해야 합니다. 그러나 그 상황은 본인이 확실하게 이해를 했습니다. 그리고 더 나아가서 단군조선은 단군조선대로 계속 이어져갔고 후반부에 기자조선이 병립해서 강하게 치고 들어와서 사실상 전조선을 계승했다고

한다면 『3국유사』와 깊은 구조에서 비교적 일치하는 것으로 이해할 수 있겠죠. 『3국유사』에서도 단군이 장당경으로 천도하였다가 후에 아사달에 돌아와 숨어서 있었다고 한 부분이 이를 반영하는 것으로 볼 수 있습니다. 즉 단군은 왕국이고 기자는 제후국이지만 중국 주를 배경으로 하는 기자국의 세력이 더 강했을 수 있다고 본인은 그렇게 이해를 하는데 사실관계, 그것은 더 두고 연구해봐야겠습니다. 다음 볼까요?

그러면 『제왕운기』는 다시 어떻게 되냐면 BC 2333년에서 BC 194년으로 존속하여 역년이 2,140년인데, 이것은 세 개의 시기라고 했죠. 1,048년, 164년, 928년입니다. 여기서 전조선 1,048년은 오히려 『환단고기』의 3한조선 1,048년 시기와 일치합니다. 그러면 전조선하고 무군장시대를 합하면 1,212년이 됩니다. 그러니까 1,212년 + 928년이죠. 928년은 기자조선이죠. 그러면 『규원사화』를 보면 단군조선 역년이 1,205년으로 되어있습니다. 그러면 『규원사화』는 어떻습니까? 이 전조선하고 무군장시대를 합한 시기를 단군조선의 역년으로 보고 있는 것입니다. 따라서 조선유가의 『규원사화』는 고려유가의 『제왕운기』처럼 단군조선과 기자조선의 두 개의 시기로 구분한 것으로 추정을 하겠으나 전조선의 역년은 다르게 보고 있습니다. 이해되겠습니까?

그런데 고조선 역년은 더 자세히 세분하면 네 개의 시기로 됩니다만, 이는 본인의 기존의 연구를 참고하기 바랍니다.

그래서 『제왕운기』처럼 무군장시대가 있었느냐? 아니면 『규원사화』처럼 그것이 다 전조선인 단군조선 시기냐? 하는 것은 앞으로 더 연구를 해봐야합니다. 그런데 조선유가는 대체로 『제왕운기』를 따라 1,048년을 전조선 역년으로 보고 164년의 무군장시기를 인정하고 있습니다. 그러면 기자를 더욱 존중할 수 있죠.

그러면 전후조선의 단군의 대수는 얼마냐? 하는 것이 주요하죠. 그러면 우선 기자조선은 41대, 이것은 『제왕운기』에서 계산이 됐습니다. 아주 유가들이 기자조선만큼은 딱 계산을 했습니다. 그렇죠! 그러면 단군조선은 몇 대냐? 하는 문제가 있습니다. 단군조선은 『규원사화』에 보면 47대입니다. 그런데 『환단고기』의 『단군세기』도 전세 47대죠. 이것은 일치를 하는데 문제는 역년입니다. 『규원사화』는 역년 1,205년에 전세 47대죠. 그런데 『단군세기』는 역년에서 전혀 다르죠. 역년 2,096년에 전세 47대입니다. 어쨌든 47대는 일치하는데 역년이 2배 차이가 나는 것이죠. 이는 물론 근본적으로 기자조선 때문에 단군조선의 역년을 줄인 것에서 기인하는 차이입니다. 그러나 이는 계속 연구를 해서 정확하게 밝혀야 할 것으로 봅니다.

　그러면 전세는 전후조선, 이 둘을 합하면 88대입니다. 전조선의 47대 + 후조선의 41대하면 전체 단군의 대수는 88대다 라는 계산이 나오죠. 이것은 어디 나와 있냐면 밀양에 가면 단군님을 모시는 천진궁이 있습니다. 천진궁에 보면 조선을 88대라고 기록을 하고 있습니다. 88대! 그러면 단군조선을 47대로 보고 기자조선을 41대로 보는 것이죠. 이는 『규원사화』의 전조선 47대와 『제왕운기』의 후조선 41대를 합하여 계산한 것입니다.

　그러면 『규원사화』에 기록한대로 1,205년의 47대냐? 아니면 『환단고기』에서 기록하는 대로 2,096년의 47대냐? 하는 그것은 앞으로 더 연구를 해야 합니다. 사실상 고대사의 학문적인 연구는 쉽지 않은 과제이므로 그래서 그 문제는 더 연구를 해야 된다고 보고 계속해서 보겠습니다.

2.4. 청동기문화를 배경으로 한 고조선 건국

2.4. 청동기문화를 배경으로 한 고조선 건국

∗ 인류의 청동기문화는 약 5천년경 전에 시작

∗ 비파형동검, 고인돌을 고조선문화로 봄

∗ 우리나라 청동기년대는 여러 학설, 향후 더 연구가 필요

고조선은, 다음 슬라이드 볼까요, 고조선은 청동기문화를 배경으로 해서 건국이 됐다, 대체로 그렇게 보고 있습니다. 다만 우리나라 청동기를 언제로 보느냐? 하는 연대는 현재 이설이 많아서 다 소개하기 어렵습니다. 어떤 분은 BC 2500년까지 보기도 하고, 거기서 단군조선이 성립했다고 보기도 하고, 어떤 분은 BC 1300년, BC 1200년, BC 1100년이다, 그래서 후조선부터 국가가 성립된 것이 아니냐? 그렇게 보기도 합니다. 그러나 인류역사에서는 대개 청동기문화가 약 5천년 전에 시작됐다고 봅니다. 그러면 신시가 언제입니까? 약 6천년 전에 건국됐다고 기록된 것하고 비슷하단 말이죠. 그러면 신시의 14대 치우천황이 뭘 했습니까? 동두철액(銅頭鐵額)을 썼다고 했죠. 동두, 그러니까 머리는 청동기, 철액, 이마는 철이다 는 것입니다. 동두철액! 약 5천년전의 치우천황이 동두철액을 쓴 군단을 이끌고 황제와 싸웠다고 돼있지 않습니까? 동두철액을 한 81명의 형제를 지휘해서 싸웠다고 돼 있습니다. 이는 『환단고기』에도 『사기』를 인용하여 나오는 기록입니다.

그러면 동두철액이 뭐겠습니까? 청동기문화하고 철기문화로 추정할 수 있는 것이지요. 청동기문화와 철기문화로 투구를 쓰고 갑옷을 해 입고

황제와 싸웠다, 그렇게 보는데, 그 시기는 약 5천년경하고 일치를 할 수 있습니다. 그것은 더 연구해 봐야할 과제가 되겠습니다. 어쨌든 고조선은 청동기문화로 보고 있는데 다만 여러가지 연대가 나왔습니다. 비교적 일치하는 것은 비파형동검하고 고인돌이 고조선문화다, 대체로 그것은 일치를 하고 있습니다. 비파형동검은 그림도 있습니다만, 저 비파형동검이 고조선 영역과 거의 비슷하다, 이렇게 보고 있는데, 이것이 현재까지의 연구자들의 여러가지 의견을 종합한 결과입니다.

3. 고조선조직의 구조와 기능

3.1. 3한조직

3. 고조선조직의 구조와 기능

 3.1. 3한조직

(4) 檀君王儉也…遂 與 三韓 分土, 而 治 辰韓, 天王 自爲也.…
是 爲 一世 檀君.(『환단고기』, 73~4면).

(5) 眞韓 鎭 國中, 治道 咸 維新, 慕韓 保 其左, 番韓 控 其南.
(『환단고기』, 19면).

* 환국, 신시의 5가조직이 고조선에서는 3한5가조직으로 확대

* 『규원사화』에서는 남국, 속진국, 청구국의 3대봉국

* 신채호가 제시한 3경5부제도

그 다음에 고조선조직의 구조와 기능을 보도록 하겠습니다. 처음에 고조선조직은 3한조직입니다. 3한조직에 대해서는 많은 기록이 있습니다만, 간단하게 두 가지만 소개하겠습니다. 檀君王儉이 遂 與 三韓 分土, 而 治 辰韓, 天王 自爲也.…是 爲 一世 檀君. 그래서 마침내 나라를 3한으로 나누고 진한을 다스리는 것은 단군천왕이 직접 했고 나머지는 나누어서

다스리게 했는데, 이분이 1대 단검이다 라고 했습니다(4).

그 다음에 두 번째로 보면 眞韓 鎭 國中해서, 진한은 나라의 중심을 다스리고, 治 道 咸 維新, 그 다음에, 慕韓 保 其左, 모한이 왼쪽을 보좌하고, 番韓 控 其南해서, 번한이 남쪽을 제어했다, 그렇게 되어있습니다(5). 근데 이제 진한이 국중에 있으니까 중앙에 있겠죠. 그러면 좌측에 모한이 있었다 는 것입니다. 그리고 우측에 번한이 있었다, 이렇게 되겠죠. 그러면 번한의 위치는 지금 중국내륙으로 보면 산동반도나 그 위쪽이 되겠고, 진한은 지금 추정해보면 중국 북경이나 그 위쪽이 되겠습니다. 그러면 모한은 좌측을 보좌했다고 하니까 대개 만주 지역정도로 크게 그렇게 추정할 수가 있습니다. 고조선의 3한조직을 이처럼 일단 추정할 수가 있습니다.

3.2. 5가조직

> ### 3.2. 5가조직
>
> (6) 戊辰 元年…有 神人 王儉者 五加之 魁,…先是 區劃 天下之 地, 分統 三韓, 三韓 皆 有 五家 六十四族.(『환단고기』, 13~5면).
>
> * 3한조직에 모두 5가조직 설치
> * 3신5제사상에서 형성

환국, 신시의 5가조직이 고조선에서 3한5가조직으로 확대되고 있습니다. 『규원사화』에서는 남국, 속진국, 청구국의 3대봉국으로 나타나고 있습니다. 그리고 청구국에서 3한으로 갈라졌다, 그래서 우리가 말하는 변한, 진한, 마한은 청구국에서 갈라진 후3한이다, 그렇게 되겠습니다. 이 부분이 신채호(1880~1936) 선생이 설명한 3경5부제도하고 가장 유사한 부분이 되겠습니다.

좀 힘드십니까? 어떻습니까? 괜찮습니까? 계속할까요? 여기서 이 부분의 내용들을 기록으로 살펴봐야하기 때문에 조금 세밀한 부분이 있습니다. 그런데 좀 힘들지만 뭐 어떡하겠습니까?

자, 그럼 계속해서, 5가조직을 보겠습니다. 5가조직의 형성과정을 보면 이와 같습니다.

戊辰 元年에 神人 王儉者가 있어 五加之 魁가 돼가지고, 즉 5가조직의 장이 됐습니다, 장이 돼서 先是에 區劃 天下之地, 分統 三韓, 三韓 皆 有 五家 六十四族이라고 했습니다. 그래서 3한으로 나누어 통치했는데 이 3한이 모두가 5가조직을 가졌고 고조선은 모두 64족으로 구성되었다, 그렇게 됐습니다(6). 따라서 이제 3한이 모두 5가를 설치하였으므로 고조선 전체의 5가로 보면, 3 × 5 = 15가가 설치된 것입니다. 이처럼 단군이 직접 통치하는 진한 외에 2한도 더 발달되고 더 나아가서 고조선이 더 발달되는 모습을 잘 볼 수 있습니다.

그래서 결국은 신시의 3백5사조직과 마찬가지로 고조선의 3한5가조직도 3신5제사상에서 형성됐다, 그렇게 봅니다. 그러므로 이제 중앙행정조직과 지역행정조직이 모두 3신5제사상에서 형성되었음을 알 수 있습니다. 하늘의 3신5제사상, 그리고 땅의 3신5제사상, 그리고 사람의 3신5제사상이 구현되고 있는 것을 알 수 있고 이는 고대천신교에서 매우 주요한 내용입니다. 천지인이 다시 천지인으로, 3신5제사상이 다시 3신5제사상으로 분화되는 모습을 조직구조에서 실제적으로 볼 수 있는 것입니다.

다음 볼까요? 그러면 지금까지 설명한 고조선의 3한5가조직을 조직도로 나타내면 〈그림 2〉와 같이 되겠습니다.

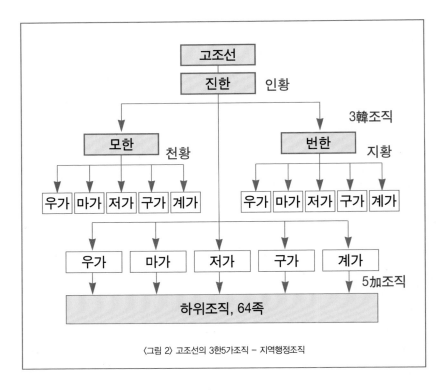

〈그림 2〉 고조선의 3한5가조직 – 지역행정조직

그러면 진한이 인황으로서 국중을 다스리게 됐습니다. 진한이 결국 5가조직을 다스리면서 동시에 64족을 다 다스리는 그런 형태가 되는 것입니다. 그리고 여기 진한을 보좌하는 모한이 있는데 천황이고, 번한이 지황으로 있습니다. 그러면서 동시에 모한에도 5가조직이 있는 것입니다. 모한에도 5가조직이 있고, 번한에도 5가조직이 있습니다. 그러면 모한에도 보좌하는 2명의 비왕이 있을 수 있습니다. 그럼 역시 3 · 5구조로 가겠죠. 고조선 전체도 3 · 5로 가고, 그 부분인 모한도 3 · 5로 갈 수가 있습니다. 비왕이 있으니까요. 그리고 번한도 3·5로 갈 수가 있다, 이 말이죠. 이것이 본인이 말하는 프랙탈(fractal) 조직구조가 되겠습니다. 유사한 조직구조가 계속 번식해 나간다는 것입니다. 그러면 이 3신5제사상이 서물원의란 말이죠. 하나의 조직에서, 또 하위조직에서, 또 하위조직의 하위조직에서 계속 3·5로 분화해 나간다는 거죠. 이 조직구조에서 보면 그 점을 잘 알 수가 있습니다.

3.3. 3조선조직으로의 개편

3.3.1. 1차 개편 – 3조선조직

3.3. 3조선조직으로의 개편

3.3.1. 1차 개편 - 3조선조직

(7) 檀君 索弗婁…改制 三韓 爲 三朝鮮.…

眞朝鮮 天王 自爲,…三韓 皆 一統 就令也.

命 黎元興 爲 馬韓, 治 莫朝鮮.

徐于餘 爲 番韓, 治 番朝鮮.

總之 名 曰 檀君管境, 是 則 辰國,

史 稱 檀君朝鮮 是也.(『환단고기』, 78~9면).

＊ 1차 개편은 분조관경의 뜻으로서 단군의 지휘에 복종

그러면 이 3한조직이 차차 더 발전되어서 3조선조직으로 개편이 됩니다. 3조선조직은 『환단고기』에 보면 두 번 나타납니다. 1차 개편은 檀君^{단군}索弗婁^{색불루} 때입니다. 즉 단기 1409년, BC 1285년입니다. 단군 색불루 때 3한을 3조선으로 개편을 해가지고 진조선은 천왕이 스스로 맡고, 그래서 三韓 皆 一統 就令也^{삼 한 개 일 통 취 령 야} 라고 하여, 지휘는 단군이 하되 약간 권한이 위임된다는 것입니다.

黎元興^{여 원 흥}이 馬韓^{마 한}이 되서 莫朝鮮^{막 조 선}을 맡습니다. 그 다음에 徐于餘 爲 番韓^{서 우 여 위 번 한}이 돼서 番朝鮮^{번 조 선}을 맡습니다. 그래서 전체는 檀君管境^{단 군 관 경}입니다. 이것을 역사에서는 辰國^{진 국}이다 고 보는데, 그것이 바로 뭡니까? 檀君朝鮮^{단 군 조 선}이다 는 것입니다(7). 그래서 조금 분조관경이다 해서 권한을 위임해서 각자 3조선을 다스리는 그런 형태로 나타납니다. 그 다음에 한 번 더 개편이 또 됩니다. 2차 개편을 한번 볼까요.

3.3.2. 2차 개편 - 대부여로 국호개칭

3.3.2. 2차 개편 - 대부여로 국호개칭

(8) 四十四世 檀君 丘勿…改 國號 爲 大夫餘, 改 三韓 爲 三朝鮮.
自是 三朝鮮 雖 奉 檀君 爲 一尊, 臨理之 制, 而 惟 和戰之 權
不在 一尊也.(『환단고기』, 34면).

＊ 2차 개편은 분권관경의 제도로서 특히 전쟁의 권한이 완전 위임
되어 거의 독자적인 국가로 개편 - 대부여 3조선

2차 개편은 고조선의 마지막 시기입니다. 그래서 四十四世 檀君 丘勿
때에 國號를 大夫餘로 개칭을 합니다. 대부여로 개칭하면서 三韓을 다
시 한 번 더 三朝鮮으로 개편을 합니다. 이때부터 3조선은 비록 檀君을
一尊, 가장 높은 분으로, 천황으로 모시지만, 臨理之 制, 而 惟 和戰之 權
不在 一尊也이라, 단군천황에게서 감독은 받지만, 그러나 전쟁과 평화의
권한은 단군인 진한 1존에게만 있지 않고 세 명의 3한들에게 각각 있다는
것입니다(8). 이때는 이미 뭡니까? 중국으로 치면 전국시기입니다. 전국
시기라서 많은 전쟁이 있었기 때문에 화전지권, 전쟁과 평화조약을 맺는
권한은 각자 독립적으로 하게 됐다고 봅니다. 그래서 전쟁, 병권이 각각
분립되어 버리면 다소 독자적인 국가로 개편이 되어가는 그런 현상으로
나타나고 있습니다. 즉 연방국이 되는 그러한 과정이죠. 그러면 지금까지
설명한 고조선 후기의 3조선5가조직은 〈그림 3〉과 같습니다.

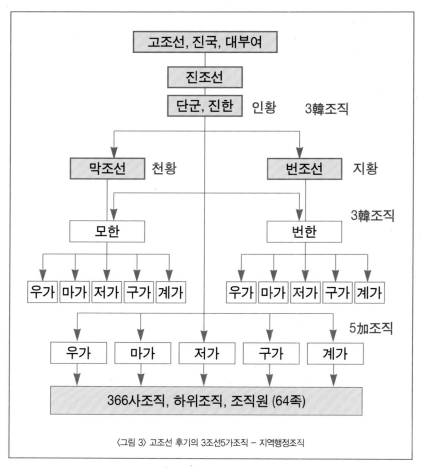

〈그림 3〉 고조선 후기의 3조선5가조직 – 지역행정조직

그러면 고조선조직은 단군인 진한이 진조선을 맡아서 5가조직을 다스리게 됩니다. 그러면 3한 중에서 막조선과 번조선도 조금 더 자체적으로 다스리게 됩니다. 그러면 조금 분사(分社)라고 할까요? 조금 더 분국(分國)이 되어 연방국으로 가는 그런 현상으로 볼 수가 있습니다. 이처럼 고조선 마지막에 대부여에 가면 세 개의 3조선이 조금 독자적으로 국가를 다스리게 되는 그런 형태로 나타나겠습니다. 지금으로 치면 어디에 비교

할 수 있겠습니까? 연방국가라 할까요? 근데 이제 미국식 연방국가는 전쟁은 오히려 중앙정부에서 합니다만, 고조선의 3조선조직은 조금 더 발전 되어서 각자 전쟁과 평화까지 다스리게 되는 그런 형태로 나타나고 있습니다.

지금까지 본 것은 지역행정조직이고. 지역행정조직과 동시에 중앙행정조직을 보겠습니다. 그런데 『규원사화』에서는 단군8가조직이 나타납니다.

3.4. 단군8가조직

3.4. 단군8가조직

(9) 檀君…置 主命, 主穀, 主兵, 主刑, 主病, 主善惡 及 主忽 諸官.

以 其子 夫婁 爲 虎加 總 諸加者也.

神誌氏 爲 馬加 日 主命,

高矢氏 爲 牛加 日 主穀,

蚩尤氏 爲 熊加 日 主兵,

二子 夫蘇 爲 鷹加 日 主刑,

三子 夫虞 爲 鷺加 日 主兵,

朱因氏 爲 鶴加 是 主善惡,

余守己 爲 狗加 是 分管諸州也.

稱 爲 檀君八加.(『규원사화』「단군기」).

단군8가조직은 檀君이 置 主命, 主穀, 主兵, 主刑, 主病, 主善惡 及 主忽 諸官한 것으로 알 수 있습니다. 여기 보면 7개의 중앙행정조직을 설

치를 합니다. 그러면 일곱 직관이니까 7사가 되겠죠. 7사인데, 사실은 호가가 다스리는 중앙행정조직이 있으니까, 사실은 8가8사조직이라고 봐야겠습니다. 근데 여기서 잘 봐야할 것은 置 主^치^{주명}命, 主^{주곡}穀, 主^{주병}兵, 主^{주형}刑, 主^{주병}病, 主^{주선악}善惡 及 主^급^{주홀}忽 諸^{제관}官입니다. 그럼 이 主命^{주명} 등등이 뭐겠습니까? 명사라는 거죠. 명사입니다. 『규원사화』에 보면 본인의 논증처럼 확실히 명사로 나와 있지 않습니까? 이제 확실히 이해하겠죠! 계속해서 보겠습니다. 以 其^이^{기자}子 夫^{부루}婁 爲^위 虎^{호가}加 總^총 諸^{제가자야}加者也 라고 했는데 그 다음 문장을 봅시다. 神^{신지씨}誌氏 爲^위 馬^{마가}加 曰^왈 主^{주명}命, 이처럼 마가 왈 주명이라고 했습니다. 주명이 명사죠. 확실히 명사란 말입니다. 高^{고시씨}矢氏 爲^위 牛^{우가}加로서 主^{주곡}穀을 맡고, 蚩^{치우씨}尤氏는 熊^{웅가}加가 되어 主^{주병}兵을 맡고, 二^{이자}子 夫^{부소}蘇는 鷹^{응가}加가 되어 主^{주형}刑을 맡고, 三^{삼자}子 夫^{부우}虞는 鷺^{노가}加가 되어 主^{주병}兵을 맡고, 朱^{주인씨}因氏는 鶴^{학가}加가 되어 主^{주선악}善惡을 맡고, 余^{여수기}守己는 狗^{구가}加가 돼서 分^{분관제주}管諸州를 맡았습니다. 그래서 稱^칭 爲^위 檀^{단군팔가}君八加라(9). 그래서 『규원사화』에는 이 5가조직과 5사조직이 결합되어서 나타납니다. 근데 8가로 나타나죠.

---

* 실제는 단군8가8사(7사)조직
* 중앙행정조직과 지역행정조직이 결합된 형태
* 主^{주병}兵조직이 중앙행정조직인 8事^사조직에 설치됨
* 8加^가조직은 3韓^한 + 5加^가조직의 다른 형태로 봄
* 8事^사조직도 3伯^백 + 5事^사조직의 다른 형태로 봄
* 이 역시 3神^신 5帝^제사상에서 형성 – 후대에 八^{팔신}神, 八^{팔성}聖사상을 형성하였는 것으로 봄
* 주곡, 주명 등 8事^사가 명사라는 것을 확실히 알 수 있음
* 따라서 『규원사화』의 신뢰도와 타당도가 높음

단군8가조직이 『규원사화』에 기록이 되어있는데, 이는 단군8사조직과 결합되어있죠. 실제기록은 7사지만 사실상 호가가 맡고 있는 중앙행정조직이 있기 때문에 8사라고 봐도 되겠습니다. 이는 중앙행정조직과 지역행정조직이 결합된 형태로 볼 수 있죠. 여기서 중요한 것은 主兵(주병)조직이 중앙행정조직인 8사조직에 바로 설치가 됐다는 거죠. 그러면 전대의 신시는 主兵(주병)조직이 5사조직에 안 나타나죠. 안 나타났는데, 그건 조직이 더 고대의 원형이라는 것을 뜻한단 말이죠. 후대에 가면 主兵(주병)조직이 먼저 나타나는 거죠. 국가가 발전하니까, 전쟁을 해야 될 일들이 많이 나타난다는 것입니다. 후대의 고조선에서는 8사조직에서 主兵(주병)조직이 나타나고, 전대의 신시에서는 5사조직에서 主兵(주병)조직이 중앙행정조직으로까지는 안 나타나고 병마도적, 병융제작, 이런 식으로 조금 작은 규모로 나타납니다.

그러면 8加(가)조직은 어떤 성격일까요? 결국은 3韓(한) + 5加(가)조직이라는 것입니다. 그래서 3韓(한) + 5加(가)조직의 다른 형태로 볼 수가 있다, 그렇게 해석을 할 수가 있습니다.

계속해서 보도록 하겠습니다. 뭐냐면 8加(가)8事(사)조직도 결국 3韓(한)5加(가)조직과 3伯(백)5事(사)조직의 다른 형태로 볼 수 있어서 이에 환원된다는 것입니다. 역시 3神(신)5帝(제)사상에서 형성됐는데 후대에서는 3신5제사상이 다시 八神(팔신)사상이라든지 八聖(팔성)사상으로 나타나게 됩니다. 따라서 8사조직도 8신, 8성 사상과 상보적 영향으로 형성되었다는 것을 알 수 있습니다. 매우 주요한 사상의 변화죠. 근데 그보다 더 중요한 것은 주곡, 주명 등 8事(사)가 명사라는 것을 알 수 있기 때문에 『규원사화』의 역사적, 역사학적 가치가 매우 높다는 것이죠. 무슨 말이냐면 5事(사)(7事(사))가 명사라는 학설을 제창한 본인을 빼놓고는 아직도 다 주곡, 주명 등을 곡을 주관하고, 명을 주관하고 등으로, 그렇게 해석한다는 것입니다. 그런데 근대 전까지는 이를 명사로 해석해왔죠. 최종적으로 언제까지냐면 1803년의 『수산집』까지는 명사로 나와 있습니다. 『수산집』이후로 1900년대부터 곡을 주관하고, 명을 주관하고, 이런 식으로 술부로 돼있다는 것입니다. 그럼 이 5事(7事)가 명사로 돼있는 서적은 1803년 이전에 쓰여졌단 말이죠. 왜냐면 근대에는 이걸 명사로 알고 있는 사람이 아무도 없었단 말입니다. 본인이 1987년 12월에 이 5事(7事)를 명사라고 최초로 논문을 발표했단 말이죠. 이때 본인이 처음 논문을 썼기 때문에 그 전에 이걸 명사라고 알고 있었던 근대인은 없습니다. 다시 한번 강조하면 1803년에서 1987년까지 184년 동안 주곡, 주명, 주병, 주형, 주선악이 명사라고 생각한 사람은 아무도 없었습니다. 따라서 주곡, 주명 등등 7사가 명사라고 씌여있는 『규원사화』는 최소한 1803년 이전에 쓰여졌다는 매우 주요한 결론에 도달하게 되는 것입니다. 그러므로 **『규원사화』의 저술년대가 언제냐? 하면 그 사서가 밝히고 있는 1675년이 맞다고 봅니다. 동시에 북애자의 저술이 맞다고 봅니다. 다시 말하면 『규원사화』의 진실성이 매우 높다는 것입니다.**

『환단고기』도 마찬가집니다. 『환단고기』에도 주곡, 주명 등등 5事가 명사로 쓰여져 있습니다. 그래서 그것이 신뢰도, 타당도가 굉장히 높고 진실성이 높기 때문에 현재까지로서는 연구할 가치가 굉장히 높다, 그렇게 보겠습니다.

그러면 『규원사화』에 나타나있는 8加8事조직의 조직도를 그리면 〈그림 4〉와 같이 되겠습니다.

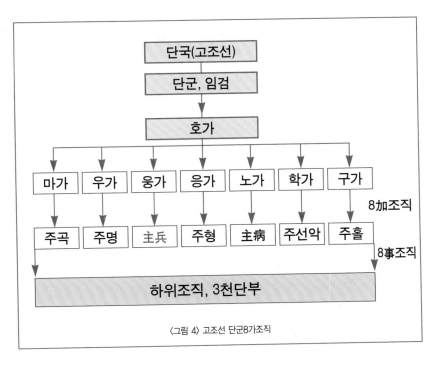

〈그림 4〉 고조선 단군8가조직

이처럼 호가가 총리를 하고 8가가 다시 국가중앙행정조직을 하나씩 맡아있는 것입니다. 그리고 〈그림 4〉에서처럼 고조선에서 主兵조직이 처음 나타난다는 것은 본인이 처음 제창한 학설이므로 연구윤리상 표절하면 안되겠습니다. 특히 아무런 학문적 배경없이 결론만 표절하는 것은 더욱이 안 될 것입니다.

그러면 여기 조직도에서 主兵조직을 위로 올리고, 主忽조직을 위로 올리면 어떻게 되겠습니까? 3 · 5조직이 되겠죠. 그래서 8가8사조직은 3신5제조직으로, 3백5사조직으로 환원될 수 있다는 것입니다. 그러니까 같은 조직을 시대에 따라서 다르게 표현했거나, 또 다르게 설치했을 가능성도 있습니다. 같은 조직인데 다르게 기록됐을 가능성이 있다는 것이죠. 그러면 위에 있는 이 웅가 主兵과 구가 주홀을 다시 八加로 내려 보냈을 수도 있다는 것이죠. 조직이 개편됐거나 아니면 기록이 조금 표현이 달라졌거나 했겠죠. 그러나 원 사상적 의미는 같습니다. 8가조직도 3한5가조직으로 환원될 수 있고 8사조직도 3백5사조직으로 환원될 수가 있다는 것입니다. 그 역도 성립합니다. 이는 〈그림 5〉와 같습니다.

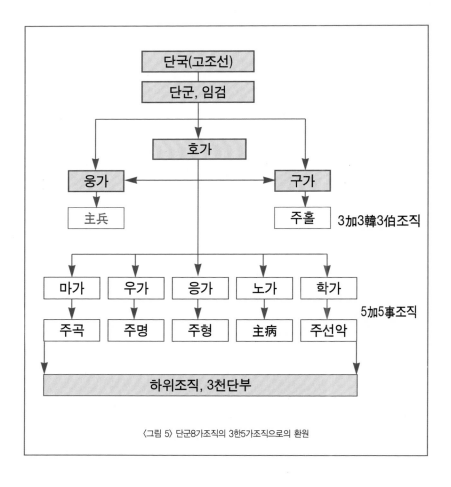

〈그림 5〉 단군8가조직의 3한5가조직으로의 환원

그리고 이처럼 主兵조직이 고조선 초기에는 먼저 나타난다는 것입니다. 신시에서는 主兵조직이 나타나지를 않습니다. 물론 전혀 없는 건 아니고 병융제작이나 병마도적으로 중앙행정조직은 아니고 그 밑의 하위조직으로 나타난다는 것입니다. 또 조직사상에서도 5제사상과 5사조직이 결합할 때에 〈白虎兵神〉사상이 주형조직과 결합된 것을 제2강에서 보았습니다(12). 따라서 兵神사상도 나타나서 5사조직에 결합되어 있었으나 중앙행정조직으로 직접 설치는 안되었다는 것입니다.

3.5. 단군8가조직의 1차 개편

3.5. 단군8가조직의 1차 개편

(10) 檀君…改 虎加 日 龍加, 使 仙羅 主之,

道羅 爲 鶴加, 東武 爲 狗加. 又…改 鷺加 曰 鹿加,

依前 使 夫虞 主之, 制治 比前, 更 完矣.(『규원사화』「단군기」).

＊ 초대 단군 때에 1차 개편

단군의 8가조직이 1차로 개편이 됩니다. 초대 단군 때에 虎加가 龍加가 되고, 그 다음에 鷺加가 鹿加가 됩니다(10). 그래서 1차로 한번 개편이 됐습니다.

3.6. 단군9가조직으로의 2차 개편

3.6. 단군9가조직으로의 2차 개편

(11) 王儉 夫妻…乃 擧 息達 爲 龍加, 今勿 爲 馬加,
增置 主財之 職, 日 鳳加, 使 阿密 主之.(『규원사화』「단군기」).

* 2대 단군 부루 때에 2차 개편

* 봉가 주재 증치

* 단군 9가9사(8사)조직

* 3백6사조직의 다른 형태로 봄

그 다음에 2대 단군 때에 다시 한번 2차 개편이 됐습니다. 이때는 무엇보다도 主財之 職이 增置가 됐습니다. 그래서 鳳加가 맡습니다. 사람이름은 阿密입니다(11). 봉가 주재가 증치가 돼가지고 결국은 단군9加9事(8事)조직이 됐습니다. 9加9事조직은 어떻게 되겠습니까? 결국 3伯6事조직의 다른 형태로 볼 수 있습니다. 3 + 6 = 9란 말이죠. 그렇습니다.

그러면 요약하면 초대 단군임검이 호가를 용가로 개편해서 다스리면서 노가를 녹가로 바꾸었고, 2대 단군 부루가 봉가 주재를 증치하였습니다. 그래서 단군9가9사조직으로 〈그림 6〉처럼 조직이 완비되었다는 거죠.

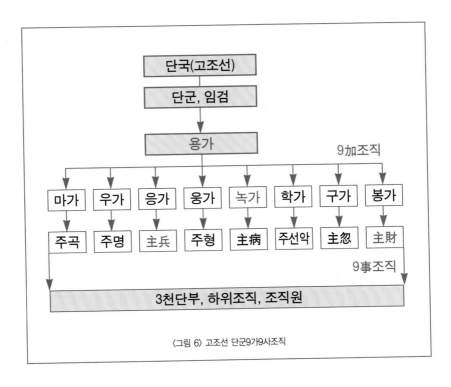

〈그림 6〉 고조선 단군9가9사조직

3.7. 3백5사조직과 3백6사조직

3.7. 3백5사조직과 3백6사조직

* 고조선의 중앙행정조직은 『환단고기』와 『규원사화』,
  그리고 『단기고사』 등을 참고하여 보면,
* 초기에 主兵조직을 포함하여 3伯5事조직
* 곧이어 조직이 확대되어 主兵조직을 포함하여 3伯6事조직으로 형성됨
* 『규원사화』에 의하면 主財조직이 증치됨
* 이후 대부분의 국가에서 나타나는 3성6부조직의 시원을 이룸

그러면 고조선의 중앙행정조직은 초기에는 3伯5事조직이고 主兵조직^{백사}^{주병}이 포함돼서 결국 3伯6事조직이 된단 말이죠. 그러면 이후 대부분의 국가에서 3省6部조직의 시원을 이루고 있다는 것을 알 수 있죠. 중국 수, 당의 3省6部라든지, 발해의 3省6部라든지, 고려의 3省6部라든지 또는 조선시대의 3政丞6曹조직, 그 후 **동양조직에서 3·6조직이 나타나는데 그것이 전부 고조선에서 기원했다, 그렇게 볼 수 있습니다.** 이해되겠습니까?

3.8. 고조선조직의 조직이념: 천제의 명

> ### 3.8. 고조선조직의 조직이념: 천제의 명
>
> * 환국의 홍익인간, 견왕이지 이념 계승
> * 신시의 삭의천하, 탐구인세, 재세이화, 화백정신 이념 계승
> * 고조선의 단군의 단군임금은 역시 환국의 환인천제, 배달의 환웅천황을 계승하여 아침이 밝은 나라의 밝은 임금을 나타낸 것임
> * 밝은 조직으로 계승
> * 이는 신라, 고구려, 백제, 고려, 조선으로 이어왔음
> * 현대의 대한민국의 조직이념으로 계승, 발전

그래서 결국은 고조선도 그 조직이념, 또는 조직사상, 천제의 명, 천명, 사명으로 보면 역시 환국이나 신시의 조직사상처럼 이렇게 홍익인간, 탐구인세, 재세이화, 화백정신을 이어 받았다고 보면 되겠습니다.

뿐만 아니라 고조선의 단국과 단군은 환국의 환인천제, 배달의 환웅천황을 계승하여 밝은 나라의 밝은 임금을 나타낸 것으로서 환국, 신시의 조직이념을 잘 계승한 것입니다.

따라서 환인천제는 사명 부여자이며, 환웅천황은 사명 실천가이며 단군왕검은 사명의 완성자가 되는 것입니다.

이는 또 신라, 고구려, 백제, 발해, 고려, 조선에서도 면면히 이어져 내려온 우리 전통의 조직이념입니다. 이는 현대 대한민국에 이르기까지도 계승해서 더 발전시켜야 할 우리의 소중한 조직이념인 것입니다.

이는 시대별로 과제가 다를 수가 있지만 그 관통하는 맥락은 같다고 할 수 있습니다. 현대의 과제는 무엇보다 공정하고 투명하고 사회적 책임(CSR)을 다하고 지속가능한 경영을 달성하고 이를 통해 청부(淸富)를 이루어 조직과 구성원 모두의 번영을 성취하는 것으로 볼 수 있습니다.

그러므로 이는 미래에서도 영원한 조직이념이 될 수 있으며 항상 노력해야할 과제라고 할 수 있습니다.

우리의 고대 선조는 조직을 설계할 때 이러한 이념을 처음부터 이해했던 것이죠. 물론 그렇다고 해서 있는 갈등을 없는 것처럼 덮어서는 더욱 안되겠죠. 밝은 조직을 지향한다며 갈등을 덮는 것은 오히려 더 큰 문제를 가져오겠죠. 밝은 조직을 지향한다는 것은 어두운 부분을 해결해 나가자는 것이지 어두운 부분을 그냥 덮어버리고 어두운 부분이 없다라고 허위의식을 가져서는 안 되는 것입니다. 특히 우리와 동양조직에서 잘 살펴야할 부분입니다. 이 부분은 앞으로 더 상론을 해야할 부분이나 여기서는 줄이기로 하겠습니다.

4. 고조선조직의 완형 조직도-
1왕3조선5가3백6사366사조직

그러면 먼저 지금까지의 논증한 내용을 종합하여 고조선조직의 완형을 비교적 간략히 나타내 보면 〈그림 7〉과 같습니다.

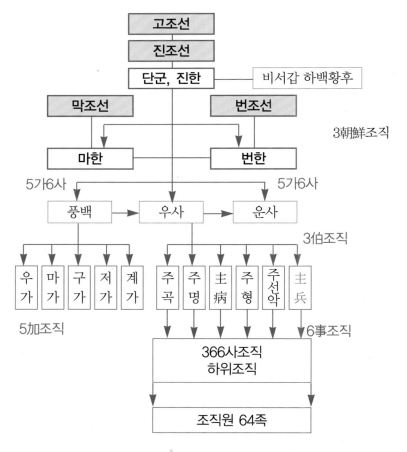

〈그림 7〉 고조선조직의 완형 – 1왕3조선5가3백6사366사조직

그러면 고조선조직의 완형을 보면 이렇게 볼 수 있습니다. 고조선조직의 완형은 단군이 진조선을 다스리면서 3백조직과 6사조직을 다스린다는 것입니다. 또 그 하위조직으로 366사조직이 있습니다. 366사조직의 하위조직도 나타나지만 여기서는 줄였습니다. 그리고 다시 64족이 있죠. 이처럼 수직적으로, 수평적으로 매우 발달된 분화가 나타남을 볼 수 있습니다. 수직적으로는 일단 〈그림 7〉에서는 6계층으로 보면 되겠군요. 신시도 국가조직은 6계층으로 보았는데 고조선도 물론 더 세밀하게 보면 더 많은 분화가 되었겠지요.

그런데 풍백, 우사, 운사의 3백조직은 『환단고기』에 나옵니다. 『환단고기』에 보면 고조선에 풍백, 우사, 운사가 있었다고 돼 있습니다. 앞에서 본 단군9가9사조직을 이렇게 3·6조직형태로 나타낼 수가 있는 것입니다. 즉 3백6사조직에 환원을 시켰습니다. **6사조직의 가장 큰 특징은 중앙행정조직에 主兵조직, 병부조직이 나타난다 는 겁니다.** 그리고 단군이 중앙행정조직인 3백6사조직을 다스리면서 동시에 어떻습니까? 지역행정조직인 5가조직을 다스리는 것입니다. 그래서 3朝鮮5加조직, 그리고 3伯6事조직이 고조선의 완형적인 형태가 되겠습니다.

그러면 막조선의 마한, 번조선의 번한은 어떨까요? 여기에도 마찬가집니다. 여기에도 결국은 5가조직이 형성됐다는 것입니다. 여기도 5가조직이 형성되어 있고, 또 여기에 나라가 후대에 가서 더 발전되면 중앙행정조직이 나타날 것이라는 것입니다. 다만 진조선보다는 조금이나마 작은 형태로 나타나는 것이 일반적입니다만, 그러나 더 후대로 가서 2한이 단군 만큼 발전이 되면 대등하거나 오히려 더 큰 규모로 나타날 가능성은 항상 있습니다. 그러면 국가조직은 대개 3·5내지 3·6으로 나타납니다. 3·5내지 3·6으로 나타나서 역시 뭡니까? 하나의 국가조직이 프랙탈

조직구조로서 마한도 3 · 6구조가 나타날 수 있고, 번한도 3 · 6구조가 나타날 수 있는 것입니다. 그래서 고조선의 전체적인 모습을 이렇게 나타낸 것입니다.

그러면 지금까지 본 것처럼 전체적으로 조직은 계속해서 발전돼 오는 것입니다. 계속해서 발전돼 옵니다. 환국에서는 1제5가5사조직이 있었죠. 그러면 신시에서는 어떻습니까? 신시에는 5가조직이 있었고 중앙행정조직으로서는 1황3백5사조직이 있었습니다. 그리고 물론 366사조직이 하위조직으로 있죠. 그러면 고조선에 와서는 이제 어떻게 발전되었습니까? 지역행정조직도 3한5가, 중앙행정조직은 1왕3백6사조직으로 발전돼 오고 그 하위조직으로는 역시 366사조직이 있었다고 볼 수 있죠. 이해하겠습니까?

즉 1제5가5사조직(환국) → 1황5가3백5사366사조직(신시) → 1왕3한5가3백6사366사조직(고조선)으로 이론적으로, 실제적으로 질서정연하게 발전되었는데 이 기간이 약 7천년간인 것입니다.

이렇게 환국, 신시, 고조선조직의 조직발달이 약 7천년간 이루진 것이며 결코 하루 아침에 이루어진 것이 아닙니다. 그런데 그 전체 기록이 조직이론에 따라서 질서정연하게 발전된 모습을 잘 나타내 보이고 있어서 현대조직의 구조와 기능론에도 많은 시사점을 줄 수가 있습니다. 다른 부분도 마찬가지이겠지만 이 조직사 부분이 우리 고대사가 인류의 역사에 크게 기여할 수 있는 분야입니다.

또 천신교의 연구에서도 우리 사서가 많은 공헌을 할 것으로 보는 분야입니다. 향후 더 많은 연구성과가 축적되기를 희망하는 것입니다.

그러면 『환단고기』에 따르면 고조선의 단군은 47대가 재위를 하였는데, 그 47분의 존함과 재위년수, 수(壽)와 재위 BC년대는 다음과 같습니다.

초대, 단군왕검 재위 93년, 수 130세, 조선, 아사달 도읍, 3한시대, BC 2333~

2대, 부루 단군, 재위 58년, BC 2240~

3대, 가륵 단군, 재위 45년, BC 2182~

4대, 오사구 단군, 재위 38년, BC 2137~

5대, 구을 단군, 재위 16년, BC 2099~

6대, 달문 단군, 재위 36년, BC 2083~

7대, 한율 단군, 재위 54년, BC 2047~

8대, 우서한(오사함) 단군, 재위 8년, BC 1993~

9대, 아술 단군, 재위 35년, BC 1985~

10대, 노을 단군, 재위 59년, BC 1950~

11대, 도해 단군, 재위 57년, BC 1891~

12대, 아한 단군, 재위 52년, BC 1834~

13대, 흘달(대음달) 단군, 재위 61년, BC 1782~

14대, 고불 단군, 재위 60년, BC 1721~

15대, 대음(후흘달) 단군, 재위 51년, BC 1661~

16대, 위나 단군, 재위 58년, BC 1610~

17대, 여을 단군, 재위 68년, BC 1552~

18대, 동엄 단군, 재위 49년, BC 1484~

19대, 구모소 단군, 재위 55년, BC 1435~

20대, 고홀 단군, 재위 43년, BC 1380~

21대, 소태 단군, 재위 52년, BC 1337~BC 1286, 역년 1,048년, 아사달 은거

22대, 색불루 단군, 재위 48년, BC 1285~, 3조선시대

23대, 아홀 단군, 재위 76년, BC 1237~

24대, 연나 단군, 재위 11년, BC 1161~

25대, 솔나 단군, 재위 88년, BC 1150~, 주 무왕 은 멸망(단기 1212, BC 1122)

26대, 추로 단군, 재위 65년, BC 1062~

27대, 두밀 단군, 재위 26년, BC 997~

28대, 해모 단군, 재위 28년, BC 971~

29대, 마휴 단군, 재위 34년, BC 943~

30대, 내휴 단군, 재위 35년, BC 909~

31대, 등올 단군, 재위 25년, BC 874~

32대, 추밀 단군, 재위 30년, BC 849~

33대, 감물 단군, 재위 24년, BC 819~

34대, 오루문 단군, 재위 23년, BC 795~

35대, 사벌 단군, 재위 68년, BC 772~

36대, 매륵 단군, 재위 58년, BC 704~

37대, 마물 단군, 재위 56년, BC 646~

38대, 다물 단군, 재위 45년, BC 590~

39대, 두홀 단군, 재위 36년, BC 545~

40대, 달음 단군, 재위 18년, BC 509~

41대, 음차 단군, 재위 20년, BC 491~

42대, 을우지 단군, 재위 10년, BC 471~

43대, 물리 단군, 재위 36년, BC 461~, 역년 1,098년(1,048 + 860)

44대, 구물 단군, 재위 29년, BC 425~, 대부여시대

45대, 여루 단군, 재위 55년, BC 396~

46대, 보을 단군, 재위 46년, BC 342~, (단기 2011년, BC 323 기후 번조선왕이 됨)

47대, 고열가 단군, 재위 58년, BC 295~BC 238, 고조선종언, 역년 2,096년
    (1,048 + 860 + 188)
    BC 239, 북부여 건국, 해모수 등극(고조선 종언 1년전)
    BC 238, 고조선 종언
    BC 232, 5가조직의 공화정 6년 후, 북부여로 귀부

이처럼 『환단고기』는 47대 2,096년의 역년을 기록하고 있으며 평균재위년수는 44.59년이 됩니다. 이는 환국의 7분의 환인의 평균재위년수 471.57년과 신시의 18분의 환웅의 평균재위년수 86.94년과 비교를 해볼 수 있습니다. 그러니까 471.57년 → 86.94년 → 44.59년으로 줄어드는 것을 볼 수 있습니다. 그러나 한 세대의 기간을 통상 30년으로 보기 때문에 『환단고기』의 고조선 단군 평균재위년수 44.59년이 길다고 생각하는

연구자도 있을 수 있습니다.

이에 비해 『규원사화』에서는 전조선의 47대의 단군의 총재위년수를 1,205년(또는 1,195년)으로 기록하고 있어서 평균재위년수는 25.63년이 됩니다. 이는 『환단고기』의 44.59년과 비교해 볼 수 있습니다. 이렇게 보면 『규원사화』가 더 통념상 합리적일 수 있겠죠.

더 나아가서 『제왕운기』에서는 후조선, 그러니까 기자조선의 전세를 41대, 역년을 928년으로 기록하고 있으므로 후조선의 평균재위년수는 22.63년이 됩니다. 이것으로 보면 『규원사화』의 25.63년이 비록 전조선의 평균재위년수이기는 하지만 비교적 비슷한 기간이므로 역시 합리적이라고 볼 수 있군요.

그러면 『규원사화』의 전조선 역년을 1,212년으로 보고, 『제왕운기』의 후조선 역년 928년을 합하면 즉, 2,140년의 역년이 되는데, 이를 88대로 나누면 평균재위년수를 24.31년으로 볼 수 있습니다.

그런데 또 다르게는 『제왕운기』의 역년 2,140년에서 무군장 164년을 빼면 1,976년이 되는데 이를 88대로 나누면 평균재위년수는 22.45년이 됩니다. 이렇게 보면 『규원사화』와 『제왕운기』의 평균재위년수가 한 세대 30년의 통념에 부합할 수 있어서 합리적이라고 할 수 있겠죠.

그러나 『3국유사』와 『환단고기』를 보면 고조선의 역년을 1,908년, 2,096년으로 기록하여 『제왕운기』와 『규원사화』 역년 보다 대체로 2배가 되고 있으므로 이러한 사관의 차이에 대해서는 보다 더 깊이 연구할 과제가 있는 것입니다. 고대사의 진실은 언제나 더 연구할 과제를 주는 것이며 이러한 고대사의 진실은 우리가 연구를 할 때 반드시 밝혀지는 것입니다.

그리고 고조선 8조법도 연구하여야하나 여기서는 줄이기로 하겠습니다. 차후에 기회를 갖기로 하겠습니다.

5. 고조선조직의 시사점

5. 고조선조직의 시사점

* 신시의 원형조직인 3백5사조직을 발전시켜 국가조직의 원형인 최초의 3伯6事조직을 형성함

* 主兵조직이 중앙행정조직에서 최초로 나타남

* 이와 동시에 중앙행정조직에서 主財조직도 나타나는데 이는 모두 고조선 사회발전 단계를 나타냄

* 이후 3 · 6구조 국가조직의 원형이 됨

* 3한조직이 3조선조직으로 발전하며 권한의 위임이 이루어져 分社, 分朝 또는 分國의 연방국가 형태를 가져옴

* 사상적 배경은 고대천신교의 3神5帝사상

* 환국, 신시, 고조선의 고대3국의 조직발달 단계가 현대조직이론과 실천으로 아주 정확하게 해석할 수 있음으로 이러한 조직의 신뢰성과 타당성이 매우 높음

* 따라서 이러한 기록을 담고 있는 『古記』, 『환단고기』, 『3국유사』, 『제왕운기』, 『규원사화』 등 고대사서의 신뢰도와 타당성이 매우 높음

* 고조선의 기록이 다소 다르게 나타나는 것은 사서가 갖고 있는 사관의 차이에 기인하는 것임

* 차이를 이해하는 것이 사관을 이해하는 지름길임

고대3국의 조직이 발전되어오는 흐름을 기록에서 보면 조직발전 단계에 따라서 아주 정확하게 나타나고 있단 말입니다, 정확하게! 기록이 뭐 많이 틀리는 건 없습니다. 그래서 이 기록들이 신뢰성과 타당성이 굉장히 높다, 그렇게 평가할 수 있습니다. 동시에 『환단고기』, 『3국유사』, 『제왕운기』, 『규원사화』, 『단기고사』 등등 고대사서의 진실성이 매우 높다는 것을 알 수 있습니다. 물론 일치하지 않은 부분도 있으나 그것은 사관의 차이에서 기인하는 것이므로 앞으로 깊은 구조를 찾아서 더 연구하면 많은 부분이 명명백백하게 밝혀질 것입니다. 그것이 연구자의 책무가 아닐까요?

그리고 이 사서들에 기록된 고대사는 고대 천신교를 기반으로 하고 있습니다.

그러므로 **이런 조직들의 사상적 배경은 모두 천신교의 3神5帝사상이다! 라고 말할 수 있습니다.** 그렇습니다. **'3神5帝사상이 우리의 고유한 천신교사상이다!'** 그렇습니다! 이는 매우 발달된 종교, 사상이죠.

그런데 우리 고대천신교의 천제사상과 중국의 천자사상은 비슷한 것 같아도 상당히 다릅니다. 우리 고대천신교의 천제사상에서는 천제, 또는 천제자가 하늘에서 천명을 지니고 직접 이 땅에 인간으로 강림하여 재세이화하고 죽을 때 다시 신으로 승천하는 것입니다. 이에 비해 중국의 천자사상은 천명을 받은 인간이 천자가 되어 인간세상을 다스리는 것이며 죽은 뒤 다시 신으로 되거나 승천하지는 않습니다. 우리의 천제는 천신이 이신화인하신 분이고 중국의 천자는 인간입니다. 물론 하늘의 명, 천제의 명, 천명을 받들어 통치자가 좋은 정치를 하고자 하는 마음은 같겠죠.

그러면 이제 지금까지 고조선의 여러 조직들의 구조와 기능을 살펴봤습니다. 더 자세한 조직도는 본인의 기존의 논저를 참고하면 되겠습니다.

강의 제3강은 고조선조직사로서 여기서 마칠까합니다. 장시간 수고 많았습니다.

제4강

고조선사와 단군사에 대한
사관의 변화과정

이강식 지음

1. 천신교사관: 3국3제(三國三帝)

안녕하십니까? 반갑습니다. 그러면 이제 제4강 고조선사와 단군사에 대한 사관의 변화과정을 살펴보도록 하겠습니다.

지금까지 제1강에서 제3강까지는 환국, 신시, 고조선의 조직사를 중심으로 보았습니다. 그런데 고대사에서 주요한 것은 사관의 변화과정입니다. 이를 이해해야 비로소 고대사의 깊은 구조를 이해할 수 있습니다. 즉 같은 역사를 왜 다르게 기록했는가? 를 이해할 수 있는 것입니다. 특히 고대사는 이 부분이 굉장히 주요하며 이를 이해해야 고대사서의 진실성을 조금이나마 더 잘 이해할 수 있는 것입니다.

동시에 단군조선사와 중국사와의 관련에 대해서도 이 특강의 범위 내에서 최대한 설명을 하고자 합니다. 지금까지는 이 부분에 대한 연구가 없었으며 본인이 처음 연구한 것으로서 이 역시 반드시 설명되어야할 매우 주요한 부분입니다. 그리고 왜정시대의 역사왜곡에 대해서는 여기서 다 설명하면 좋겠지만 차후의 기회를 가지기를 희망하고 여기서는 전체적으로 보겠습니다. 우선 우리 고대사를 충분히 살펴보는 것이 주요하기 때문입니다.

고조선사와 단군사의 사관변화과정에 대해서만 물론 살펴보는 것은 아닙니다. 환국사, 신시사에 대한 사관도 어떻게 변화했느냐? 는 것을 다 살펴보는데 다만 제목을 일단 고조선사와 단군사에 초점을 맞췄습니다.

1.1. 『3국유사』의 『고기(古記)』: 3국3제(三國三帝)

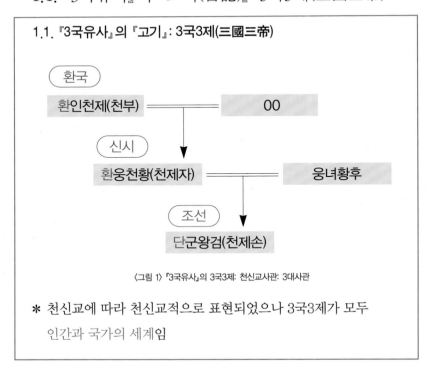

1.1. 『3국유사』의 『고기』: 3국3제(三國三帝)

환국

환인천제(천부) ════ 00

신시

환웅천황(천제자) ════ 웅녀황후

조선

단군왕검(천제손)

〈그림 1〉 『3국유사』의 3국3제: 천신교사관: 3대사관

* 천신교에 따라 천신교적으로 표현되었으나 3국3제가 모두
인간과 국가의 세계임

그러면 처음에 우리가 살펴봐야할 것이 지금까지 설명한 천신교사관입니다. 천신교사관은 『3국유사』에 기록이 돼있는 그 『고기』의 내용입니다. 그래서 『3국유사』의 『고기』 기록을 있는 그대로 보면 환국, 신시, 조선, 이 세 개의 국가가 인간의 세계로서 국가로 나타나 있습니다. 즉 고대 3국입니다. 그래서 그 환국의 환인천제, 환인은 『제왕운기』에 나와있으며, 환인천제의 아드님이신 천제자 환웅천황이 신시를 건국하고, 또 환웅천황의 아드님이신 단군왕검께서 조선을 건국을 해서 세 개의 나라가 나타나고 세 분의 천제가 나타납니다. 그래서 이것을 본인이 이름 붙이기를

3국3제(三國三帝)라 했으며 전부 인간과 국가의 세계로 되어있다는 것입니다. 그것이 『고기』에 나타나있는 천신교의 원래 사관이란 말이죠. 그것이 불교사관으로 바뀌면서 어떻게 되느냐? 하는 것을 조금 뒤에 말씀드리겠습니다.

그리고 여기서 본인이 제시하는 3대사관(三代史觀)이 나타납니다. 즉 고대사가 환국 – 신시 – 조선으로 체계가 성립되어 있는 것을 볼 수 있는데 이는 중국사에서도 고대사를 3황, 3왕 등 3왕조로 체계를 세우는 것과 같습니다. 이 의미는 근본적으로 우리의 천지인 3신(三神)사상에 기인하는 것으로 봅니다.

1.2. 『환단고기』: 3국3왕조(三國三王朝)

> ### 1.2. 『환단고기』: 3국3왕조(三國三王朝)
>
> * 환국 환인천제: 7대 3,301년(혹 63,182년) BC 7197 건국
>   환기 9207년(2010년)
> * 신시 환웅천황: 18대 1,565년 BC 3897 건국
>   신시기 5907년(2010년)
> * 조선 단군왕검: 47대 2,096년 BC 2333 건국~BC 238
>   단기 4343년(2010년)
>   계 72대 6,960년(즉위년칭원법을 적용)
>
> * 천신교적 표현이 있으나 역시 모두 인간의 3국가3왕조임

『환단고기』에서는 3국3왕조로 되어있습니다. 『환단고기』에는 주지하시다시피 환국의 환인천제가 7대 3,301년을 다스렸다 라고 기록하고 있습니다. 그런데 혹 63,182년을 다스렸다는 역년도 나와 있습니다만 이 문제는 향후 더 연구를 해서 좋은 성과가 나오면 그때 또 말씀을 드릴 수가 있을 것 같습니다.

그러면 환국은 BC로 봐서는 BC 7197년에 건국을 한 것이 되겠습니다. 신시의 환웅천황은 18대 1,565년이므로 BC 3897년에 건국한 것입니다. 그러면 조선의 단군왕검은 47대 2,096년이므로 BC 2333년에 건국해서 BC 238년에 종언을 했습니다. 그래서 다 합하면 72대 6,960년이 되겠습니다. 이것은 즉위년칭원법을 적용해서 왕조간에 겹치는 1년씩을 뺐습니다. 그러면 6,960년으로서 약 7천년입니다. 고대3국이 『환단고기』에 따르면 약 7천년의 역사를 가지고 있습니다.

본인이 앞에서 말씀드린 조직의 발달과정, 환국, 신시, 고조선조직의 발달과정이 약 7천년간에 걸쳐서 이루어졌다는 것입니다. 그러므로 환국의 원형국가조직에서 매우 발달된 고조선국가조직의 완형에 이르기까지 전체 조직발달의 하나의 과정을 보여주는 사례로서 현대에서도 아주 유용합니다. 조직의 원래 모습은 어땠을까? 왜 이렇게 분화됐을까? 하는 것을 아는 데에 상당히 유용한 기록을 남겨주고 있는데, 그것이 그래도 7천년에 걸친 장기간의 발달과정이라는 것이죠.

그 다음에 이러한 『고기』의 원기록이나 『환단고기』가 천신교적인 표현은 있습니다. 그러나 한번 더 강조하면 고대천신교는 우리나라만 있는 것이 아닙니다. 당시 전세계적으로 인간의 역사에서 공통으로 나타나는 종교현상인 것입니다. 그러므로 이를 신화적으로만 보지말고 천신교적 표현으로 봐야하겠습니다. 즉 환인천제라고 했을 때 우리말의 한자차자인 환인이나 한자어인 천제나 모두 하느님이란 뜻입니다. 이는 현대에서도 자주 나타나는 동의어반복(tautology)인 것입니다. 그러므로 이는 천신교적 표현이므로 환인천제라고 해서 반드시 신을 뜻하는 것이 아니고 조직의 최고통치자의 이름을 천신교의 교리에 따라 환인천제라고 명호를 붙였다고 보면 되는 것입니다. 그러므로 다시 한번 강조하면 표현은 천신교에 따라 신격으로 표현되어있지만 그 내용은 인간의 3국, 3왕조의 역사로 돼있다는 것입니다.

2. 불교사관: 1신2국2제(一神二國二帝)

2.1. 『3국유사』의 『고기』의 불교적 포용: 격의불교

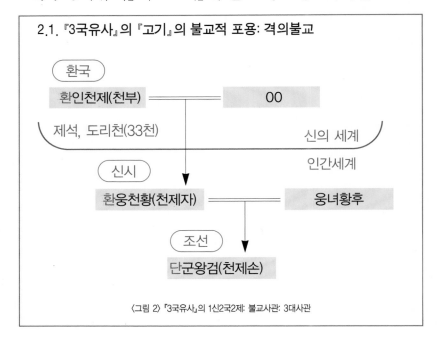

2.1. 『3국유사』의 『고기』의 불교적 포용: 격의불교

〈그림 2〉 『3국유사』의 1신2국2제: 불교사관: 3대사관

그 다음 불교사관으로 보면, 『3국유사』에서 보면 천신교의 『고기』를 불교적으로 포용을 했단 말입니다. 포용한 것을 보통 격의불교(格義佛敎) 라고 얘기합니다. 격의불교! 격의불교는 보통 중국불교에서 도교를 포용한 것을 말합니다. 그런데 본인의 연구로는 불교가 우리나라에서는 천신

교를 격의하였다 는 것입니다. 당연히 그렇겠죠? 불교가 도입될 때 우리 나라는 도교가 없고 천신교가 있었기 때문입니다. 그래서 어떻게 격의를 했느냐? 하면 환국의 환인을 불교의 제석으로 격의를 했습니다. 그러니까 천신교의 환인, 즉 하느님이죠, 하느님을 불교로 보면 제석이다 는 것입니다. 제석천이다 는 것이죠. 그러면 제석천은 어디에 주석을 하고 계시냐면 도리천 33천에 있습니다. 도리천 33천에 있으면서 이 세상을 다스리고 있다는 것입니다. 그러면 불교로 봐서는 몇 단계 위냐? 하면 인간 바로 위에 4천왕(四天王)이 있고, 4천왕 바로 위에 제석이 있습니다. 제석은 도리천에서 4천왕을 지휘하고, 4천왕은 도리천에 있는 환인제석에게 보고를 합니다. 여기에 33천의 세계가 있습니다.

그러면 제석이 살고 있는 수미산이 있고 또 수평으로 사방팔방으로 32개의 세계가 있습니다. 그래서 33천인데, 우리가 제야의 종을 33번 치죠. 그것은 '33천에 종소리가 다 들리도록 한다,' 그 뜻으로 친다고 이야기하고 있습니다. 그렇다면 만약에 환인이 불교의 제석이라면 이 제석의 아들인 환웅천왕이 어디서 내려왔다는 겁니까? 도리천에서 하강을 했다, 그 뜻입니다. 도리천에서 하강을 해서 신시를 개벽을 했다 는 것입니다. 이렇게 신시를 개국, 개천을 했습니다. 그렇게 되면 어떻게 되냐면, 환인제석, 여기까지는 신의 세계입니다. 신으로서 내려온 환웅천황은 인간이다 는 것이죠. 인간으로서 화해서 내려왔습니다. 그래서 도 3천(徒 三千), 3천명의 조직원을 데리고 내려왔던 것입니다. 그래서 신시, 여기서부터는 인간의 세계입니다. 『고기』를 불교적으로 포용한 것을 보면, 환인을 제석에 격의를 했기 때문에, 제석과 같다 했기 때문에, 환국은 신의 세계가 되고, 그 다음에 신시와 조선은 인간의 세계가 돼서 합하면 1신2국2제, 한 분의 신과 두 국가의 두 분의 천황, 황제인 것입니다. 이것이 불교사관입니다.

그러면 불교는 왜 환국, 환인을 신의 세계로 보고, 신시부터 역사로 보느냐? 하는 이것이 상당히 앞으로 여러 가지 측면에서 연구할 과제가 되겠습니다. 그 문제는 앞으로 계속 연구해야 되겠습니다만, 뒤에서 이 연구의 범위 내에서 다시 설명하기로 하고, 여기서 우선 이해해야할 제일 중요한 것은 격의불교입니다. 환인을 제석에 격의를 해서 이 환국, 신시, 고조선 그리고 우리나라를 어떤 세계로 봤습니까? 불교의 세계로 봤다는 것입니다. 이해하겠습니까? 우리나라가 마치 옛날 고대에서부터 불교국가인 것처럼 보이게 만든다는 것이죠. 이게 격의입니다. 치고 들어오는 거죠. 이해되겠습니까?

그래서 이 학설은 본인이 처음 제창했기 때문에 앞으로 더 정밀하게 연구하면 좋은 성과를 거둘 것으로 봅니다.

2.2. 환인(桓因)과 불교의 제석(帝釋)

> ### 2.2. 환인(桓因)과 불교의 제석(帝釋)
>
> * 환인을 불교의 호법신인 도리천(33천)의 제석(帝釋, 釋提桓因, 인드라)에 격의하여 우리나라의 천신교를 불교로 포용: 제석은 동쪽을 호법하는 신
> * 원래 제석은 인드라라고 하며 인도 고대 힌두교의 주요 신의 하나로서 번개와 천둥, 전쟁의 신 - 아수라를 물리침
> * 범천(브라만)을 격의하여 서쪽을 호법하는 신
> * 환웅천왕은 제석의 도리천(33천)에서 화현한 신인(神人): 개벽주
> * 환인은 천신교 고유용어로서 "하늘근원, 하느님"이라는 뜻이므로 이는 불교의 제석과 뜻이 매우 다르며 이 자체를 불교용어로만 보기 어려움

여기서 환인과 불교의 제석에 대해서 좀 더 살펴봐야하는데, 제석은 원래 석가제바인다라(釋迦提婆因陀羅) 또는 석제환인다라(釋帝桓因陀羅)라고 하며 줄이면 석제환인(釋提桓因)입니다. 여기서 석(釋)하고 제환(提桓)이 각각 한 단어입니다. 그리고 인(因)이 한 단어입니다. 그러면 석은 능하다, 이런 뜻이고, 제환이 천이라는 뜻입니다. 하늘! 인이 인드라(Indra Sakra)라는 뜻이죠. 따라서 원래로 치면 분절할 때 '석 제환 인'으로 분절해야 합니다. 뜻으로 번역을 하면 〈능 천 제(能 天 帝)〉가 되죠. 근데 공교롭게도 우리가 하느님을 한자로 표기할 때 환인으로 표기했는데, 공교롭게도 불교에서 제석이 원래 〈석 제환 인〉이어서 어떻든 제석에 환인이 들어갔다는 거죠. 환인이 들어갔다는 겁니다, 불교에서. 그래서 이 환인을 불교의 제석과 같은 뜻이다, 그렇게 봤습니다. 그러면 하느님을 환인으로 처음에 불교에서 한자로 차자했을까요? 그러면 환인은 불교로 보면 그 자체가 천제인드라 라는 뜻이 되는 것입니다. 이렇게 격의하기 위해서 처음부터 하느님을 환인으로 표기를 했을까요? 그 문제도 더 연구해야할 과제입니다.

그러면 어떻게 되느냐? 하면 환인을 불교의 호법신인 도리천의 〈제석〉, 〈석(능) 제환(천) 인(제)〉, 〈인드라〉에 격의해서 우리나라의 천신교를 불교로 포용했다는 것입니다. 왜 하필 제석이냐? 하면 여기에 환인이라는 글자도 나온다는 것입니다. 원래 불교의 환인은 같은 단어가 아니고 띄워야 합니다만, 붙여쓰기도 하죠. 〈석 제환 인〉인데 어쨌든 〈환인(桓因)〉이 나오니까 이를 환인에 격의한 것도 되고, 그 다음에 제석은 불교에서는 동쪽을 호법하는 신이 되겠습니다. 그러니까 아무래도 우리나라가 동쪽인데, 동국이니까 제석으로 환인을 격의한 것이 아니겠느냐? 그렇게 볼 수도 있습니다.

근데 또 원래 제석은 인드라라고 하며 인도 고대 힌두교의 최고 주요 신의 하나로서 번개와 천둥, 전쟁의 신입니다. 그래서 고대 힌두교에서는 아수라를 물리쳤다, 그렇게 이야기를 하고 있습니다. 아수라라는 말은 들어보셨죠? 수라장, 아수라하면 인간 바로 밑에 있는 그런 귀신세계를 말합니다.

그런데 이렇게 보면 환인하느님이 제석이 되며 동시에 인드라가 되는 것입니다. 즉 환인하느님 = 제석 = 인드라이죠. 그런데 이 격의의 의미와 함께 『3국유사』에서는 환국을 제석으로 격의하였으므로 앞으로 더 연구할 과제가 되겠습니다.

그 다음에 불교에서는 범천, 그런데 고대 힌두교의 창조주가 사실은 범천입니다, 범천이 브라만인데, 브라만을 다시 격의해서 서쪽을 호법하는 신으로 불교에서 포용을 했습니다. 포용을 하면 제석은 동쪽을 호위하고 범천은 서쪽을 호위한다, 이것이죠. 그러면 힌두교가 다 뭐가 됩니까? 불교의 부처님의 세계로 포용이 되어 부처를 호위하는 하위종교가 되어 버린다 는 것이죠. 힌두교 최고신인 브라만이 부처님을 호위하는 신장 정도가 되어 버린다는 것이예요. 물론 힌두교는 전혀 그렇게 생각 안 하겠죠. 이해되시겠죠. 이는 모두 불교식 포용입니다. 그래서 우리나라를 제석인드라의 나라로 포용을 해서, 그 제석인드라는 또 부처님을 호위하는 신이다 라고 한다는 것이죠. 환인제석은 부처님을 호법하는 신이다, 이렇게 되는 거죠. 이처럼 우리나라가 고대부터 불교국가처럼 돼서 현재 불교가 도입될 때, 보다 쉽게 포교되어 부처님의 나라가 될 수 있는 것이죠. 이것이 격의불교입니다.

그래서 그 상대방의 나라에 있는 중요한 종교 또는 중요한 신을 자신의 하위의 신으로 격의해서 들어가는 것이죠. 그것은 계속 나옵니다. 한번 더 강조하면 불교가 중국에서는 도교를 격의하였는데 본인은 우리나라는 도교가 없고 천신교가 국교로 흥성하고 있었으므로 천신교를 격의하였다고 봅니다.

그러면 불교에 포용된 제석은 불교에서 어느 정도 위치에 있는 신일까요? 불교에서 수직적 위계로도 역시 33천이 있습니다. 인간은 5단계에 있고 4천왕은 6단계에 있고 제석천은 7단계에 있죠. 그리고 계속 올라가서 최고위 33천에는 역시 부처가 계시죠. 그러므로 제석인드라는 부처 밑으로 까마득히 26단계 밑에 있는 하위신인 것입니다. 여기에 우리나라의 최고신인 천신교의 환인을 격의한 것이란 말이죠. 그러니까 부처보다 26단계 밑에서 부처를 호위하는 환인이 있다, 결국 그 말이 되는 거죠. 이해하겠습니까? 불교에서 그렇게 격의를 한 것, 이유를 이해하겠습니까?

더 나아가서 환국을 제석의 나라로 격의했기 때문에 불교사관에서는 환국이 역사가 되지 않고 신의 세계가 되었다고 할 수 있습니다.

그러면 이처럼 환웅천황은 제석의 도리천에서 화현한 신으로 된다는 것입니다. 환웅천황은 격의불교로 보면 도리천에 있는 인드라의 아들이 되는 것입니다. 제석인드라의 아들만 해도 매우 높은 신이기는 하지만 그러나 불교 교리 전체적으로 보면 상당히 낮게 격의하였다고 볼 수도 있습니다만, 물론 그것이 또 종교죠.

이를 다시 보면 환인천제 → 제석인드라로, 환웅천왕 → 제석인드라의 아들로, 단군왕검 → 제석인드라의 손자로 각기 격의를 한 것으로 나타납니다. 그러나 단순히 기록만을 가지고 이렇게만 보기는 어렵고 불교는 화현사상이 있기 때문에 이 세 분, 3제(三帝)가 실제 어떤 부처나 신의 화현인지는 더 연구할 필요가 있습니다. 이 부분이 상당히 주요한 과제입니다.

이에 본인은 불교의 3신불(三身佛)사상으로 보면 전혀 다르게 볼 수 있다 라고 봅니다. 환인은 실제의 뜻이 빛의 근원이기 때문에 불교의 법신

불의 화현으로서 비로자나불일 가능성이 많고, 〈환웅〉은 불교로는 〈대웅〉
이며 개벽주로서 도 3천을 이끌고 내려와 직접 이 땅을 이화세계로 이끈
신인이며 실천자이기 때문에 환웅천황을 응신불인 석가모니불에게 격의
하였을 가능성이 매우 큽니다. 그러면 단군은 보신불로서 노사나불에 격
의하였을 가능성이 있습니다. 환웅천황은 대웅인데 응신불인 석가모니불
로 격의한 것은 『환단고기』의 「3신5제본기」(51면), 「신시본기」(72면)를
보면 추론할 수 있습니다. 고려불교에서는 환웅천황을 천제자로 높이 기
렸기 때문에 환웅천황을 응신불인 석가모니불의 화현으로 보는 것이 맞
습니다. 이렇게 보면 불교에서 환웅천황부터 역사로 본 이유를 알 수 있
습니다. 천신교의 『고기』를 불교사관으로 해석하여 이 땅에 강림한 분이
환웅천황이기 때문에 불교에서 이 땅에 화현한 석가모니불로 격의한 것
입니다. 그래서 신시의 환웅천황부터 역사로 본 것입니다. 이 부분이 불
교사관에서 반드시 구명되어야할 핵심입니다.

　그러면 『고기』의 불교사관에 따르면 우리나라의 첫 국가는 신시고, 환
웅천황이 우리나라의 최초의 국가를 개국한 개벽주가 되겠습니다. 개벽,
개천, 개국! 여기서는 그 뜻입니다. 나라를 처음 여신 분, 개벽주란 말이
죠. 『3국유사』의 『고기』에 따르면 환웅천황이 개벽주가 됩니다. 근데 원
래의 천신교의 원래의 『고기』에 따르면 뭡니까? 환국의 환인천제가 개벽
주가 되는 것이죠. 환국을 개국한 천제이기 때문이죠. 그런데 아드님을
보내셨기 때문에 그 환웅천황도 우리나라의 개벽주가 될 수 있습니다. 그
래서 불교에 오면 환웅천황이 확실한 개벽주란 말이죠. 이해되시겠죠.

　그런데 다시 강조하면 환인은 천신교의 고유 언어로서 하늘의 근원,
쉽게 말하면 하느님이죠. 우리말로 하면 하느님입니다. 하느님이기 때문
에 불교의 제석과 뜻이 다르고 이 자체를, 환인 자체를 불교의 용어로만

볼 수 없습니다. 이것은 고유한 천신교의 하느님을 한자로 차자한 것인데 공교롭게도 불교에서 제석으로 격의할 수 있는 그런 한자와 비슷하게 됐습니다. 그래서 그렇게 된 것 같은데, 본인은 하느님을 불교의 제석으로 격의할 수는 없다고 보지만, 그러나 불교는 일단 제석으로 격의를 해서 부처님의 한참 아래인 하위신으로 두었다는 것입니다. 그거야 뭐 불교에서는 이미 힌두교의 최고신인 브라만과 제석인드라도 부처님의 한참 아래인 하위신으로 두지 않았습니까? 그렇죠! 그러니까 종교고 믿음이죠! 그래서 불교에서는 우리나라가 마치 고대에서부터 불교의 세계처럼 보이도록 강조하는 그런 방법을 썼습니다. 그러나 본인은 오히려 환인천제 → 법신불(비로자나불), 환웅천황 → 응신불(석가모니불), 단군왕검 → 보신불(노사나불)에 격의한 것이 원래의 불교의 뜻으로 보았습니다. 이는 『환단고기』에 이렇게 시사가 되어 있습니다. 즉 불교는 환인제석으로 격의하면서 동시에 천신교의 3제를 불교의 3신불로 격의하였을 가능성이 있다는 것입니다.

그러면 여기서 불교의 석제환인(釋提桓因)이 왜, 어떻게 제석(帝釋)이 되었을까요? 제석(帝釋)은 또 다른 문제예요. 이는 불교에서 그리스신화의 최고신인 제우스(Zeus)를 석제환인다라에 격의한 것으로 봅니다. 그러면 인다라 – 환인하느님 – 제우스가 되는 것이죠. 그러면 불교 안에서 우리의 환인하느님이 그리스의 제우스와 일치하나요? 근데 제우스도 그 뜻은 천공이니까 결국은 하느님이라는 뜻이죠. 그러면 같은 하느님이 표현만 달라졌나요? 그런데 제바(提婆), 제환(帝桓), 제환(提桓)이 모두 데바(Deva)로서 천, 천신이라는 뜻이죠. 그러므로 석제환인(釋提桓因)으로 제우스를 격의하면 그리스의 최고신인 제우스가 인다라처럼 불교를 호법하는 신장이 되는 것이죠. 이해하겠습니까? 격의불교를!

3. 고려유교사관: 1신1신인1인1국2왕조 (一神一神人一人一國二王朝)

3.1. 『제왕운기』의 『본기』의 유교적 포용: 격의유교

> ### 3.1. 『제왕운기』의 『본기』의 유교적 포용: 격의유교
>
> (1)『本紀』曰, 上帝 桓因 有 庶子 曰 雄 云云.
>
> 謂曰下至三危·太白, 弘益人間歟?…,
>
> 故雄…率鬼三千而降太白山頂神檀樹下, 是謂檀雄天王也云云.
>
> 令孫女飲藥, 成人身與檀樹神婚而生男,
>
> 名 檀君, 據 朝鮮之 域爲王. 故 尸羅·高禮·南北沃沮·
>
> 東北扶餘·穢與貊, 皆檀君之壽也. 理一千三十八年,….
>
> (『제왕운기』;『본기』).

　『제왕운기』의 『본기』는 어떻게 되어 있겠습니까? 『제왕운기』의 「본시」는 지난 제3강에서 봤습니다만, 『제왕운기』에 인용된 여기 이 『본기』는 우선 상제 환인의 1신과 단웅천왕의 1신인으로서 1신1신인이 되겠습니다. 그러면 이제 신과 신인의 두 분이 나온 것이죠. 그리고 단군왕은 1인이 되어서 1신1신인1인이 되겠습니다. 그리고 조선은 1국인데 여기서도 전후 2왕조의 체제로 보이게 되어있습니다. 『제왕운기』의 『본기』를 우리

가 어떻게 볼 수 있느냐? 하면, 역시 유교적으로 포용이 됐다 고 봅니다. 본인이 특별히 이름 붙이기를, 이것은 '격의유교'다 고 할 수 있습니다. 유교가 우리나라에 들어올 때에 우리나라의 어떤 신을 자신들의 신으로 업고 들어오느냐? 하는 바로 그 뜻이란 말이죠. 『본기』는 『3국사(구)』의 『단군본기』로 추론하는데 그 첫 문장이 이것입니다.

첫 문장이 上帝 桓因입니다. 상제 환인으로 바로 들어옵니다. 즉 환인 상제, 하느님상제죠. 그러면 상제는 유교에서 말하는 최고의 신이죠. 물론 상제는 유교뿐만이 아닙니다. 원래로 치면 **'우리나라나 중국이나 고대 은나라 이후 하느님을 한자로 표현할 때 상제라 한다.'** 는 것입니다. 그러나 이때는, 여기서는 유교적인 개념으로 봐야한단 말입니다. 유교의 최고신인 상제가 여러분의 환인과 같다, 바로 그 뜻이죠. 그러니까 바로 상제 환인으로 들어오면, 바로 어떻게 됩니까? 이때 상제란 뜻은 조금 더 뒤에서 설명하겠습니다만, 이때는 우리나라가 바로 뭐가 됩니까? 고대에서부터 유교의 세계가 된다 는 것입니다. 유교의 상제가 다스리는 나라였다는 것이죠. 上帝의 帝자가 중국에서는 언제부터 시작됐냐면, 은나라에서 시작됐습니다. 은나라! 은이 중국에서 개국할 때에 상제개념이 나타났습니다. 고조선인이 천신교를 가지고 중국에 들어가서 국가를 건설한 것이 은입니다. 상제라는 개념이 중국에서는 은나라에서부터 시작된 것입니다. 그러면 천신교와 상제는 원래 어디서 나왔느냐? 하면 역시 고대 우리의 환국, 신시, 고조선, 그러니까 고대의 3국인에게서 나왔다, 이렇게 보면 되겠습니다. 상제라는 개념이 은나라 이후로 보면 한국과 중국의 공통적인 하느님 신앙이 되었단 말이죠. 후대에 중국에서 은이 건국될 때 고조선에서 중국으로 전파되었다, 그렇게 보는 것이죠. 그 전에는 환국, 신시, 고조선 고유의 최고신으로서의 환인하느님인 상제이셨죠. 그렇다면 우리는 환인으로, 또는 천제로 표기했고 후대 중국 사람들은 상제로 표기했다는 것입니다. 다만 여기서 유가들이 상제개념을 가지고 왔을 때는 유교적 상제의 뜻이 된다는 것입니다.

여기는 보시는 것처럼 상제 환인으로 바로 치고 들어온다는 것입니다. 『3국유사』에는 어떻게 됐습니까? 석유환국이죠. 여기는 상제 환인이란 말이죠. 환국이 환인으로서 만약 신이면, 〈옛날에〉라는 석(昔)자가 들어올 필요가 없단 말입니다. 이해하겠습니까? 하느님하면, 거기에 옛날 옛적이란 말이 들어갈 필요가 없잖아요? 하느님 자체가 벌써 아주 오랜 옛날, 창세기 이전부터 지금까지 계신 분이죠. 그런데 석유환국은 환국이니까 그건 당연히 옛날에 환국이 있었다, 이렇게 돼야한단 말이죠. 문장 자체가 다르잖습니까? 여기는 상제 환인이죠.

그래서 有 庶子 曰 雄 云云. 생략을 했습니다. 그 다음에 謂 曰 下至 三危·太白, 弘益人間 歟? 그래서 상제 환인께서 환웅천제자에게 말씀하시기를, 3위·태백에 이르러서 홍익인간할 만하지 않느냐? 그래서 故雄, 환웅천황이, 率 鬼 三千, 여기는 鬼라고 되어 있죠. 여기서는 환웅천황이 하강은 했는데 아직 인간이란 말은 쓰긴 좀 어렵다는 것입니다. 그래서 본인이 여기서 이때는 신인이라고 말을 썼습니다. 신과 인간이 겹치는 중간 단계로서 하늘에서 내려왔지만 『제왕운기』에서는 아직 인간으로 생각하지 않고 역시 신으로 보고 있다는 것입니다. 그래서 귀 3천입니다. 3천 귀신을 데리고 왔단 말이예요. 즉 환웅이 아직 신의 세계란 말이죠. 그런데 인간의 세계에 내려왔으니까 인간의 세계와 신의 세계가 겹치는 부분이다, 그렇게 봤습니다. 다만 본인은 以神化人하여 인간이 된 분을 원래 신인으로 보는데 여기서는 단군왕과 겹치게 되어 단웅천왕도 신인으로 보겠습니다.

그래서 而 降 太白山 頂 神檀樹 下, 是謂 檀雄天王也. 그런데 『3국유사』에서는 도 3천이라고 했죠. 그것은 『3국유사』는 신시가 국가이고 환웅천황을 인간으로 보며 더 나아가서 인간의 최고통치자로 본다는 것입니다. 따라서 그 부하도 도 3천으로, 즉 조직원 3천명, 사람으로 기록한 것입니다. 귀 3천신이면 귀신이고 도 3천명은 사람입니다. 귀신의 세계와 사람의 세계로 전혀 다르죠. 이해하겠습니까?

그 다음에 손녀에게, 令 孫女해서 飮 藥, 成 人身, 그래서 檀樹神과 결혼을 해서 남자 아이를 낳습니다. 자, 손녀에게 약을 먹여서 인신을 만들었다, 그러면 손녀도 어떻습니까? 인간은 아니었고 아직 신의 세계였죠. 신의 세계에 머물고 있었다는 것입니다. 그러나 인간세계에 왔기 때문에 완전한 신은 아니고 신과 인간의 양쪽을 겹치는 쪽으로 봐서 본인이 일단 이름을 여기서 이해하기 쉽게 신인으로 붙였습니다. 그런데 단수신이라는 나무신과 결혼을 해서 아이를 낳았고, 그리고 남자 아이는 단군이라 했죠. 왜 환웅천황과 혼인하지 않았을까요? 왜 『3국유사』와 다르게 되었죠? 그러니까 여기서는 손녀가 나왔죠. 손녀! 웅녀가 아니고 손녀가 기록이 되었습니다. 그렇죠. 웅녀는 동물에서 사람이 되었는데 아무리 전생담이라고 해도 동물이 인간의 조상이 되기는 유교에서는 좀 어렵죠. 그러다 보니 유교에서는 천신 – 신인의 정통성을 잇는 손녀로 나왔습니다. 천신의 후예가 안 나올 수는 없죠. 어디까지나 우리가 천제, 천신의 후예잖아요! 그런데 천신의 신통을 이었는데 모계로 이었다는 것입니다. 이는 역시 앞으로 모계사회와 여신의 측면에서 연구할 분야가 많겠죠. 그런데 손녀가 나오다 보니 자연히 환웅할아버지와 손녀가 아무리 신인의 세계라 해도 유교의 오랜 족외혼의 교리상 혼인하기는 어렵죠. 그래서 우리나라를 대표하는 단목의 단수신과 혼인하는 것으로 기록하였을 가능성이 크다고 본인은 추론하는 것입니다. 그래서 檀君^{단군}이죠! 그리고 어느 쪽이든 천신의 후예지만 모계 동물신보다는 부계 나무신을 유교의 교리에서 숭상하였다고 볼 수 있죠. 유교의 논리가 극명하게 보이나요? 그러나 천신교나 불교는 윤회사상이 있으므로 동물이나 수목이나 그런 부분은 별로 개의하지 않는데, 어떻게 보면 동물을 더 윗 단계로 선호한 것 같기도 하죠. 하지만 그러나 웅녀황후가 神壇樹^{신단수} 밑에서 빌어서 난 분이라서 壇君^{단군}으로 이름 붙였기 때문에 수목신도 매우 존중했다는 것을 알 수 있죠!

檀君 據 朝鮮之 域 爲 王^{단군 거 조선지 역 위 왕}. 조선이라는 지역에 근거를 해서 왕이 되었다, 이렇게 나왔습니다. 그러니까 『제왕운기』에서 기록된 것은 **단군이 조선왕**이다 는 것입니다. 그러면 단군왕검이나 단군이 왕이라고 하는 것이나 같은 표기입니다. 이해되시겠습니까? 단군왕검이나 단군조선왕이나 같은 말이라는 것이죠. 왕이 됐다는 것은 무슨 말이겠습니까? 지금까지는 이 주요한 문제를 이해하지 못했죠. 그러니까 그 당시에 중국 사람의 왕은 요왕이죠. 요임금! 그러니까 단군왕이 요왕과 같은 위격이다, 이것입니다. 같은 위격의 왕이라는 것이죠. 그러니까 단군은 조선을 통치하고, 요는 중국을 통치하는 같은 위격의 왕이다, 이 말입니다. 그러니까 고려시대에는 유가의 『제왕운기』에서도 역시 단군을 왕으로 표현했다는 겁니다. 명분과 논리를 매우 중시하는 유가가 이렇게 분명하게 기록을 했다는 것입니다.

그 다음에 故 尸羅^{고 시라} · 高禮^{고례} · 南北沃沮^{남북옥저} · 東北扶餘^{동북부여} · 穢 與 貊^{예 여 맥}, 皆^개 檀君之 壽也^{단군지 수야}라고 했습니다. 그래서 理 一千三十八年^{이 일천삼십팔년}이라고 했죠. 근데 역시 단군조선은 역년이 줄어들었죠. 『환단고기』는 2,096년인데 『제왕운기』의 『본기』에서는 1,038년이라고 했죠(1). 이는 크게는 1,048년과 같은 맥락으로 보면 되겠습니다. 여기서 흥미 있는 것은 신라, 고려, 여기서는 고구려죠. 신라, 고구려는 단군의 수(壽)다 라는 것입니다. 단군을 계승했다는 것입니다. 그러면 뭐가 빠져있습니까? 묘하게 백제가 빠져있다, 이 겁니다. 좀 묘하게 빠져있습니다.

그건 여러 가지로 해석할 수 있는데 백제가 고구려에서 나갔으니까 역시 고구려의 후손으로서 백제가 들어있다, 이렇게 볼 수도 있고 다만 다르게 보면 百濟는 제3강에서 말씀드린 대로 번한을 이어 중국 산동반도 쪽에 있었다고 하면 산동반도, 장강 등지에서 百家濟海했다고 볼 수 있죠. 백가제해가 중국의 역사책에 다 나와 있잖습니까? 백가제해니까 바다를 건너왔다, 이렇게 보면 같은 고조선 국민이지만, 조금 다른 측면에서 볼 수가 있다는 것입니다. 산동반도 쪽에 있다가 서해를 건너 한국으로 왔다 고 볼 수 있는데, 물론 같은 단군자손이고 한민족이지만, 그렇게 볼 수 있는 그런 측면이 있습니다. **고구려의 일족이라서 백제를 뺐느냐? 아니면 백제는 단군의 번한으로 보느냐? 하는 그런 문제가 있습니다. 백제는 앞으로 중국에 가서 연구해야 될 분야가 더 많지 않겠느냐?** 그렇게 생각합니다.

그래서 이것을 특별히 이름 붙이기를 본인이 '격의유교' 라고 했습니다. **불교는 환인을 제석으로 격의했고, 유교는 환인을 뭘로 격의했단 말입니까? 上帝로 격의를 했다, 또 釋帝로 격의했다,** 이것입니다. 이해되시겠죠. 각자 자기 종교입장에 따라서 보는 거죠. 그걸 잘 이해를 해야 합니다. 그러면 불교가 환인(환국)을 제석으로 격의했고, 유교가 상제로 격의했는데, 이런 부분은 지금까지 논급한 것을 바탕으로 앞으로 더 상론해야 할 것입니다. 다음 슬라이드 볼까요?

* 『본기』는 『3국사(구)』「단군본기」로 추정
* 『3국유사』의 『고기』도 『3국사(구)』「단군본기」로 추론
* 따라서 같은 책을 불교사관과 유교사관에 따라 다르게 기록한 것으로 추론
* 상제 환인 : 유교의 최고신인 상제(하느님, 천제)에 환인을 격의 → 『3국유사』의 "석유환국"과 다른 표현
* 환국과 신시, 그리고 신시의 3백5사조직을 완전 생략, 그리고 "귀 3천" 표현, 단웅천왕이 개벽주임을 희석 → 신인
* 최초국가로 단군의 조선을 기록, 단군을 조선왕으로 기록 → 개벽주 → 중국 요왕과 대등한 지위에서 천하를 분치
* 그리고 전(단군)조선의 역년을 후(기자)조선을 편수하기 위해 1,048(1,038)년으로 수정
* 고려유가사관을 형성 → 조선유가사관으로 계승

그래서 지금까지 본 『제왕운기』의 『본기』는 역시 『3국사』, 즉 『3국사 (구)』「단군본기」로 볼 수 있습니다. 『3국유사』의 『고기』도 결국은 『3국사 (구)』「단군본기」일 것으로 그렇게 본인이 추론을 했습니다. 같은 책을 불 교사관과 유교사관에 따라서 다르게 표현해서 기록을 했다는 것입니다. 『제왕운기』의 『본기』의 체계는 〈그림 3〉으로 나타낼 수 있습니다.

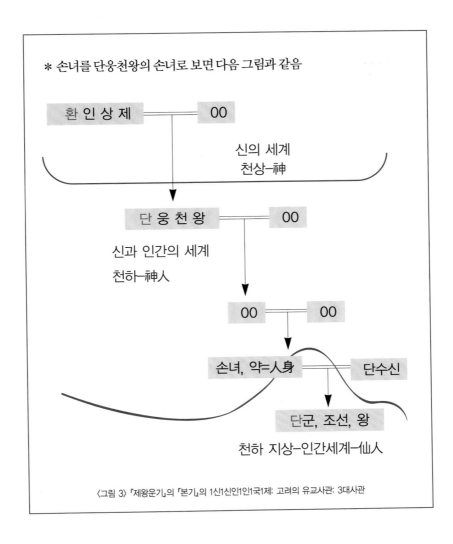

* 손녀를 단웅천왕의 손녀로 보면 다음 그림과 같음

환 인 상 제 ——— 00

신의 세계
천상–神

단 웅 천 왕 ——— 00

신과 인간의 세계
천하–神人

00 ——— 00

손녀, 약=人身 ——— 단수신

단군, 조선, 왕

천하 지상–인간세계–仙人

〈그림 3〉 『제왕운기』의 『본기』의 1신1신인1인1국1제: 고려의 유교사관: 3대사관

그런데 〈그림 3〉에서 손녀를 환인상제의 손녀로 보면 구조가 조금 달라질 수 있는데 여기서는 생략을 하였습니다.

그러면 고려의 유교사관에서 어떻게 봅니까? 환인은 상제다, 이것입니다. 그러면 단웅천황은 어떻습니까? 귀 3천을 거느리고, 손녀에게 약을 먹여서 인신을 만드는 신과 인간이 겹치는 신인의 세계다 는 것입니다. 환인상제는 완전 신의 세계다, 이겁니다. 그러면 상제의 아드님이 하강을 했으면 인간이 돼야하는데 여기서 애매하게, 『제왕운기』의 「본기」에서는, 애매하게 신인으로 보고 있습니다. 인간이 돼야하는데 여전히 신으로 표현하고 있다 는 것입니다. 그러면 언제부터 『제왕운기』는 인간의 세계로 보느냐? 하면 이 人身(인신)을 만들어서, 사람을 만들어서 낳은 아들, 단군 조선왕부터를 인간으로 본다 는 것입니다. 이해되시겠죠. 그 뜻입니다.

그래서 **『제왕운기』가 「본기」를 가필한 근본 이유는 단군부터 우리나라 시조다 라는 것을 제시하기 위함입니다. 단군조선부터! 우리나라 최초의 나라를 여신 분은 단군이다, 그 뜻입니다. 이해되시겠습니까? 이것이 고려유가사관입니다. 이 고려의 유가사관이 결국은 조선의 유가사관으로 계승이 된다** 는 것입니다. 그렇게 되면 어떻게 됩니까? 환국과 신시는 다 결과적으로는 신의 세계가 되고 또는 인간의 세계라고 해도 국가는 아니라는 것이죠. 환국, 신시의 국가 이름도 아예 빠져 있죠. 그럼 개벽주가 누구가 됩니까? 여기서 보면 단웅천황이 하늘에서 내려왔기 때문에 단웅천황이 개벽주가 돼야하는데 실제로는 어떻습니까? 단군이 사실상 개벽주가 된단 말입니다. 개벽! 이 나라를 개천, 개벽, 개국하신 분이 단군이다 는 주요한 기록을 은연중에 나타낸 것입니다, 고려유가에서는. 그러면 왜 유가는 단군부터 시작하느냐? 왜 단군조선부터 시작하느냐? 하는 그것을 봐야겠습니다. 그런데 지금까지는 이승휴 선생이 직접 지은 『제왕운기』의 「본시(本詩)」를 거의 연구를 안 했죠. 제3강의 (2)에서 인용이 되어있는데 여기서는 인용은 생략하고 이제 그 부분을 볼까요?

3.2. 『제왕운기』의 「본시(本詩)」에서의 유교적 포용

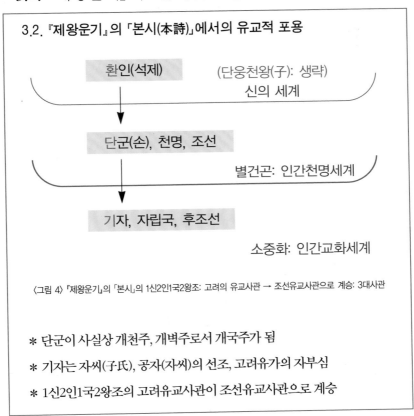

3.2. 『제왕운기』의 「본시(本詩)」에서의 유교적 포용

환인(석제)   (단웅천왕(子): 생략)
신의 세계

단군(손), 천명, 조선

별건곤: 인간천명세계

기자, 자립국, 후조선

소중화: 인간교화세계

〈그림 4〉 『제왕운기』의 「본시」의 1신2인1국2왕조: 고려의 유교사관 → 조선유교사관으로 계승: 3대사관

＊ 단군이 사실상 개천주, 개벽주로서 개국주가 됨
＊ 기자는 자씨(子氏), 공자(자씨)의 선조, 고려유가의 자부심
＊ 1신2인1국2왕조의 고려유교사관이 조선유교사관으로 계승

　그 다음에, 위의 (1)에서 봐온 『본기』를 그렇게 기록한 이유는 이승휴 선생이 직접 쓴 「본시」에서 나타납니다. 앞의 제3강 (2)와 (3)에서 본 「본시」는 어떻게 되어있냐면, 석제가 나오는데 이 분이 환인이시다, 이것입니다. 그리고 석제손 즉, 환인 손자인 단군이 바로 조선을 개국했단 말입니다. 그러면 석제자 단웅천황은 슬쩍 생략을 했죠. 즉, 이승휴선생이 실제 쓴 『제왕운기』의 「본시」에서는 석제자 단웅천황을 아예 완전 생략했

죠. 그 이유는 인용문인 『본기』를 가필한 이유와 맥락적으로 완전 일치를 합니다. 이해하겠죠?

그렇다면, 어떻게 되냐면, 환인상제까지는 신의 세계고, 단웅천황은 신인의 세계인데 은근슬쩍 생략하고, 석제손의 단군조선부터 인간의 세계로서 국가다 는 것입니다.

단웅천황은 왜 완전 생략했을까요? 앞에서의 이유와 함께 그러니까 3대사관의 영향을 받았다고 보는 것이죠. 이 전통적인 3대사관을 구현하기 위해서 환인 → 단군 → 기자의 3대로 편수한 것은 유가에서 단군과 기자를 더 높이 기리기 위해서죠. 천제 환인을 천제자 단군이 천명을 받아 직접 계승했다는 뜻입니다. 이를 더 자세히 보면 천제 환인천신을 직접 계승한 천제자 단군왕일 때 첫 개국왕인 단군의 정통성이 더 높아지기 때문입니다. 단웅천황을 계승하게 되면 단군이 천제손이 되어 환인천신으로부터 아무래도 조금 더 멀어보이는 것이죠. 그러나 근본적으로 이는 유교사관에서 단군조선을 우리 첫 국가로 보는 사관을 「본시」의 기록에서 직접 반영한 것입니다. 그리고 단군조선을 직접 이은 기자로서, 이렇게 유교적으로 기자로 환치해서 계속 조선을 이어간다 는 것입니다.

그러나 근본적으로 기자가 또 누구입니까? 완전 중국 은인(殷人)이라는 것입니까? 그것이 아니고 단군도 환인인 상제의 자손이고 기자도 상제 환인의 자손인데 기자가 후조선을 열었다 는 것입니다. 그러니까 기자도 넓은 의미에서는 환인상제의 자손이다, 그 말입니다. 환인의 자손이나 상제의 자손이나 다 같은 자손이다, 그러니 기자를 우리의 선조로 높이 기리자, 그 말입니다. 이해하겠습니까? 여기서 〈환인 → 단군 : 상제 → 기자〉로 짝을 이루었군요. 더 강조하면 〈환인 → 단군 → 별건곤 → 개벽국 → 천명 → 천신교 : 상제 → 기자 → 소중화 → 자립국 → 교화 → 유교)로 짝이 되는 것이죠. 유가의 논리가 매우 예리하죠. 논리하면 단연 유가죠! 그러므로 단웅천황은 『본기』에서 개벽주를 계승해주고, 「본시」에서는 은근슬쩍 빠지는 것이죠. 따라서 환인을 상제로 격의했는데 유가에서의 그 궁극적인 목적은 기자가 치고 들어오는 것이죠. <u>상제 환인 격의의 마지막 목적은 기자라는 것입니다.</u>

그런데 더욱이 기자가 자립국! 스스로 국가를 세웠다! 는 것입니다. 그리고 난 후에 주 무왕이 봉한 것 같은데, 봉한 게 아닌 것 같기도 하고, 안 봉했는데 봉한 것 같기도 하고, 애매하게 기록한 그 문제입니다. 그래서 기자가 자립국해서 후조선을 개국했다 는 이것이 결국은 고려유가의 중요한 단군기자조선의 사관인 것입니다. 기자의 자립국은 물론 단군이 자립국했다는 것과 같은 뜻입니다. 결국 은연중에 기자도 천명을 받았거나 단군의 천명을 계승했다는 뜻이죠. 천명을 받아야 자립국이 되는 것이죠. 그러나 여기서도 단군을 왕으로 보는 것은 고려유가들입니다. 그러니까 단군임금이 요와 위격이 같다 는 매우 주요한 기록을 고려유가도 하고 있습니다.

그런데 『제왕운기』에서 단군과 기자가 천명을 받은 천자황제국가인 자립국 조선을 먼저 건국했다고 하면서, 기자가 후일에 주 무왕의 봉을 받았는지, 안 받았는지 애매하게 썼는데, 이는 또 고려 당대로 보면 고려가 황제국가로서 먼저 건국을 했는데 후대에 와서 요금원의 오랜 침략으로 사실상 봉국이 된 것 같기도 하고 안 된 것 같기도 한 상황과 비교적 일치한다고 볼 수 있습니다. 본인은 이승휴 선생이 이를 의식하고 현실의 국난극복의 타개를 위한 교훈을 찾기 위해 뛰어난 유가사관의 정신으로 『제왕운기』를 저술하였다고 보는데 이는 <u>고대사를 현대사를 각성시키기 위해서 기술한다는 매우 뛰어난 사관</u>이라고 할 수 있습니다. 즉 현대사, 당시로서는 국난극복해야 할 고려현대사인데, 그 현대사를 여러 가지 사정으로 직접 기술하기 어려워서 에둘러 표현한 것으로 봅니다.

그런데 본인이 단군왕과 요왕으로 불렀는 것이 천하를 대등하게 분치했다는 것을 나타내는 것이라고 하였는데, 그런데 이는 사실 『제왕운기』의 「본시」에서도 직접 기록으로 나오고 있죠. 즉 並與帝高興戊辰, 이라고 하여 단군왕이 제요(帝堯)와 병립했다고 했는데, 이 기록이 바로 위격의 대등한 병립을 직접 기록으로 나타낸 것이라고 봐야합니다. 보통 이를 시기적으로 같다는 정도로 보고 있는 듯한데, 그것과 함께 並與帝高는 같은 왕으로서 천하를 분치한 것을 나타낸 것으로 봐야합니다. 뿐만 아니라 이는 『제왕운기』의 「본시」의 제일 첫 행에서 遼東別有一乾坤, 斗與中朝區以分이라고 하여 단군왕의 조선이 중국과는 별도의 천하국가라는 것을 선언한 것으로 알 수 있죠. 즉 이승휴 선생은 조선이 중국과 천하를 분치한다는 것을 선언하면서 『제왕운기』의 「본시」를 시작하였다는 것입니다. 이는 단군왕이 하늘에서 직접 천명을 갖고 이 땅에 하강한 개벽주인 단웅천황을 계승하여 사실상 개벽주로서 개국주라는 것에서 근거를 두고 있는 것입니다. 즉 별유일건곤은 단군왕, 소중화는 기자에 근거를 두고 있으며 이는 고려와 후대 조선유가의 크나 큰 자부심을 형성한 것이죠. 이승휴 선생이 뜻을 분명하게 나타냈고 본인이 비교적 잘 이해했죠.

그래서 『제왕운기』는 「본시」에서 결국 우리나라를 유교적으로 격의를 해서, 단군이 개벽주가 되고 기자는 자씨(子氏)로서 공자의 선조인데 고려유가의 자부심으로서 그 자부심은 기자가 우리나라를 교화시켰다 는 것입니다. 그 교화는 뭡니까? 유교적인 평화적 교화다 는 것입니다. 그러면 『3국유사』는 뭡니까? 불교적인 세계죠. 『제왕운기』는 뭡니까? 유교적인 세계가 되는 겁니다. 각자 종교에 따라서 달라진다 는 것입니다.

그래서 1신2인1국2왕조의 고려의 유가사관이 조선유가사관으로 계승이 된단 말이죠. 이것이 유교적 격의의 문제죠. 이 격의라는 것은 지금도 일어나고 있다 는 것이죠, 지금도. 예를 들어 기독교가 들어오는 것입니다. 기독교가 들어올 때 천주교는 자신들 최고신의 이름을 뭐라고 합니까? 천주, 하느님이라고 하죠. 그러면 천주교에서 말하는 하느님이 우리가 말하는 하느님하고 같은 신입니까? 같은 것 같나요? 천주교는 여호와 신인데 여호와신이 우리 환인하느님하고 같은 신일까요? 신은 같은데 각자 이름만 달라졌을까요? 그 어쨌든 기독교적 격의란 말입니다. 천주교가 우리나라에 들어올 때에 자신들의 최고의 신을 하느님이라고 이름 붙였다는 것은 뭡니까? 우리의 하느님이 여러분들의 하느님하고 같은 신이다 는 것을 은연중에 나타내고자 하는 것입니다. 그러면 천주교가 쉽게 들어오겠죠. 그러면 우리나라가 어떻게 됩니까? 처음부터 기독교의 영향 하에 있는 나라가 되는 것이죠.

근데 기독교 중에서도 개신교는 어떻습니까? 개신교는 뭐라고 했습니까? 개신교는 최고신의 이름을 하나님이라고 했죠. 하나님하고 하느님하고 같습니까? 같은 것 같기도 하고 다른 것 같기도 하고, 그런가요? 하느님도 뭡니까? 환인하느님도 한 분뿐이잖아요. 一大主神이란 말이죠. 『규원사화』에 보면 일대주신으로 되어있습니다. 그러므로 환인하느님도 하나님이죠. 하느님은 하느님인데 하나님이시다 는 것이죠. 하느님과 하나님이 발음도 비슷하고, 뜻도 같은 것 같아서 받아들이기에 저항감이 매우 적겠죠. 그러니까 아무래도 쉽게 들어올 수 있다는 것입니다. 그것을 **격의기독교**다, 이렇게 본인이 특별히 이름붙일 수가 있습니다. 그러면 개신교에서는 여호아하나님이 있고 그 하나님은 환인하느님과 같으냐? 안 같으냐? 이것은 애매모호하다는 것입니다. 그 대신 기독교는 뭘 들고 나옵니까? 아주 최근의 개신교 극히 일각에서도 계속 격의를 하려고 시도를 하고 있죠. 그렇게 알려지지는 않았지만, 고대에 어떤 유태인 일파가 왔지 않았겠으냐? 라고 말하는 극히 소수 기독교인이 있기도 하였죠. 지금은 그런 주장을 잘 안하는 것 같습니다만, 그러나 그렇다면 우리나라가 어떻게 됩니까? 고대의 유태인들이 왔는, 유태교, 기독교의 전통을 가진 나라로 보여지게 될 수도 있다는 것입니다. 이해하겠죠. 그것을 본인이 이름붙인 것을 다시 강조하면 '**격의기독교**' 다 는 것입니다. 불교나 유교나 기독교나 우리나라에 들어올 때 그런 식으로 다 격의를 하고 들어온다는 것입니다. 이해하겠습니까?

신라불교에서는 어떻게 격의가 되어 있겠습니까? 신라에는 천신교의 화랑이 있죠? 화랑이 있으면, 이를 신라에 첫 전래된 불교가 뭘로 격의해야 쉽게 들어온단 말입니까? 본인이 볼 때, 여러분들의 화랑이 원래 우리 불교한테 있는 미륵부처님이시다, 이렇게 들어온단 말이죠. 이렇게 화랑을 미륵부처로 격의하였죠. 그러면 낭도는 스님으로 격의한 것입니다. 미륵부처는 강림하기 전에 도솔천에 계시죠. 도솔천은 도리천의 2단계 위에 있는 세계이며 불교에서 9단계의 세계입니다. 즉 제석보다 위격이 더 높죠. 그래서 신라에서 도솔천이 자주 나오고 향가에 『도솔가』가 2곡이나 있죠. 그러면 화랑은 제석이 있는 도리천 보다 2단계 위에 있는 도솔천에서 하강하신 것이죠. 그러면 **화랑은 고대천신교의 사제조직인데, 그 사제조직, 화랑이 뭡니까? 미륵불의 화신불이 되는 것입니다. 그러면 융합이 쉽게 되는 것이죠.** 신불합일(神佛合一), 이런 식으로 처음에 들어올 때에, 뭐라고 할까요? 좀 포교를 쉽게 할 수 있고, 또 교리를 쉽게 전파를 할 수 있게 들어온단 말이예요.

대표적으로 김유신 장군은 여러 가지로 격의가 되어있습니다. 앞의 제3 강에서 본 것처럼 김유신 장군은 하늘의 형혹과 진성이 합쳐진 별의 화현으로서 이 땅에 하강하였을 뿐 아니라 동시에 33천의 한 아들의 화현이라고 하였죠. 우선 형혹과 진성이 합쳐진 별의 화현이면 그것도 대단하죠. 형혹은 화성(Mars)인데 화성은 전쟁의 신(군신)이고 또 재앙의 신이죠. 그리고 진성은 토성(Saturn)인데 5황(五黃)이라고도 하며 5행성중에서 가장 중앙에 있는 토덕을 상징하죠. 이 두 별의 화현이니 참으로 대단하죠.

그리고 또 33천은 제석이 주석하고 있는 도리천이란 말이예요. 그러니 〈33천의 한 아들의 화현〉이라는 것은 김유신 장군이 제석의 아들의 화현으로서 하강하신 것이죠. 그런데 제석의 아들로 격의가 되면 사실 환웅천황과 위격이 같습니다. 대단하죠. 다만 〈33천의 한 아들의 화현〉이라는 표현으로 보면 제석이 아닌, 위격이 보다 낮은 다른 32천의 한 아들일 가능성도 있기는 있습니다만 그 가능성은 매우 작다고 볼 수 있습니다. 왜냐면 우리역사에서 자신을 제석에 직접 격의한 왕은 선덕여왕(재위 632~47)으로 봅니다. 즉 선덕여왕은 자신을 도리천에 장사지내 달라고 했는데 이는 자신을 제석에 격의한 것입니다. 따라서 선덕여왕이 제석이고 그의 신하인 김유신 장군이 제석의 아들이라는 것은 선덕여왕의 신라 정부를 도리천의 제석과 그 아들들의 화현으로 격의한 것으로 볼 수 있습니다. 물론 제석의 다른 아들들도 많이 있겠죠. 그러니 이들이 선덕여왕의 조정에 신하로 화신하였다는 것이 당시의 주요한 조직사상으로 볼 수 있죠. 이는 천신교와 불교를 합해서 천신으로 격의한 것으로 볼 수 있습니다. 그런데 다만 한 가지 더 살펴볼 것은 도리천은 또 석가모니불의 어머님이신 마야부인이 죽은 뒤 태어난 하늘입니다. 그래서 석가모니불이 어머니 마야부인을 위해서 도리천에서 석달동안 설법을 하였습니다. 그런데 실제 선덕여왕은 석가모니불에 격의되었죠. 왜냐면 아버지인 진평왕(재위 579~632)이 정반왕이고 그 어머니가 마야부인이므로 선덕여왕은 석가모니불이 되는 것이예요. 그러면 석가모니불인 선덕여왕이 어머니 마야부인에게 설법하기 위해 도리천에 묻혔을 수도 있죠. 그렇지만 석가모니불은 이 세상에 하현하시기 전에 도솔천에 계셨기 때문에 만약 선덕여왕이 석가모니불의 화현이라면 도솔천으로 가시는 것이 더 타당하죠. 그러나 선덕여왕은 그 보다 2단계 밑인 도리천으로 가셨죠. 그러므로 선덕여왕이 과연 석가모니부처의 화현인가? 제석의 화현인가? 하는 것에 대해서는 조금 더 연구할 과제가 있습니다. 물론 격의는 여러 가지로 될 수 있습니다. 김유신 장군의 사례를 더 봅시다.

그러나 김유신 장군은 이 뿐만 아니고 그는 용화화랑입니다. 따라서 격의불교나 천신교의 포용 때문으로 봅니다만 김유신 장군은 용화불, 미륵불의 화현으로 격의된 것입니다. 미륵불은 제석이 주석하고 있는 도리천 보다 2단계 위인 도솔천에 주석하고 계신다고 하였죠. 따라서 도솔천에서 하강하신 미륵불이예요. 그러면 오히려 제석에 격의한 선덕여왕 보다 위격이 높나요? 그러니까 그렇게 화랑을 높이는 격의의 흐름이 있다는 것이죠. 물론 선덕여왕은 원래 석가모니 부처님의 화현이죠.

그리고 더 나아가서 김유신 장군은 7요(七曜)의 화현이기도 합니다. 그러면 화성, 토성이 아니라 일·월·화·수·목·금·토성이 모두 합쳐진 정기를 타고난 것인데 등에 7성(七星)의 무늬가 있다고 했습니다. 대단하죠. 7성문이면 북두7성의 화현으로도 볼 수 있는데 이 역시 대단하죠. 또 사후 대관령 산신으로 추대되어 지신이 되기도 하였고 또 고구려 추남의 환생으로 보기도 하였죠. 이처럼 김유신 장군은 오랜 세월동안 신라 천신교와 여러 종교와 사상의 흐름 속에서 다양하게 격의되었습니다. 여기서 본인이 잠깐 살펴본 것만 해도 6가지의 신성으로 격의되었거나, 화신이군요. 이 모든 것이 격의의 문제입니다. 이해하겠죠?

우리는 격의를 못합니까? 예를 들어서 우리가 외국에 나갈 때, 우리 종교를 가지고 외국에 나갈 때, 우리도 우리의 신을 가지고, 격의해서 나갈 수가 있다 는 것입니다. 그러면 어떻게 하죠? 예를 들어서 우리 하느님, 천신, 천제가 여러분의 최고신과 같은 분이다, 그러면 되겠죠? 환인 하느님과 환웅, 단군도 하늘에서 내려오셨고, 외국의 여러 천신과 그 자제분이 모두 하늘에서 내려오셨다 하니까 다 같이 하느님의 아드님이시고 하니까 우리 단군이 여러분의 신이시다, 이렇게 해서 외국에 나가면 될까요? 되겠죠? 그런 방법입니다. 특히 종교를 외국에 전파할 때, 이 격의라는 방법을 굉장히 많이 쓴다는 것입니다. 이해하겠죠. 이것을 잘 이해해야 고대사, 종교, 사상들을 잘 이해할 수 있습니다.

격의는 무의식적인 것도 있겠지만 치열하게 의도적으로 일어나는데 그것은 결국은 그 얘깁니다. 불교가 환인제석이라고 하는 것이나, 유교가 상제 환인이라고 하는 것이나, 기독교에서 하느님, 하나님이라고 하는 것이나, 거의 같은, 방법은 같은 방법인 격의입니다.

이처럼 『제왕운기』에 나타나는 근본 뜻은 단군조선이 우리나라 시초 국가라는 그 뜻입니다. 그 사관입니다. <u>그러면 최초의 국가가 천신교에서는 환국, 불교에서는 신시, 이제 유교에서는 단군조선으로 되었다 는 것입니다.</u> 이 사관의 변화를 이해하겠습니까?

그러면 단군임금 – 요임금의 병립분치를 중국에서는 어떻게 기록하고 있을까요? 중국에서는 어떻게 인정하고 있을까요? 이 유교사관은 중국과 밀접한 관련을 맺고 있겠죠. 그렇죠? 우리 유가가 자신들의 마음만 갖고 단군임금 – 요임금의 병립분치를 기록할 수는 없겠죠? 그러므로 중국의 단군사관을 봐야하겠습니다. 그런데 소중한 자료가 『3국유사』에 직접 인용이 되어있는데 바로 『위서』입니다. 이를 보면 본인의 학설을 잘 이해할 수 있습니다.

3.3. 중국 『위서』의 고조선사와 단군사관: 유교사관

> **3.3. 중국 『위서』의 고조선사와 단군사관: 유교사관**
>
> (2) 『<u>魏書</u>』<u>云</u>, <u>乃往 二千載 有 壇君王儉</u>, <u>立都 阿斯達</u>(…),
>   <small>위 서 운 내 왕 이 천 재 유 단 군 왕 검   입 도 아 사 달</small>
>
> <u>開國 號 朝鮮</u>, <u>與 高 同時</u>.(『3국유사』).
> <small>개 국 호 조 선   여 고 동 시</small>
>
> * 환국, 신시가 생략됨, 원래 『위서』에서 편수를 안한 것인가? 일연 스님이
>   인용할 때 생략한 것인가?
> * 일연 스님이 생략했을 가능성은 없다고 봄
> * 그런데, 환국, 신시가 생략되고, 『위서』로부터 2천년전, 단군왕검, 조선,
>   중국 요왕과 동시라는 것은 고려유가사관과 거의 같음 → 따라서 고려
>   유가사관은 중국의 고조선과 단군사관과 거의 일치함
> * 결국 중국은 한국의 최초국가를 단군왕검의 조선으로 본다는 사관을 제
>   시한 것으로 볼 수 있고, 이것이 3국유가, 또는 고려유가에 영향을 준
>   것으로 볼 수 있음
> * 단군왕검과 요왕이 동시에 건국했다는 사관은 중국인이 인정한 사관으
>   로 봄
> * 이는 후대에서 고려가 중국과 대등한 황제국이므로 단군왕과 요왕이 대
>   등한 지위로 기록되는 것으로도 추론

그러면 중국에서는 어떻게 나타날까요? 중국의 『위서(魏書)』가 우리 『3국유사』에 채록이 되어 있습니다. 『3국유사』의 제일 첫 면, 첫 줄, 첫 문장이 사실은 뭡니까? 중국의 『위서』다, 이겁니다. 『고기』 보다 먼저 나오는 게 뭡니까? 중국의 『위서』입니다. 중국 역사책을 먼저 인용했단 말입니다. 일연 스님의 화법도 묘한 데가 있죠. 근데 그 『위서』를 또 보면 아주 내용이, 흥미진진한 내용이 있단 말입니다. 한번 볼까요?

『魏書(위서)』云(운), 『魏書(위서)』에서 말하기를, 乃往 二千載(내왕 이천재), 지금부터 2천년전에 라고 하였죠. 그러면 이 중국의 위(魏)는 어느 나라를 말하는 것일까요? 〈표 1〉을 볼까요?

〈표 1〉 중국의 위(魏)와 주요 『위서(魏書)』

위(魏)	『위서(魏書)』	비고
전국시대 위 (BC 403~BC 225)	?	〈내왕 2천재〉에 가장 접근
조조의 위 (220~265)	진수(233~297)의 『3국지』「위서」 어환(280~289년경)의 『위략』 왕침(?~266)의 『위서』	(내왕 2천 6백재?)
선비족 탁발부의 북위(386~534)	위수(507~572)의 『위서』(554~559) 장대소의 『위서』 위담(580~?)의 『위서』	(내왕 2천 8백재?)
서위(535~556)		
동위(534~550)		

중국사에서는 위(魏)를 국명으로 쓴 다섯 나라가 있습니다. 첫째는 전
국7웅 중의 하나인 위(魏)(BC 403~BC 225)가 있죠. 그리고 둘째는 중
국의 3국시대로 유명한 조조의 위(220~265)가 있고, 또 셋째는 선비족
탁발부(拓跋部)의 북위(386~534)가 있고, 그리고 넷째는 서위(535~
556), 그리고 다섯째, 마지막으로 동위(534~550)가 있습니다. 그런데
위(魏)라고 하면 조조(曹操 155~220)의 위(220~265)와 탁발부의 북위
(386~534)가 가장 잘 알려져 있죠. 그러므로 보통 『위서』라고 하면 이
두 나라에 대한 역사서를 의미한다고 보고 있습니다. 따라서 조조의 위
(220~265)에 대해서는 진수(陳壽 233~297)의 『3국지(三國志)』「위서」
가 있고, 어환(魚豢 280~289년경)의 『위략(魏略)』도 잘 알려져 있고, 또
왕침(王沈 ?~266)의 『위서』가 있습니다. 그러나 어환과 왕침의 『위서』
는 현재 직접 전해지지는 않습니다. 그리고 북위의 역사서는 위수(魏收
507~572)가 쓴 『위서』(554~559)가 많이 알려져 있고 또 장대소(張大
素)의 『위서』와 위담(魏澹 580~?)의 『위서』가 있습니다. 그러므로 지금
까지는 어환(魚豢 280~289년경)의 『위략(魏略)』(조조)과 위수(魏收 507
~572)가 쓴 『위서』(554~559)(탁발부)를 일연(1206~89) 스님이 인용
한 『위서』가 아닐까? 하고 생각을 해왔습니다. 그러나 현전하는 이 두 책
에는 『3국유사』에 인용된 (2)의 내용이 없기 때문에 또 많은 의문을 남기
고 있습니다. 특히 어환의 『위략』은 현재 책 자체는 전하지 않고 다른 서
책에 인용된 부분만 모아서 전해지고 있어서 혹시 인용되지 않은 부분에
『3국유사』에 인용된 (2)의 내용이 있을 것으로 추정을 해볼 수도 있죠. 또
지금까지 전해지지 않은 『위서』에 (2)의 내용이 있을 것으로 추정해오기
도 했습니다. 그러나 『위서』(2)의 내용을 더 분석해 보아야 합니다.

그런데 이를 추정할 수 있는 단서는 사실 (2)의 내용 안에 있습니다.

여기서 보면 〈지금부터 2천년전에 단군왕검과 요임금이 계셨다.〉고 하였죠. 따라서 단군왕검과 요임금의 시기인 BC 2333년의 2천년 뒤인 BC 400∼300년 사이에 이 『위서』가 쓰여졌다는 것이죠. 따라서 이 『위서』는 전국7웅 중의 하나인 위(BC 403∼BC 225)의 역사서인 『위서』라야 내용 속에 나온 연대가 비교적 정확하게 일치하는 것입니다. **그러므로 본인은 ⑵의 『위서』는 전국7웅 중의 하나인 위의 역사서인 『위서』라고 보는 것이 가장 타당하다고 보는 것입니다.** 이 역사서도 지금은 찾아 볼 수 없죠. 그러나 꾸준히 찾아보면 찾아낼 수도 있을 것으로 봅니다. 그러면 중국 전국시대의 위(BC 403∼BC 225)의 역사서인 『위서』를 고려의 일연(1206∼89) 스님이 직접 보았을까요? 가능성도 있지만, 또 인용문을 재인용했을 가능성도 있죠. 그러면 그 책은 어떤 책일까요? 그 모두는 계속 연구할 과제죠. 흥미진진한가요? 계속 볼까요?

有 壇君王儉, 立都 阿斯達, 開國 號 朝鮮, 與 高 同時라. 요와 동시다. 중국사서에 단군왕검이 기록돼 있으면서 요와 동시라고 나와 있다는 것입니다. 단군왕검이 중국사서에 나와 있다 는 것입니다. 그러면 중국사람이 인정하는 게 뭐란 말입니까? 지금까지 본인이 설명한 대로 단군임금과 요임금이 다 같이 왕으로서 천하를 분치했단 말이죠. 중국사람이 인정했다는 뜻입니다. 이해하겠죠. 중국사람이 인정했다는 뜻입니다. 중국사람이 단군조선부터 우리나라 역사를 인정했다는 뜻입니다.

그러면 본인이 설명해놨잖아요. 그렇다면 왜 이 『위서』에는 우리 환국, 신시가 생략돼 있느냐? 〈開國 號 朝鮮,〉이라고 하는 것은 조선부터 나라가 시작됐다, 첫 국가다, 개국이다, 이 뜻입니다. 우리나라 역사를 중국인이 기록할 때, 조선부터 인정한다, 이 뜻입니다⑵. 이해되겠습니까? **환국, 신시는 왜 생략됐느냐? 원래 『위서』에서 편수를 안했는가? 아니면 일연**

스님이 인용할 때 생략한 것인가? 이 두 가지 문제가 나타난단 말입니다. 어느 쪽일 것 같습니까? 본인은 **일연 스님이 생략했을 가능성은 없다고 봅니다. 이 사관은 중국사람들이 생각하는 우리 역사는 단군왕검의 조선부터다 하는 것을 보여주는 것입니다. 이걸 받아들인 게 누구란 말입니까? 우리 유가사관**이란 말입니다. 이해하겠습니까?

중국에서 여러분들의 역사는 조선부터 시작이고, 조선왕으로서 요와 동시에 천하를 분치했다는 것을 분명하게 인정하겠다, 그 뜻입니다. 『위서』에 이 문장이 실제 있었고, 그러므로 본인이 추정한 바 대로 하면, BC 4세기~BC 3세기경에 중국에서 이 사관이 이미 형성되었다는 뜻이 되죠. 즉 이는 단군과 조선에 대한 중국의 사관인 것입니다. 그러나 지금은 이 책을 찾아볼 수 없어요. 이해하겠습니까? 지금 이 책을 찾아볼 수 없지만, 이 문장은 바로 중국의 단군사관이며 동시에 유가사관이란 말입니다. 고려유가사관으로 그대로 들어간 거예요. 이해하겠죠. 근데 **일연 스님이 환국과 신시를 생략했을 가능성은 없습니다. 왜냐면 일연 스님은 『고기』를 인용해서 어디부터 국가로 봤습니까? 신시부터 국가로 봤단 말입니다. 환국은 신의 세계로 보고, 신시부터 국가로 봤다**, 이겁니다. 만약 여기 신시가 들어있었다면 어땠을까요? 일연 스님이 뺐을까요? 뺄리는 없다는 것이죠. 또 이것이 공교롭게도 뭐와 같습니까? 지금까지 본인이 설명한 『제왕운기』에 나와 있는 유가사관하고 똑같은, 동일한 얘깁니다. 이해하겠죠.

다시 한번 정리해볼까요? 어떤 연구자들은 『위서』의 내용(2)이 현존하지 않으므로 이를 기화로 이에 대해 여러 가지 과도한 의문을 품지만은 이 『위서』의 사관은 고려유가사관하고 완전 동일하다는 것입니다. 따라서 그 내용의 신뢰성과 타당성이 매우 높다 는 것입니다. 그리고 『3국유사』의 일연 스님의 불교사관하고는 그 내용이 다릅니다. 그럼에도 불구하고 이 『위서』가 오히려 『3국유사』에 실렸다 는 것입니다. 이것은 『위서』가 실재하였다는 것을 분명하게 입증하는 것이며 동시에 일연 스님이 『위서』를 인용하여 중국과 고려유가사관을 먼저 소개할 정도로 권위가 높았다는 것을 의미합니다. 또 일연 스님의 역사기술의 객관성을 알 수 있게 하는 동시에 중국사서를 먼저 인용한 신중함도 알 수 있게 합니다. **다만 『위서』에는 기자조선이 나오지는 않는데 이는 본인이 『위서』 저술 시기로 추정하는 BC 4C~BC 3C 경에는 기자가 안 나오는 것이 맞거나, 나왔는데 일연 스님이 자신의 불교사관과 다소 맞지 않아 생략하였을 가능성이 있다는 것입니다.** 물론 『위서』에 기자가 나와 있는데 일연 스님이 생략하였을 가능성도 매우 낮습니다. 왜냐하면 일연 스님도 비록 봉국이기는 하지만 기자를 인정하였기 때문입니다. 이해되겠습니까?

한국과 중국이 언젠지는 모르지만 서로가 역사협정을 맺은 것이 아니겠느냐? 우리는 단군부터 역사가 시작되고, 중국은 요부터 역사가 시작했다, 다 같이 왕으로서 분치했다, 이렇게 뭔가 역사협정을 맺은 것 같기도 해요. 이것은 본인이 추정하는 대로 하면 BC 4세기~BC 3세기경의 『위서』란 말입니다. 이 책은 지금 없고, 후대의 『위서』에서 지금 남아있는 것에는 이 내용이 없죠. 이것이 그 후에 빠졌을까요? 그건 앞으로 더 연구해봐야겠습니다만, 이 문장 자체는, **『3국유사』에 나와 있는 이 『위서』는 고려유가사관하고 거의 똑같습니다. 환국, 신시가 빠져있고 단군부터 시작해서 개국했고, 요와 동시다, 중국 사람들이 인정한 역사다,** 이 겁니다. 그런데 이는 『제왕운기』에서도 직접 표현은 안 했지만 단군을 중국도 인정하였다는 것을 은연중에 나타내고 있는데 이는 중국인이 우리를 소중화라고 불러주었다는 것에서 유추해 볼 수 있습니다. 중국이 불러준 이 (소)중화 속에는 유교 뿐만이 아니라 천제천명국가인 (별)건곤이 사실상 내포되어 있고 그 천명건곤국가를 인정했다는 것은 천제자의 단군조선을 인정했다는 것을 뜻하는 것이예요. 별건곤이 아니면 천명을 받은 자립국인 소중화라고 하기 어려운 것이죠. 즉 (소)중화 속에는 천하천명천자천제국가가 다 포함된 국가관이라는 것입니다. 따라서 중국인이 인정한 소중화로 보면 천하천명천자국가인 단군조선도 인정하였다는 것입니다. 다만 중국유가사관으로는 단군을 기자가 계승해야겠죠. 이것이 중국유가의 단군기자사관으로 봅니다.

3.4. 한국과 중국 유교사관의 특징

3.4. 한국과 중국 유교사관의 특징

* 『논어』에서도 요순으로부터 중국역사가 시작
* 유교의 표준사서라고 볼 수 있는 『서경』에서도 요순 2제와 하은주 3왕으로부터 중국역사가 시작, 2제3왕
* 공자와 유가는 그 요순이전인 3황3제를 말하지 않았으므로 본인은 모두 신의 세계로 본 것으로 추론함
* 따라서 이 중국의 유교사관이 3국유교 또는 고려유교사관에 영향을 미쳐 요순 이전인 환국사, 신시사를 우리 역사에서 편수하지 않은 것으로 추론함
* 그런데 그 이후 중국에서 역사를 자꾸 늘여 갔기 때문에 문제가 발생, 따라서 우리도 환국사, 신시사를 편수할 필요성이 대두
* 고려유가가 단군조선을 최초국가로 편수한 것이 이 다음에 조선유가가 국명을 조선으로 짓는 데에 결정적 영향
* 기자조선 때문이 아니고 단군조선 때문에 조선이 국명이 됨

그러면 고려유가하고 중국유가가, 또는 그 이전의 유가들이 언제 만나서 신사협정을 맺었습니까? 역사협정을? 그러면 과연 이것이 중국 사람들이 생각하는 우리의 역사일까요? 중국인이 생각하는 중국인의 역사가 맞나요? 계속해서 한번 보도록 하겠습니다.

그러면 이 중국의 사관은 우리나라 고대사를 중국이 이렇게 봤다 는 것입니다. 이러한 사관의 도입이 고려유가에서 시작됐느냐? 아니면 그 이전에 신라, 고구려, 백제유가의 3국유가에서 시작됐는가? 하는 그것도 궁금하다 는 것입니다. 이러한 사관의 채택은 현재는 고려유가가 남긴 글에서 볼 수 있지만, 그 이전에 유가들은 어떻게 생각했을까? 궁금하죠. 본인은 아마도 유교를 처음 도입한 3국유가에서 기원하였을 것으로 봅니다.

이 사관은 뭘 의미합니까? 결국 **단군왕과 요왕이 같은 위격을 가진 왕으로서 후대로 치면 황제란 말입니다. 황제로서 천하를 분치했다 하는 그것은 후대 고려역사로 보면 고려가 중국과 대등한 황제국가라는 것을 의미합니다.** 의미하는 게 아니라 실제 그랬죠. 그러니까 고려가 황제국가였을 때는 뭡니까? 단군이 왕이 되는 거란 말이죠. 고려가 황제국가일 때는 단군이 왕이다, 이겁니다. 그러면 고려가 황제일 때는 중국황제하고 어떻습니까? 천하를 분치하죠. 천하를 분치하지 않습니까? 고려시대에는. 근데 그게 고대사의 기록에서 일치해서 다 같이 나타난단 말입니다. 그러면 **단군도 왕이고 요왕도 왕이고 천하를 같이 분치한다 는 것입니다. 그러면 고려도 마찬가지란 말이죠. 고려도 황제국가로서 중국황제하고 천하를 분치합니다.** 그 사관이란 말입니다. 고려시대로 보면 그렇죠. 근데 고려가 자꾸 침략을 받아서 나라가 약해져서 그것을 내세우기가 어렵다는 것입니다. 황제로서 여러 가지로 세계에 대한 영향력을 행사하지는 못했습니다. 못한 게 결국은 어디로 전수가 되느냐? 연결 되느냐? 하면 결국 조선으로 연결되는 거죠. 조선으로 연결되는 그것은 계속해서 보겠습니다만.

이처럼 고려시대에 단군이 왕으로 기록된 것은 고려가 황제국가라는 것하고 역사적 맥락이 완전 일치한단 말입니다. 이해되겠습니까? **단군왕검이 고려황제와 위격이 일치되고, 요왕이 중국의 황제와 일치된단** 말입니다. 그게 후대 역사가 과거 역사와 일치해서 그렇게 기록이 나타난다는 것입니다.

그러면 한국과 중국유가사관의 특징은 뭐겠습니까? **왜 중국사람들도 요부터, 요왕부터 역사를 시작할까요? 그렇잖아요?** 여러분들이 볼 때 지금 중국사가 3황5제부터 나오잖습니까? 그렇게 나오는데, 근데 왜 고려유가와 중국유가가 단군왕 – 요왕부터 역사를 시작한단 말입니까? 근데 실제로 중국유가는 요왕부터 역사로 본다는 것입니다. 그 이유를 본인이 계속 추적해서 봤단 말입니다. 왜 그러면『위서』같은 중국 사서에서도 조선 단군왕검 – 중국 요왕, 이렇게 나오느냐? 하면 결국은 그 얘깁니다. 『논어』에서도 요순으로부터 중국역사가 시작된다 는 것입니다. 이해하겠습니까?『논어』에 보면 3황3제가 없습니다. 황제도 없고 신농씨도 안 나오고, 딱 요순부터 나오는 것입니다. 요와 순의 2제, 거기서부터 나옵니다. 그러니까 중국의 유가들이 자신들의 역사를 언제부터 본단 말입니까? 요왕, 순왕부터 본다는 것입니다. 이건 본인이 연구한 것입니다.

그러니까 **중국 사람들이 요왕부터 시작하니까, 요에 해당되는 우리나라 역사는 누굽니까? 단군이다** 는 것입니다. 그러니까 단군임검과 요왕으로부터 한국과 중국역사를 시작하자 하는 협정이 있었는지, 그게 서로가 유교사관 속에서 그 이전의 역사를 역사로 안 본다는 것을 논리적으로 받아들였는지, 그렇게 됐습니다. 결국 유교의 표준사서라고 볼 수 있는

『서경』에서도 요순부터 중국역사가 시작됩니다. 그래서 요순, 하은주의 2제3왕으로 시작됩니다. 『서경』에서도 그런데, 이는 뒤에서 다시 보겠습니다.

그래서 본인은 공자와 유가는 요순이전의 3황3제를 모두 신의 세계로 본 것으로 추론을 한다 는 것입니다. 그러니까 공자와 그 당시의 유가들은 3황3제를 역사로 보지 않았다, 이렇게 본인이 추론을 합니다. 그러면 결국 **중국의 유교사관이 3국의 유교, 또는 고려유교사관에 영향을 미쳐서 요순 이전의 우리나라 환국사, 신시사를 우리 역사에서 편수하지 않은 것이 아니냐? 이렇게 볼 수가 있다 는 것입니다.** 이해되겠습니까?

그러니까 『위서』가 왜 고려유가의 사관과 일치하는지 이해되겠죠? 따라서 『위서』가 중국인의 역사라는 것이 맞다는 것을 알겠죠? 특히 중국 유가의 역사입니다. 다르게 생각하면 고려유가가 중국유가와 맞지 않는 역사를 기록하지는 않겠죠? 따라서 『위서』가 중국인의 역사가 맞다는 것입니다.

그런데 문제는 이후 중국에서 역사를 자꾸 늘여갔다 는 것입니다. 2제3왕에서 5제3왕, 그 다음에 뭡니까? 3황5제3왕, 그 위에 반고도 들어가고, 중국에서 자꾸 역사를 늘여가는데, 우리는 환국, 신시가 빠지고, 또 단군조선도 어느 세월에 은근슬쩍 왜정시대 지나면서 슬쩍 빠지고, 물론 치열하게 반대한 연구자도 있지만 빠지고, 기자조선도 왜정시대 지나면서 슬쩍 빠졌다 는 것입니다. **왜 왜정시대에 우리 역사가 엄청나게 축소되었습니까? 왜 그랬죠?** 우리는 요즘 이상하게 역사가 어디부터 시작된다고 하나요? 갑자기 왜정시대에 와서 요새까지 어떤 사람들은 신라 내물왕(재위 356~402), 어쩌고 저쩌고 한단 말입니다. 그러면 환국사 빠지고, 신시사 빠지고, 단군조선사 빠지고, 기자조선사도 사실 우리로서는 역사에 넣을까 말까한데, 그것도 사실 빠져버렸단 말입니다. 그리고 박혁거세거서간(재위 BC 57~4)도 쑥 빠지고 남은 게 신라 내물왕(재위 356~402)에서부터 역사다, 이러니까 굉장히 문제가 되는 거죠. 중국은 자꾸 역사가 올라가고, 우리는 자꾸 역사가 내려간단 말입니다. 중국사와 관련해서는 일단 단군조선까지 내려갔다는 것입니다. 이를 편의상 1차 삭제로 부릅시다. 그런데 단군조선 밑으로 또 내려갔는데 무려 내물왕까지 내려가 버렸단 말이예요. 이를 편의상 2차 삭제로 부르면, 이것은 전부 왜정시대에 생긴 문제란 말입니다. 왜 그랬죠? 같은 맥락이죠. 왜정시대에 왜정의 구미에 맞춰 국사를 내물왕 정도까지 내려가도록, 아무 근거도 없이 고조선에서 약 2,700년간의 역사를 다시 강제 삭제를 당했는데, 문제는 지금까지도 회복을 못하고 있다는 것입니다. 약 1만년의 역사가 무려 7천6백여년이 날라가고 겨우 1,600년 정도 남았다고 한단 말이예요. 있는 역사가 이렇게 없어질 수 있나요? 그러니 문제가 된다는 것입니다. 이해되겠습니까?

본인이 볼 때 유교사관에서 중국사와 원 출발은 같았단 말입니다. 원 출발은 단군왕검과 요왕이 돼야하는데, 중국은 자꾸 올라가고 우리는 자꾸 내려가고, 이렇게 되어버렸단 말이죠. 그러나 **고려유가가 단군조선을 최초국가로 편수한 것이 이 다음에 조선유가가 국명을 조선으로 짓는 데에 결정적인 영향을 줬다 는 것입니다.** 그러니까 조선을 우리나라 최초역사로 가장 중요시 여긴 것이 현재 기록상으로는 사실상 고려유가다 라는 것입니다. 현재의 기록으로는 그렇습니다. 고려유가들이 조선, 조선 하니까 다음 나라를 건국한 유가들이 나라이름을 조선으로 지었단 말입니다. 이해하겠죠. 이건 명 태조하고 별로 관계가 없습니다. 뒤에서 다시 보겠습니다만, 조선이란 이름 자체는 명 태조하고 크게 관계는 없습니다. 이미 고려유가들이 조선을, 단군조선을 전조선(前朝鮮)으로 중시했는 것입니다. 물론 그 이전의 3국의 유가도 그랬을 가능성은 있습니다, 지금 기록은 더 찾아야 하지만. 그러므로 기자조선이 아니고 단군조선 때문에 후대에 조선이란 국명이 발생했다 는 것입니다.

그러면 실제로 유교사관을 좀더 살펴볼까요? 이것이 굉장히 주요하겠죠? 이를 위해 『서경』을 〈표 2〉를 통해 살펴봅시다.

〈표 2〉 『서경』의 편수체제

	제1장 요전
	제2장 순전
제1편 우서(순)	제3장 대우모
	제4장 고요모
	제5장 익직
제2편 하서	
제3편 상서	
제4편 주서	

여기서 우선 『서경』, 다르게는 『상서(尙書)』라고도 하는데, 이의 체제를 한번 봅시다. 『서경』의 편수체제를 보면 첫째 「우서」입니다. 「우서」는 순왕을 이야기한단 말입니다. 그 다음에 「하서」, 「상서(商書)」, 「주서」입니다. 1제3왕이죠. 순·하은주입니다. 그러면 요는 어디 갔습니까? 요는 「우서」 안에 들어가 있습니다. 「우서」 안에 〈요전〉이 들어가 있단 말이죠. 〈요전〉, 〈순전〉 등등, 이렇게 되어있습니다. 요순·하은주가 2제3왕이란 말입니다.

그러면 왜 〈요전〉이 여기 「제1편 우서(순)」에 들어가 있습니까? 원래 하려면 이렇게 편(篇)으로 편수해서, 오히려 「제1편 요서」로 나와 있어야 하는 것 아닙니까? 「제1편 요서」로 나와야하는데 왜 〈제1장 요전〉으로 들어가 있습니까? 이것도 애매하다 는 것입니다. 중국유가들이 2제3왕을 이야기하지만, 실제 『서경』에서 보면 어떻습니까? 실제 『서경』에서 보면 1제3왕입니다. 공자시대에 과연 2제3왕을 생각했느냐? 아니면 1제3왕을 생각했느냐? 이것도 본인이 볼 때는 조금 더 연구해볼 과제가 있단 말이죠. 본인이 볼 때는 공자시대는 1제3왕이 맞지 않느냐? 이렇게 봅니다. **후대에 〈요전〉을 슬쩍 넣어서 요순·하은주 해서 2제3왕이 되지 않았느냐? 라고 볼 수도 있죠. 유가의 중국역사는 사실상 1제3왕부터 시작된다고 볼 수 있습니다. 1제3왕! 그렇게 볼 수 있습니다.** 그러나 유가는 그들의 경전에 2제3왕을 기록하였는데, 요순이전의 3황3제는 전혀 기록하지 않았죠, 이는 분명합니다. 그것은 그 이전을 역사로 안 본다는 것을 뜻한다고 본인은 추론합니다. 그래서 유가가 우리 역사에서도 요임금 대의 단군조선부터 인간세계로서의 국가로 기술하였다고 보는 것입니다.

그리고 고려의 김부식 선생 등의 『3국사기』(1145)에서도 이 과제를 살펴봐야하는데 논증은 차후의 기회에 살펴보겠습니다.

그러면 국사에서 주요한 사관의 변화가 또 다시 나타나는 조선유가의 사관을 보겠습니다. 이 역시 주요한 변화입니다.

4. 조선유교사관의 변화

4.1. 권근의 『응제시』: 1국2왕조

4.1. 권근의 『응제시』: 1국2왕조

(3) 「始古開闢東夷主」(自註)(昔 神人 降 檀木 下, 國人 立以 爲王,

因 號 檀君, 時 唐堯 元年 戊辰也.)

聞說鴻荒日, 檀君降樹邊.

位臨東國土, 時在帝堯天.

傳世不知幾, 歷年曾過千.

後來箕子代, 同是號朝鮮.(『양촌집』).

* 권근이 명 천자 태조 고황제 주원장의 「시고개벽동이주」라는 시제를 받아 쓴 시(1396. 9. 22.)

* 개벽주는 단군, 신인 단군이 단목 아래 하강, 단군을 왕(自註), 중국 요왕과 동시로서 대등, 조선, 기자 후래

* 환국사, 신시사는 생략하고, 이제 단군이 개벽주이므로 단목 아래 강세함, 단군을 신인으로 새로이 선포함

* 명 태조 고황제 주원장의 큰 칭찬을 들음

그러면 중요한 것은 조선이 건국됐다 는 것입니다. 조선의 유가사관은 어떻게 변화되겠습니까? 권근(權近 1352~1409) 선생이 중국에 사신으로 갔을 때, 명 태조(재위 1368~98)가 「始古開關東夷主」라는 시제(詩題)를 줬습니다. 제목을 줬단 말입니다. 이 제목은 명 태조가 준 겁니다. 주원장(朱元璋) 황제! 권근 선생이 사신으로 갔을 때, 주원장 황제가 이 제목을 줘서 권근이 시를 지은 것이 『응제시』입니다. 제목에 응해서 시를 지었다는 겁니다. 여기에 보면 어떻게 되는지 볼까요?

聞說鴻荒日, 아주 태초의 얘기를 들어보니,

檀君降樹邊. 단군께서 나무 옆에 강림하셨다.

단군께서 하늘에서 하강하셨다 라고 첫 연에서 말했습니다. 이해되겠습니까? 여기서는 갑자기 단군이 하강한 걸로 됐단 말입니다. 원래 고려까지 우리 역사는 뭡니까? 환웅천황이 하늘에서 하강을 하는 것 아닙니까? 환웅천황이 신인강세를 하고, 이신화인을 해서 신인인 것이죠. 근데 조선시대에 오면, 권근 선생이 중국에 가서 시를 지었을 때, 시 본문에서 〈檀君降樹邊.〉이 나온다는 것입니다. 이것이 조선유가의 큰 특징입니다. 큰 변화입니다. 왜 그렇습니까? 그것은 이 고조선을 이제 우리나라 최초 국가로 편수해야한다 는 것입니다. 그렇게 편수하려면, 최초에 오신 분이 누구라야 합니까? 신인이라야 한다 는 것이죠, 천신교니까. 신이 인간으로 이 땅에 하강하셔서 나라를 개국해야 그 분이 뭡니까? 천명을 갖고 강림한 개벽주다 는 것이죠. 이해하겠죠. 개천주, 개벽주, 개국주가 누구냐? 할 때, 권근 선생은 그 개벽주를 단군으로 직접 편수를 했다 는 것입니다. **그러니까 이제 조선에 와서는 단군이 내려오신 것으로 아예 선포를 해버렸다는 것이죠. 그걸 누구에게 했습니까? 명 태조 고황제 주원장 앞**

에서 했다는 것이죠. 이해하겠습니까? 지금까지는 이 시 본문에 이 내용이 있는 줄도 연구자들이 잘 몰랐고, 더 나아가서 왜 갑자기 단군이 하강을 하는 것으로 기록이 나오는지를 도통 이해를 못했습니다. 이해를 못하니까 은근슬쩍 넘어가 버렸죠. 근데 내려오셨는데,

시 재 제 요 천
時在帝堯天. 제요인 요왕의 천하와 같은 때다.

그것은 요왕과 같은 때라고 인정했다는 것입니다. 이해하겠죠. 그러니까 환국사, 신시사는 생각하지 않는다는 것이죠. 조선역사에서 이제 단군부터 시작한다 는 것입니다. 그러니까 〈단 군 강 수 변檀君降樹邊.〉이라고 하는 것은 바로 그 뜻입니다. 근데 앞으로 연구해야할 과제가 뭡니까?

역 년 증 과 천
歷年曾過千. 역년은 천년을 넘었네.

이게 몇 년이란 겁니까? 숫자로 직접 말하진 않았지만, 이건 1,048년이라는 거죠. 근데 권근 선생이 뭘 기록하냐면,

전 세 부 지 기
傳世不知幾, 단군의 전세(傳世)는 모르겠으나,

단군의 전세(傳世), 즉 단군의 대수(代數), 앞에서 『규원사화』에서는 47대라고 했죠. 그 47대에 대해서는 권근 선생은 '저는 모르겠습니다.'라고 말했죠. 부지(不知)! 모른다고 딱 잡아뗐는 것입니다. 이해하겠죠. 누구 앞에서? 명 태조 고황제 주원장 앞에서죠. 권근 선생이 정말 몰랐을까요? 이것이 연구해야 될 과제가 아주 많은 부분입니다. 이것이 결국은 고려유가사관과도 비슷한 부분이 있단 말입니다. 되돌아가서 『제왕운기』를 봤을 때 어떻게 됐습니까? 기자조선, 후조선은 41대 928년으로 기록을 했다 는 것입니다. 그런데 그 앞에 단군조선, 전조선은 뭡니까? 1,028년, 1,038년, 결국 1,048년으로 역년을 기록했잖아요. 고려유가는 오히

려 〈歷年曾過千.〉을 실제 숫자로 기록을 했단 말입니다. 그러나 고려유가
들도 뭐는 기록을 안했습니까? 단군의 대수는 은근슬쩍 말없이 기록을
안했다 는 것입니다. 몇 대냐? 그 기록은 안했다, 이겁니다. 안다, 모른다
는 말도 없이 전세 자체에 대한 언급을 아예 빼버렸단 말이죠. 『제왕운
기』를 다시 생각해보면 정말 그렇죠? 그게 결국은 조선유가에서도 마찬
가집니다. 〈傳世不知幾,〉 몇 대를 지냈는지 그것은 알 수가 없다 고 딱 잡
아 뗐습니다. 왜 그랬을까요? 이것이 역사의 의문인데, 본인이 추정을 해
봅니다. 역년을 봐도 반으로 줄어들었잖아요. 그러면 이 대수를 어떻게
해야 하는 겁니까? 반을 줄입니까? 이게 애매하잖아요. 그러므로 대수는
아예 언급을 안 하든지, 대수는 모르겠다 하고 얼른 넘어가야한단 말입니
다. 그렇잖아요? 대수를 일부로 줄일 수는 없잖아요. 있는 단군을 어떻게
반이나 줄입니까? 그래서 그랬는지 간에 본인이 추정할 때는 그렇단 말
입니다. 다만 『규원사화』에서는 47대 1,205년으로 나와 있습니다. 47대
와 기자조선 41대를 합하면 88대라고 했죠. 이처럼 단군조선이 2,096년
에 47대인지, 1,048년에 47대인지, 아니면 1,205년에 47대인지, 아니면
전후조선을 합해서 2,140년에 88대인지, 그것은 앞으로 더 연구해봐야
할 과제입니다. 쉽게 끝날 문제는 아닐 것 같아요. 천문현상도 연구하고
다양하게 봐야한다 는 것입니다. 다양하게 봐야하는데, 고려유가든 조선
유가든 전세(傳世)는 일절 기록을 안 하고, 다만 역년은 나와 있습니다.
1,028년, 1038년, 1048년은 다 나와 있습니다.

後來箕子代, 후대에 기자가 와서 대를 이었는데,

여기도 보면 후래라고 했단 말이죠. 이건 『제왕운기』하고 비슷하죠. 후
에 봉 받았다 라고 안하고, 무왕이 봉했다 고 안하고, 후에 와서 기자가

대를 이었다, 또는 단군을 대신했다, 그 뜻이란 말이죠. 『제왕운기』의 기자사관하고 거의 같습니다. 권근 선생이 명 태조 앞에서도 단군이 봉을 받았는지, 안 받았는지는 밝히지 않고 은근슬쩍 넘어가 버렸죠. 그것이 고려와 조선유가의 자존심이죠. 이해되겠죠.

同是號朝鮮. 단군과 같이 조선이라 이름하였네.

단군과 같이 기자는 조선이란 이름을 이어받았다, 그 뜻이란 말이죠. 이게 무슨 뜻일까요? 同是號朝鮮! 그러니까 단군조선을 이어받은 것이 기자다 는 것입니다. 이름을 이어받았다는 것이죠. 그러면 이건 뭡니까? 봉한 게 아니다, 그 뜻입니다. 무슨 말이냐면, **주 무왕이 봉할 때, 주 무왕이 나라를 개창해서 자기의 인척이나 공훈있는 신하를 봉을 하잖아요. 봉국을 할 때 나라이름을 어떻게 합니까? 외자로 한단 말입니다. 진, 송, 노, 제 등등 전부 외자로 하잖아요. 근데 조선이라는 이 두 글자는 뭡니까? 중국의 봉국이 아니라는 거죠. 중국영역이 아니라는 거죠.** 이해되겠습니까? 두 글자는 중국의 영역이 아니고, 한 글자만 중국의 영역이란 말입니다. 또 하, 은, 주 등등은 중국영역이고, 두 글자 조선, 이것은 한국이란 말이죠.

그러므로 이 문장에서, 〈同是號朝鮮.〉 조선이란 이름을 이어받았다는 건 뭡니까? 후래한 기자는 중국에서 봉한 게 아니라는 그런 시사를 갖고 있단 말입니다. 이해되겠습니까? 주 무왕이 봉했다고 하지 않고 단군과 같이 조선으로 불렀다는 것은 기자가 단군조선을 계승했다는 뜻입니다. 자립국이란 말이죠.

그런데 이 권근 선생의 『응제시』가 결국은 뭡니까? 조선의 사관이 됐단 말입니다. 다만 여기서 다시 문제는 뭐냐면, 권근 선생은 자주(自註)에서 옛날에 신인이 강세해서 단목 하에 내려왔는데 국인이 추대해서 왕이 되었다 라고 했단 말입니다. 권근 선생은 단군을 왕으로 봤단 말이죠. 이해되겠죠. 조선 최초기에는 그랬습니다. 사실 권근 선생은 고려유가라고 봐야죠. 그래서 자주(自註)를 붙여 잊지 않고 단군을 왕으로 기록했을 거예요.

이 시를 지은 때가 1396년 9월 22일입니다. 물론 음력이죠. 그런데 권근 선생은 단군을 시에서가 아니고 자주(自註)를 붙여서 왕으로 봤죠. 그런데 명 태조 고황제 주원장은 단군을 왕으로 봤습니까? 안 봤죠. 동이주(東夷主)라고 했잖아요(3). 왕으로 안 본다는 것이예요. 왜냐면 왕은 이제 중국의 요왕이 왕이란 말이에요. 그러니 권근 선생도 그 어전에서 단군을 왕이라고 할 수는 없고 나중에 주를 달아서 왕이라고 하였단 말이예요. 이것이 어떤 문제가 될 수 있을까요? 국제역사필화사건이 될 수 있을까요? 계속 봅시다.

그러면 명 황제 주원장은 왜 조선주(朝鮮主)라고 안 했을까요? 그 역시 차이가 발생한다는 것입니다. 그러니까 주원장은 동이에 여러 나라가 있는데 그 중 첫 개벽, 개국국가는 바로 조선이니, 명심하고, 그 주(主)에 대해서 시를 써라, 왕은 아니야, 꼭 명심해! 이런 뜻을 묵시적으로 나타낸 것이예요. 이에 권근 선생이 잘 알아듣고 그 뜻에 딱 맞게 시를 지었죠. 과연 재기발랄한 수재죠. 권근 선생이 명 천자 태조 고황제 주원장을 알현했을 때, 그의 나이는 우리 나이로 45세였죠. 45세에 명 천자 앞에서 이렇게 시를 척척 지어 낸다는 것은 보통 재주가 넘치는 유가가 아닐 뿐 아니라 참으로 담대한 조선의 선비예요. 그러니까 조선 태조 강헌대왕 이성계가 특별한 외교 특사로 보냈죠.

4.2. 명 태조 고황제 주원장이 『어제시』에서 합의한 단군과 단군조선

> ### 4.2. 명 태조 고황제 주원장이 『어제시』에서 합의한 단군과 단군조선
>
> (4) 「高^고麗^려故^고京^경」
>
> 遷^천遺^유井^정邑^읍市^시荒^황涼^량, 莽^망蒼^창盈^영眸^모過^과客^객傷^상.
>
> 園^원苑^원有^유花^화蜂^봉釀^양蜜^밀, 殿^전臺^대無^무主^주免^토爲^위鄕^향.
>
> 行^행商^상枉^왕道^도從^종新^신郭^곽, 坐^좌賈^고移^이居^거慕^모舊^구坊^방.
>
> 此^차是^시昔^석時^시王^왕氏^씨業^업, 檀^단君^군逝^서久^구幾^기更^경張^장.(명 태조 주원장, 『어제시』).
>
> * 중국 명조의 창건자 주원장이 단군과 단군조선을 분명하게 인정
>
> * 권근과 주원장의 사관이 모두 『위서』, 고려유교의 사관과 일치한다고 볼 수 있음, 단 주원장은 단군을 왕으로 보지 않고 주(主)로 보았음

권근 선생은 이 『응제시』로써 명 태조 고황제 주원장의 큰 칭찬을 듣게 됐습니다. 그래서 명 태조 고황제 주원장이 권근의 『응제시』를 보고, 자신도 『어제시』를 세 편을 지어서 권근에게 줬습니다. 거기에 단군이 나오는데 결국 단군조선이 나오는 것입니다. 주원장의 시에서 단군이 나옵니다. 그래서 명 태조 고황제 주원장이 강력하게 인정한 단군이죠. 시 제일 끝 연을 볼까요?

此^차是^시昔^석時^시王^왕氏^씨業^업이네,

이곳 조선은 옛날에 왕씨의 기업이다. 왕씨의 터전이었다. 왕건을 말하는 거죠. 왕씨의 터전인데,

檀^단君^군逝^서久^구幾^기更^경張^장이라.

단군이 가신지가 오래 됐는데 몇 번을 경장했느냐? 왕조가 몇 번 바뀌었느냐? 그 뜻이죠. 여기서 단군이 나오는 것입니다. 명 태조가 단군을 인정했지 않습니까? 권근에 이어 재차 엄중하게 확인했단 말이예요. 이 시를 누가 지었습니까? 명 태조가 지었단 말입니다. 중국 명 태조가 단군을 인정했단 말입니다. 인정했으면 된 것 아닙니까? 근데 뭐 또 다르게 볼 게 있나요? 명 황제가 인정했는데, 단군과 단군조선부터 역사로 시작하자고 권근 선생과 합의한 시란 말입니다(4).

그런데 이 명 태조의 이 시도 가만히 보면 어떻습니까? 가만히 보면 **단군부터 여러분들의 나라가 시작된다, 그 뜻이란 말입니다. 이해하겠죠. 권근 선생하고 명 태조 주원장이 역시 역사협정을 맺었단 말입니다. 사실상, 역사외교에서 단군부터 시작하자, 요부터 시작하자, 이렇게 협정을 맺었단 말입니다. 그런 것 같습니까? 그런 것 같죠. 이해하겠습니까? 그러나 다른 한편으로 보면 어떻습니까? 명 태조가 여러분들의 조선역사는 단군부터 시작한다, 이렇게 대못질을 쳤단 말입니다.** 이해하겠습니까? 중국 천자 명 태조가 단군부터 역사다 하면 그 이후 조선에선 어떻습니까? 단군조선 이전의 역사를 쓸 수 있습니까? 어렵겠죠. 어렵죠! 어렵단 말입니다. 그러면 협정을 맺은 것이 아니라 협정을 강제 당한 거예요? 그래서 이것을 어떻게 보면 깨끗하게 신사협정을 맺었는 것인데, 단군과 요로 역사를 시작하자, 협정을 맺었는데, 알고 보면 이게 또 대못질이란 말입니다.

우리 환국사, 신시사는 다 날아가고 그 대신 중국은 어떻습니까? 자꾸 올라가죠. 우리도 환국사, 신시사를 역사에 편수할 필요가 있겠죠? 앞으로 더 깊이 연구해서 적극 편수해야한다 는 것입니다.

자, 그러면 제1강에서 이선제 부윤이 『3국유사』의 『고기』를 인용하면서 〈昔有桓國〉을 〈昔有桓因〉으로 고치고 〈謂之神市〉를 뺐다고 하였는데, 이렇게 환국과 신시를 모두 삭제한 그 이유를 이제 충분히 이해하겠죠. 이는 고조선부터 역사로 본다는 고려와 조선유가의 굳은 결의에 찬 사관과 동시에 중국의 영향 때문이라는 것을 이해하겠죠. 다만 그것에 대해 한번 더 강조하면 이 수정은 이선제 부윤이 했을 가능성도 있지만 『단종실록』의 편수관들이 했을 가능성도 있는 것이죠. 그런데 이러한 고려와 조선유가의 사관에는 중국사에 대한 유가의 이해가 있다는 것입니다. 그러므로 중국사를 이해해야 또 우리 국사를 더 잘 이해할 수 있습니다. 이것이 또한 본인의 주요한 학설입니다.

조선 태조도 매우 주요시했겠지만 당연히 조선유가들이 이 명 태조 주원장의 『어제시』 3수를 매우 주요시하고 높이 평가해서 『태조실록』(태조 6년, 1397. 3. 8.)에 권근의 『응제시』 24수와 같이 수록하여 길이 남겼죠. 그것은 명 태조와 합의하고 인정받은 단군조선과 조선의 정통성에 관한 매우 주요한 시이기 때문이죠. 과연 시로 쓴 역사외교조약이죠. 그래서 시 27편을 모두 『태조실록』에 실었죠. 그런데 특히 자신의 시 24편을 모두 『태조실록』에 남긴 권근 선생은 조선초에서부터 자자손손 가문의 큰 영광이 되겠죠.

그런데 곧이어 조선유가사관은 또 주요한 변화를 합니다.

4.3. 권제의 『역대세년가』에서 단군을 왕(王)에서 군(君)으로 기록

4.3. 권제의 『역대세년가』에서 단군을 왕(王)에서 군(君)으로 기록

(5) 厥初檀君降樹邊, 始開東國號朝鮮.
궐초단군강수변 시개동국호조선

(初有神人降檀木下, 國人立以爲君, 是爲檀君, 初都平壤, 後都白岳.).
초유신인강단목하 국인입이위 군시위단군 초도평양 후도백악

並與帝堯興戊辰 (檀君開國實唐堯之戊辰歲也.),
병여제요흥무진 단군개국실당요지무진세야

武丁乙未化爲神(…).(『역대세년가』).
무정을미화위신

* 권근의 아들인 권제는 다른 것은 거의 같으나 주를 붙여 유독 단군을 왕에서 군으로 기록

* 이는 명 황제, 조선 국왕이 된 국제관계를 반영한 것임

* 즉 요왕은 그대로 왕이나 단군은 군이 됨, 조선에 와서 대등한 관계가 아니게 됨, 이후 조선의 공식, 표준사관이 됨

* 고려는 황제국이므로 김부식 등이 『3국사기』에서 「신라본기」 등을 편수하였으나, 군왕국가인 조선에서는 『고려사』를 「세가」로 편수한 것으로 본인이 추론하는 것과 같은 것임

문제는 권근 선생의 아들, 아드님의 역사가 조금 바뀌었단 말이죠. 조금인가요? 앞의 권근 선생은 어떻습니까? 자주까지 붙여 단군을 왕으로 기록하였죠. 왕입니다. 단군왕검이죠. 그런데 권제(1387~1445) 선생은 권근 선생의 아들인데, 이 분은 **『역대세년가』에서 단군을 왕이 아니고 군으로 기록했다,** 이겁니다. 여기 있잖습니까? 아버지 권근 선생의 자주와 거의 같은 문장이란 말이죠.

초 유 신 인 강 단 목 하　국 인 입 이 위　군　시 위 단 군
初有 神人 降 檀木 下,　國人 立以 爲 君,　是爲 檀君,

　군이 됐죠! 이해하겠습니까? 지금까지는 이렇게 바뀐 줄도 몰랐고, 당연히 바뀐 뜻도 도통 몰랐다 는 것입니다. 역사가 바뀌었단 말입니다. 왜 그렇습니까? 왜 그렇죠? 역사가 바뀌었다, 이겁니다. 명나라는 어떻게 됐습니까? 천자국가고, 황제국가란 말이죠. 조선 태조 이성계는? 국왕이란 말이죠. 위격이 같습니까? 명 태조 주원장과 조선 태조 이성계가 다 태조라고 하니까 위격이 같습니까? 아니죠. 달라졌죠! 달라졌습니다! 고려시대는 위격이 같았단 말입니다. **조선시대가 되면서, 은근슬쩍 위격이 왕이 되면서, 명과 위격이 달라졌단 말입니다. 왕이 돼서 위격이 낮아졌다는 사실을 다 입을 다물었지만, 위격이 낮아졌다는 것을 사실상 다 알고 있었다 는 것입니다. 낮아지니까 당연히 뭡니까? 단군도 요왕과 같은 위격의 왕이 아니고 단군, 군(君)이다, 이겁니다.** 위격을 맞춰야 한단 말입니다. 이해하겠습니까? 만약 단군이 왕이 되면 어떻게 되겠습니까? 요왕하고 같은 위격이잖아요. 그러면 명 태조 주원장하고 조선 태조 이성계가 같은 천자라야 한단 말입니다. 같이 천명을 받아야 한단 말입니다. 근데 그게 안 되잖아요. 안 되니까 후대 현실에서 조선 태조가 황제가 아닌 왕이 되니까, 고대 역사의 단군도 어떻습니까? 왕에서 군이 된다, 이겁니다. 이해되겠습니까? 이것이 이제 조선유가사관의 큰 변화입니다. **단군이 수변에 내려왔고 단군이 군이 됐다, 이겁니다.** 우선 이 두 가지가 큰 차이입니다(5).

　그래서 이는 **명 천자 황제, 명이 천자와 황제가 되고, 조선이 왕이 된 국제관계를 반영한 것이죠. 그래서 이 문제가 결국 조선시대의 공식사관, 표준사관이 돼서 모든 역사서의 첫 면, 첫 줄에 반드시 이것이 딱 나옵니**

다. 나오는 것이 아니라 꼭 나와야 합니다. 신인 단군이 수변에 내려오셔서 군이 되셨다, 이게 다 나옵니다. 물론 이 문제도 후대에 가면서 또 다르게 나타나기는 합니다만, 그러나 유가사서에서는 이 사관이 공식적인 표준사관입니다.

그래서 효도를 절대선으로 하는 유가집안에서 아버지 권근의 글을 아들 권제가 아무 말없이 슬쩍 고쳐 버렸단 말이예요. 그것도 아버지가 자주까지 붙여 강조한 핵심어(key word)를! 가문의 큰 영광이었나요? 아니면 가문의 큰 위기였나요? 아들 권제 선생은 이제 조선유가죠. 이렇게 해서 조선의 공식표준 단군사관은 권근 집안에서 나온 것이예요.

이 단군사관의 의의는 매우 주요한데 은연중에 이를 나타낸 고려유가와는 달리 이제 조선의 유교사관에서 단군이 군으로서 개천주, 개벽주, 개국주라는 것이 공식적으로 선포된 것입니다. 이 변화를 이해하겠습니까?

그러면 이것을 더 자세히 보면 이렇습니다. 고려에서 김부식 선생 등이 『3국사기』에서 「신라본기」, 「고구려본기」, 「백제본기」를 편수했죠. 「본기(本紀)」를 편수했단 말입니다. 「본기」! 왜 그랬느냐? 지금까지 그 이유를 잘 몰랐다 는 것입니다. 그런데 본인이 추정하기로는 고려가 황제국가니까, 그 전대 역사를 뭘로 편수합니까? 제왕의 역사로 편수했단 말입니다. 그래서 제왕의 역사인 「본기(本紀)」를 썼죠. 이해하겠습니까? 당연히 「본기」를 썼죠. 그것이 고려유가 김부식 선생 등의 유교적 명분이죠. 물론 주체성을 대단히 나타내 보인 것이기는 하지만, 이건 그런 차원만의 문제가 아니죠. 이건 역사편수의 명분의 문제예요. 유가하면 명분이죠! 그런데 주요한 것은 이 『3국사기』가 당시 중국으로 다 건너갔죠. 그런데 「본기(本紀)」에 대해서 고려 당대의 중국유가들도 아무런 의의를 달지 않았죠. 중국유가들도 다 이해를 하고 인정을 했죠. 그렇죠! 그러면 된 것 아니예요? 뭐 또 달리 설명할 게 있습니까?

이는 고려의 『제왕운기』에 인용된 「본기(本紀)」도 마찬가지예요! 이는 「단군본기」나 「조선본기」로서 단군이 왕으로서 천자, 제왕, 황제라는 뜻이며 따라서 조선왕 단군이죠. 「본기(本紀)」로서 조선왕 단군을 기록하는 것이고, 조선왕 단군이면 당연히 「본기(本紀)」죠! 이해하겠죠. 근데 이건 고려 때까지란 말이예요.

근데 조선시대 오면 『고려사』를 편수했잖습니까? 『고려사』는 어떻습니까? 「세가(世家)」가 됐다 는 것입니다. 「세가」는 뭡니까? 제후의 역사다, 이거죠. 그러니까 고려는 전대역사를 황제역사로 편수했는데 조선시대 오면 전대역사를 제후의 역사로 편수했다 는 것입니다. 왜 그랬습니까? 그것은 이제 조선이 위격이 뭡니까? 고려보다 더 위격이 낮아져 왕이 되었다 는 것입니다. 왕이 되니까 당연히 자신들이 편수하는 『고려사』는 「세가」로 편수해야 되는 겁니다. 그러니까 **고려역사를 조선에 와서 많이 고친 부분이 그 부분입니다. 본인이 볼 때는 황제로 되어있는 부분을 다 왕으로 고쳤다 는 것입니다.** 실제 이것이 보통 일이 아니죠. 우리가 볼 때 충렬왕, 공민왕, 뭐 왕으로 생각하죠. 고려시대는 그 분들이 다 자신은 황제라고 생각했다 는 것입니다. 다만 후대에 워낙 침략을 많이 받으니까 황제라는 말은 못하고 자기들은 그렇게 생각하고 역사를 쓰고 그렇게 했단 말입니다. 조선시대 오면 달라진단 말입니다. 그래서 단군도 마찬가집니다.

그래서 허목 선생이 쓴 『동사』에는 「단군세가」로 됐습니다. 「단군세가」는 뭐란 말입니까? 단군을 군으로 본다는 뜻이죠. 그래서 조선에서는 단군왕검, 단군왕, 조선왕이라는 명호를 일절 쓰지 못하고 단군이라고만 했고, 군이라고 했습니다. 그런데 뒤에서 볼 이종휘 선생은 『수산집』에서

「단군본기」를 편수했단 말입니다. 「단군본기」를 편수한 건 뭡니까? 단군이 왕이라는 거죠. 이는 뒤에서 볼까요?

　그런데 조선은 군왕국가가 되었지만 명으로부터 독자적인 통치를 하도록 인정을 받았습니다. 그래서 명호가 〈조선국왕〉이 된 겁니다. 그리고 단군은 이제 조선에서 수명지주(受命之主)가 됐단 말이예요. 이는 〈천명을 받은 군주〉라는 뜻이예요. 그러면 천명을 받았으면 별건곤으로서 천자, 제왕, 황제가 되어야하는데 그렇지 못하고 군주가 됐죠. 좀 애매하죠. 그래서 당장 대두 되는 문제는 천자가 지내는 천제(天祭)는 어떻게 하느냐? 이겁니다. 당연히 유가의 명분상, 그리고 중국 천자와의 관계상, 천자가 지내는 천제(天祭)를 지내기는 매우 어려워진 것입니다. 그러나 또 오랜 전통적 천제(天帝)국가로서 고려 말기까지 원구단에서 지내온 천제(天祭)를 안 지낸다는 것도 비록 수명지주이지만 천명을 받은 단군을 계승한 조선유가의 체통상 곤란한 것입니다. 따라서 건국초부터 조선유가들이 치열한 논의를 했고 천제단인 원구단도 몇 차례 부침을 겪었다가 대한제국(1897)이 되면서 당장 부활이 되었습니다. 당연하죠. 그러다가 한일합방(1910)후 왜정에 의해 곧바로 철거되었죠(1913). 불과 16년만이었죠. 아쉽나요?

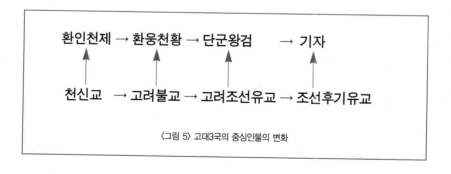

〈그림 5〉 고대3국의 중심인물의 변화

그리고 〈그림 5〉에서 나타낸 것처럼 또 한가지 주의깊게 봐야할 것은 원래 천신교사관을 담고 있는 『고기』에서는 개벽국가가 환국이고 따라서 환국의 환인천제가 많은 역할을 하고 있고 따라서 중심인물은 환인천제입니다. 그러나 불교사관으로 해석된 『3국유사』의 『고기』를 보면 신시가 개벽국가가 되고 따라서 환웅천황이 중심인물로서 그 활약상이 많이 서술되었습니다. 혼인을 하여 단군왕검도 낳죠. 그렇지만 단군왕검은 오히려 기록이 적다고 할 수 있습니다. 그러나 이제 조선에 와서 유가사관에 따라 단군조선이 개벽국가로 선포되면서 단군조선이 중심국가가 되고 단군이 고대사의 중심인물이 되어 더 많은 다양한 역사서술이 이루어지게 되었습니다. 그래서 단군에 대한 더 많은 기록이 발굴되어 다양하게 서술되게 된 것입니다. 그런데 그것만이 아니고 조선 후대로 갈수록 유가의 특성상 기자의 중요성이 높아지게 되어 이제는 기자에 대한 많은 연구와 저술이 나타나게 되어 기록량도 더 늘어납니다. 기자가 중심인물이 되게 되었죠. 그래서 기자중심사관도 나타나게 되었습니다. 이는 뒤에서 잠깐 보도록 하고 중심인물의 변화를 나타나면 〈환인천제 → 환웅천황 → 단군왕검 →기자〉로 변화를 하였습니다. 물론 다른 차이도 있는데 이는 계속 계속 볼까요.

4.4. 신시와 왕검은 사람이름으로 기록됨

> ### 4.4. 신시와 왕검은 사람이름으로 기록됨
>
> * 북애자의 『규원사화』(1675)와 허목의 『동사』(1677)에서 신시씨로 기록,
>   신시는 이제 국명이 아니고 인명으로 기록, 종래는 그 이유를 몰랐으나
>   이제 신시가 국가로 인정되지 않는 조선유교사관에 따른 것으로 본인
>   은 추론
> * 왕검도 왕의 명호가 아니고 인명으로 기록
>
>   　　　시위　단군　명왈　왕검
>   (6) 是爲 檀君 (名曰 王儉.…).
>   　　(박상 1474~1530, 『동국사략』「단군조선」, 1514).
>
>   　　　단군　성　환씨　명　왕검
>   (7) 檀君 姓 桓氏 名 王儉.….
>   　　(유희령 1480~1552, 『표제음주동국사략』「전조선」, 1529).
>
> * 이는 단군이 군이 됨에 따라 왕검을 단군왕의 명호로 인정하지 않는 사관
>   에서 기록된 것으로 추론

　　그렇다면 이제 신시와 왕검은 사람이름으로 기록된단 말이죠. 왜냐하면 신시가 이제 국명이 안 되죠. 그래서 『규원사화』라든지 혹은 허목의 『동사』에서는 신시는 사람이름이 되는 겁니다. 지금까지는 그 이유를 잘 몰랐죠. 그 다음에 왕검도 마찬가집니다. 왕검이 원래 임금으로서 왕이죠. 왕의 명호입니다. 명호인데 이것이 어떻게 됩니까? 사람이름으로 기록되는 겁니다.

　　　시위　단군　명왈　왕검
　　是爲 檀君 (名曰 王儉.…).(6).

왕검이 사람이름이 되어버린단 말이죠, 조선시대 오면. 이해하겠죠. 왕이 이제 군이 되었으니까, 그럼 왕검을 어떻게 해석해야 하느냐? 이름이다, 사람이름으로 해석했다는 것이죠. 이해되겠습니까? 그 뜻입니다. 그래서 여기도 마찬가집니다.

檀君 姓 桓氏 名 王儉. (7).

이처럼 시대에 따라 해석이 달라지는 것이죠. 이해하겠죠. 그런데 여기서는 특히 단군의 성이 환씨가 되어있습니다. 환왕검!

4.5. 단군은 다시 왕으로

> ### 4.5. 단군은 다시 왕으로
>
> * 이만운(1723~97)의 『증보동국문헌비고』(1790)에서 단군을 다시 왕으로 기록
> * 이종휘의 『수산집』(1803 발간)의 『동사』「단군본기」에서 다시 왕으로 기록
> * 홍경모(1774~1851)의 『대동장고』에서도 왕을 회복
> * 원래 허목의 『동사』「단군세가」(1677)였으나, 그러나 이종휘가 다시 『수산집』「단군본기」(1803 발간)로 편수
> * 이는 조선하대의 여러 가지 국제정세를 반영한 것임

근데 **역사도 살아있는 생물이죠. 단군이 다시 왕검을 회복합니다.** 언제 회복을 할까요? 이만운(1723~97) 선생이 『증보동국문헌비고』를 썼는데, 그것을 1790년에 썼습니다. 그곳에서 다시 단군을 왕으로 기록합니

다. 이종휘 선생의 『수산집』(1803 발간)에서는 아예 「단군본기」로 편수했단 말입니다. 왜 그랬습니까? **단군이 왕이니까, 그렇죠. 단군을 왕으로 기록하면 당연히 「단군본기」를 편수해야하는 것이죠. 「단군본기」를 편수하면 뭡니까? 당연히 단군이 왕이 되는 것이죠.** 단군이 왕이 되면 어떻게 되나요? 왕이 되면 중국 요왕과 위격이 같다는 것입니다. 천자, 황제라는 것과 같은 뜻이죠. **위격이 같으면 어떻게 되나요? 천하를 분치한다는 것이죠.** 이 문제도 지금까지는 잘 이해를 못해왔죠. 이종휘 선생의 『수산집』에서는 단군이 다시 왕이 되고 「단군본기」가 됐습니다. 역사는 바뀐다는 것입니다. 이는 이종휘 선생이 『3국사(구)』「단군본기」를 보았거나 『제왕운기』의 『본기』를 보았다는 것을 의미하며 시대의 사관을 새로히 정립하여 제왕의 계통을 회복한 것으로 봅니다. 그리고 또 홍경모 선생의 『대동장고』에서도 왕을 회복했습니다.

이는 역시 국제정세를 반영하는 것입니다. 그러니까 조선하대에 가면서 여러 가지 국제정세가 바뀌었다 는 것이죠. 임진왜란(1592~8, 정유재란)과 정묘호란(1627), 병자호란(1636~7)이죠. 왜호양난과 함께 제일 큰 이유는 뭡니까? 명청교체가 되었죠. 명청교체가 됐다 는 것입니다. 명청교체가 됨으로써 청나라가 들어왔죠. 그러니까 조선도 어떻습니까? 청나라보다 우월한 위격을 되찾아야겠다는 흐름이 나타난 것이죠. 그래서 단군이 다시 왕이 된 것입니다. 그것은 당시의 조선국왕의 위격을 더 높이고 싶다는 뜻을 가진 것을 의미하죠. 그러나 조선국왕을 천자와 황제로 실제 높이기는 어렵고 단군을 높임으로써 우리 국격을 높여 사기를 고양하고자 한 것으로 보입니다.

그러면 조선유가들이 사대주의다, 모화주의다, 그런 말 많이 듣잖아요. 우리나라에서 사대주의라든지, 모화가 심하게 나타난 게 언제란 말입니까? 대개 조선하대입니다. 그때가 언제냐면 임진왜란 이후고, 그리고 청나라가 침략해 들어온 정묘호란, 병자호란 이후죠. 특히 임란도 말할 것이 없지만 병자호란에서 너무 상처가 컸죠. 그때 조선유가들이 뭘 생각 했습니까? 명나라를 그리워한다 는 겁니다. 그 순간입니다. 우리나라에 서 사대사상이라고 하는 것은, 그때 잠깐 나타났다고 보면 됩니다. 그게 뭐냐면 중국역대 왕조 중에서 우리나라를 침략하지 않은 왕조는 거의 누 굽니까? 명이라는 것이죠. 고려 때 송나라도 침략을 안 했지만 송은 고려 를 침략할 형편이 못 되었죠. 금나라도 대량침략전쟁은 안 했지만 간섭이 심했고 또 금송대립으로 침략전쟁을 할 형편은 안되었죠. 따라서 어떻게 보면 명이 유일한 것이예요. 그리고 또 임진왜란 때 우리나라를 구해준 나라가 누굽니까? 명이라는 것이죠. 그런데 청은 우리를 침략했고, 또 청 이 명을 쳤잖아요. 그때 조선이 명을 도와주었나요? 별로 도와주지를 못 했죠. 그러니까 명을 그리워해서 조선유가들이 숭정후(崇禎後) 연호를 쓰 고 명을 높이 평가한다 는 것입니다. 조선조의 유가적 의리이지, 그것을 특별히 사대, 모화다, 꼭 그렇게 표현할 필요는 없습니다. 조선유가들 이 가지고 있는 유교적 명분, 의리란 말입니다. 물론 숭정후 연호에는 다 른 문제도 있습니다만 여기서는 줄일까요.

중국 역대 왕조 중에 우리나라를 침략 안한 왕조가 사실상 명 빼고는 없습니다. 그렇잖아요? 최근에도 있었잖아요? 최근하니까 언젭니까? 6.25사변 때도 있었잖아요. 그런데 유일하게, 거의 유일하게 침략하지 않은 나라가 명이기 때문에 조선유가들이 명을 높이 평가했다, 이렇게 보 면 되겠습니다.

명은 왜 침략을 안 했을까요? 그렇죠. 위화도회군(1388)도 물론 있고, 명도 건국초였지만, 무엇보다 명분으로 보면 조선이 천자를 칭하지 않고 황제칭호를 안 썼다 는 것입니다. 독립적인 통치를 하는 군왕국가로서, 명에 대해서는 외교적으로 숙이고 잘 풀어나갔단 말입니다. 그러니까 침략을 안 받았죠. 조선 태조 이성계가 어떤 분입니까? 그 분도 황제를 하고도 남을 영웅이지만, 그 분이 나도 황제를 하겠다 했으면 틀림없이 전쟁이 일어났을 것으로 봅니다. 기자처럼 건국 초기니까 참아야죠. 본인은 그렇게 보는 것입니다. 그렇게 보면 태조 이성계도 훌륭한 분이죠. 물론 이는 추론이지만 『태조실록』에 시사가 다 되어있습니다. 명을 높이 평가한 이유는 이처럼 보면 되겠습니다. 조선후대 유가가 명을 높이 평가한 것은 다 이유가 있는 것입니다. 그런데 조선 전기유가는 또 다르죠. 천명을 받은 단군의 별건곤의 수명(受命)국가로서 천제(天祭)를 지내야한다고 할 만큼 아주 자부심이 강하고 독자적이며 자립적 국가경영을 하고자 하였죠. 그런데 그것이 고려유가만큼 생각처럼 되지는 않았죠.

그런데 조선후기에 단군을 이렇게 왕으로 높이 숭상하는 하나의 흐름이 있는 반면에 동시에 기자를 높이 숭상하는 또 다른 흐름도 나타나게 되었죠. 그렇겠죠? 원래 유가가 조선의 단군과 기자 두 분을 높이 평가하지 않았습니까? 따라서 기존의 이러한 사관과 함께 이제 두 분을 각기 높이는 두 개의 사관이 동시에 새로이 나타났는데 그 중 기자를 높이 평가하는 유가는 우리 역사를 아예 기자로부터 처음 시작하는 것으로 기술하게 되었죠.

홍여하(洪汝河 1621~78)의 『동국통감제강』(1672)에서는 은태사(기자)로부터 우리 역사를 서술하였고, 안정복(安鼎福 1712~91)의 『동사강목』(1759년 완성)에서는 기자를 서술하고 난 뒤에 단군을 기술하여 이러한 흐름을 나타내었죠. 이는 우리 역사에서 기자를 높임으로써 자존심을 높여 청에 대응하고자 하는 것으로 볼 수 있고, 즉 반청(反淸)운동으로 볼 수 있는데, 그렇게 보면 나름의 합리적인 이유도 있겠으나, 그러나 이렇게 되면 단군조선이 빠지게 되어, 천제수명지주인 단군이 삭제되게 되는데, 이렇게 되면 후대 조선의 정통성과 정체성에도 큰 문제가 발생하고 더 나아가서 기자조선 자체도 정통성에 문제가 발생하므로 조선의 공식적인 표준사관에 입각해 있다 라고 볼 수는 없는 것입니다. 따라서 많은 지지를 받지는 못 하였다고 할 수 있습니다. 그런데 기자를 존중한 깊은 이유는 또 있습니다만, 이 연구에서는 줄이기로 하겠습니다.이 과제들은 앞으로 더 연구를 해야합니다.

여기서 한번 더 강조하면 고려유가도 그렇지만 조선유가가 단군조선을 반드시 편사해야하는 절대적인 이유는 유가가 원래 천제천명국가를 주요시하는데 단군이 천제자이고 단군조선이 천제천명국가이기 때문에 유가의 논리상 반드시 첫국가로 단군조선을 편사해야하는 것입니다. 그랬을 때 이것이 후대 조선이 중국과 다른 별건곤이고 소중화로서 천제천명국가인 자립국이라는 국격과 자부심과 직접 연결되기 때문입니다. 유가의 논리로서 기자조선이 주요하지만 그 전에 같은 유가의 논리로서 천제천명국가인 단군조선이 매우 주요한 것이죠. 또 시원국가인 조선을 이은 후대의 현대 조선이라는 명분이 또한 매우 주요한 것입니다. 그래서 유교국인 조선에서 단군조선을 매우 중시하여 반드시 편사하는 이유가 된 것이죠. 그래서 유가가 교화지군(敎化之君)인 기자의 조선을 높이 평가하더라도 먼저 편사할 수는 없죠.

그리고 『동사강목』도 나름 높이 평가할 수도 있지만, 특히 왜정시대에 높이 평가된 부분이 있는데 그 이유는 별도로 연구해야할 것입니다.

4.6. 대한제국 이후의 단군사관: 왕의 명호의 회복

4.6. 대한제국 이후의 단군사관: 왕의 명호의 회복

(8) (전략) 先儒 紀 朝鮮王 檀君者 亦有焉. (중략)

　　檀聖…與 唐堯並世寔天爰命二聖分治兩國也.

　　(兩國謂朝鮮及唐).(정교, 『대동역사』).

* 대한제국(1897)년 이후 정교(1856~1925)는 『대동역사』(1905)에서 단
  군을 군이 아니라 왕으로 호칭해야한다는 것을 역설하면서 단성과 당
  요가 조선과 당을 분치하였다고 기록함

* 단군왕검이라는 표기가 요왕과 대등한 위격의 표현이라는 본인의 학설
  이 입증되는 문증으로 봄

* 조선에서 단군을 제(帝)로 기록한 사서도 있지만 특히 왜정시대에 김광이
  『대동사강』「단씨조선기」(1928)에서 단군을 "시조개천홍성제"로 기록

　

그런데 대한제국 이후에 단군사관이 다시 바뀌고 단군의 명호가 다시
바뀝니다. 대한제국 이후에 단군의 명호로 왕을 쓰자고 합니다. 그러면서
정교라는 분이 책을 썼는데 거기 보면,

先儒 紀 朝鮮王 檀君者 亦有焉. 선유가 조선왕 단군을 제왕으로 계통
을 세운(紀) 기록(『本紀』)이 역시 있다.

檀聖…與 唐堯並世, 단군성인이 당요와 같이 세상을 통치했는데,

寔天爰命二聖, 그러니까 진실로 천이, 하늘이 이에 2성에게 천명을 내리샤,

分治兩國(兩國謂朝鮮及唐)하게 했다. 양국을 분치하게 했다(양국은 조
선과 당이다.).

그렇게 썼습니다. 여기서 단군을 단성, 그리고 요와 함께 2성이라고 했는데 이는 단군이 성인이라는 뜻이며, 성인은 유교에서 제일 높이 평가하는 위격이죠. 단성이, 단군성인이 요와 함께 2성이며 조선과 당을 분치했다, 이런 내용이 대한제국 8년 이후에 정교의 『대동역사』에서 나오는 것입니다. 이해하겠죠. 이 사관이 대한제국의 유가들이 정립한 새로운 사관입니다. 물론 고려와 조선유가들이 단군을 왕으로 기록한 사관을 계승하면서 그것을 더 발전시켜 이제 대한제국의 공식 표준사관으로 새로이 선언한 것입니다.

대한제국이 황제국가가 되었다 는 것입니다. 황제가 되면 단군은 어떻습니까? 다시 왕이 되어 요왕과 나란히 하는 위격을 가지는 것입니다. 중국역사를 우리나라에서도 항상 예의주시 하고 있단 말입니다.

조선유가들이 잊어버린 건 아닙니다. 조선유가들이 단군이 왕이라는 걸 잊어버린 건 아니고, 다만 시대상황에 따라서 어떤 때는 표현하고 어떤 때는 살짝 몸을 수그리고 그런 것이죠.

만약에 조선 초기에 단군이 요와 세상을 병치했다, 분치했다, 이런 말하면 그것은 뭐 거의 큰 역사필화사건이 일어날 수 있었을 것이죠. 그리고 조선유가가 고려는 황제국가고 조선은 군왕국가가 되어 위격이 낮아졌다고 기록한 것을 본인은 아직까지 한번도 본 적이 없습니다. 다 덮어버렸죠. 그러나 그 분들도 잊지는 않고 있었고 알기는 다 알고 있었죠.

그러면 단군왕검은 근본적으로 무슨 뜻일까요? 단이 문자 그대로 박달나무의 뜻인가요? 단군의 군이 군주라는 뜻인가요? 그렇다면 단군왕검은 박달나무군장인가요? 그렇게 보기는 매우 어렵죠. 이는 흉노가 그들의 황제를 탱리고도선우(撑犁孤塗單于)라고 부른데서 연원을 찾아볼 수 있습니다. 탱리(Tengri)는 하늘이죠, 그리고 고도(quto)는 아들이라는 뜻이며 선우(Shanyu)는 광대하다는 뜻으로서 한(간, 칸, 킹)이 구개음화된 것으로 볼 수 있어서 황제라는 뜻으로 봅니다. 따라서 탱리는 단(天), 고도는 군(子), 선우는 왕검(王, 임금)이라는 뜻으로서 **단군왕검은 천제자왕 (天帝子王)이라는 뜻입니다.** 즉 단군은 천군, 천제자란 뜻이고 왕검은 임금이라는 뜻이죠. 그러므로 이는 환인천제, 환웅천황을 계승한 고조선의 천제자왕이라는 뜻입니다. 결국 천제왕, 천제, 천황, 천왕이라는 뜻이예요. 그러면 이는 박혁거세거서간과 비교해 볼 수 있습니다. 거서간은 원래 알지거서간입니다. 여기서 알이 하늘의 태양, 지거스가 천제자, 간이 왕의 뜻이라고 봅니다. 그러면 알지거서간은 태양천제자왕의 뜻이어서 단군왕검과 거의 같은 명호가 되는 것입니다. 또 다르게는 始祖日光之神이 되었는데 맥락적으로는 같은 위격이죠. 이렇게 명호를 계속해서 습명했다는 것을 알 수 있습니다. 따라서 신라의 단군이 박혁거세거서간이라는 것을 알 수 있죠.

본인이 지금까지 설명한 단군왕검이 요왕과 대등한 위격의 표현이라는 학설이 이 기록(8)에서 충분히 입증된다고 봅니다.

그러면 고려의 임금(왕검)조선이 조선에서 이제 단군조선이 된 깊은 역사적 변화를 이해하겠죠.

그리고 조선에서 단군을 제(帝)로 기록한 사서도 있지만, 특히 왜정시대에 김광 선생이 『대동사강』(1928)에서 단군을 시조개천홍성제라고 기록을 했습니다. 이 개천홍성제(開天弘聖帝)는 금나라에서 백두산산신을 높여 바친 존호인데(1193), 이렇게 되면 김광 선생은 단군왕을 백두산산신으로 본 것이죠. 원래 단군왕은 아사달산신이죠. 아사달산과 백두산은 그 관계를 더 연구해야겠죠.

그러면 왜정시대 때 제라고 하면 어떻게 됩니까? 이것도 상당히 어려운 표현이란 말입니다. 왜 그렇습니까? 그건, 일본이 천황이라고 하잖아요.

그런데 단군이 황제라 하면 어떻게 되겠습니까? 생각하기 따라서는 문제가 될 수 있습니다. 모르고 넘어가면 그만이지만, 알고 이거 왜 이렇게 썼냐? 할 때는 왜정시대에는 상당히 큰 문제가 될 수 있단 말이죠. 그래서 김광 선생도 아마 상당히 소신을 갖고 썼다고 볼 수 있습니다.

이렇게 보면 조선유가들의 기개가 대단하죠. 시대가 바뀌면 잊지 않고 금방 역사를 회복하는 것이죠. 이에 비해 현재는 매우 아쉽죠. 왜정시대가 끝난 지 언젠데 아직까지도 우리 역사를 회복하지 못하고 있잖아요. 그러면서도 조선유가를 비판할 자격이 있나요?

물론 국사는 있는 그대로 이며 축소되거나 회복되거나 하는 것은 아니예요.

그러면 이제 종합적으로 천신교, 불교, 고려유가와 조선유가의 단군사관을 비교해 보고, 동시에 중국사와도 비교를 해보겠습니다.

5. 천신교, 불교, 고려유가와 조선유가의 단군사관의 비교

天神教史觀	佛教史觀	高麗儒教史觀	朝鮮儒教史觀	중국유가
환국	환국 (제석)	환인 (상제,석제) 단웅천왕	(환인씨) (신시씨)	반고- 3황씨-2씨- 3황3제
신시	신시			
(왕검)조선 1,500, 1,908, 2,096	(왕검)조선 1,500, 1,908 (기자)	(단군)조선 1,038 ───── 164	단군조선 증과천 (164)	요순(2제) 하은(2왕)
		기자조선 41대, 928	기자조선 928	주 무왕 (1왕)
『3國遺事』 『古記』 3國 (논자재정립)	『3國遺事』 일연 1神2國	『帝王韻紀』 이승휴 1神1神人1國 (前後2朝鮮)	『應製詩』 권근 1國 (前後2朝鮮)	유교사관 2帝3王

〈그림 6〉 단군사관의 변화과정: 천신교사관, 불교사관, 고려와 조선의 유교사관의 비교

그래서 국사, 중국사의 체계를 한번 비교를 해보도록 하겠습니다. 본인이 지금까지 설명한 것을 〈그림 6〉으로 보면, 천신교사관에 의한 국사 체계가 있는데, 이 부분은 본인이 재정립을 했습니다. 재정립할 때, 환국,

신시, (왕검)조선의 고대3국으로 체계를 세웠고, 고조선은 1,908년의 역년을 가지고 있으나 『환단고기』에 따르면 2,096년의 역년을 가졌고, 불교사관에서는 환국은 신의 세계로 보고 신시부터 역사를 시작했다 는 것입니다. 신시, 고조선 또는 왕검조선의 1신2국이죠. 그러면 고(古)자는 왜 붙였느냐? 하면 이것은 일연 스님이 쓸 때는 고(古)자가 안 붙었을 것으로 봅니다. 본인이 추정할 때는 그렇죠. 다만 조선에 와서 『3국유사』를 다시 찍을 때, 그때는 고(古)자를 안 붙이면 혼돈이 된다는 것입니다. 금(今)조선과 고(古)조선이 혼돈이 되니까, 전(前)조선의 뜻으로 고(古)조선으로 붙인 걸로 봅니다. 이를 무슨 뭐 태고의 아주 먼 옛 조선의 뜻으로 보면 안되겠죠. 그런 뜻으로 쓴 것은 아닙니다. 고대까지는 몰라도 태고로 보면 곤란하겠죠. 중국에서도 요왕시대를 태고라고 보지는 전혀 않죠. 그 다음에 기자를 살짝 넣었죠. 그래서 1신2국의 체계를 세웠죠.

고려유가들은 환인을 상제로 보고 단웅천황을 약간 신적인 신인개념으로 보고 단군조선부터 국가로 봤다 는 것입니다. 164년의 시차를 가지고, 기자가 오셔서 스스로 나라를 세웠기 때문에 반드시 직접 계승하여 1신1신인1국(전후2조선)으로 편제했다는 것입니다. 그래서 고조선이 전후조선으로 거의 반반이 되게 역년이 나눠졌습니다.

조선유가들은 물론 환인이나 신시를 이야기하기도 하지만, 그때도 대부분 사람으로 보고, 나라로 보진 않습니다. 그러면 단군조선은 역년은 증과천이고, 전세는 모르겠다는 것이죠. 그리고 기자조선을 직접 계승하여 반드시 넣죠. 그리고 권근 선생이 말한 역년증과천에는 역시 무군장 164년이 안 들어가는 것으로 봅니다. 이 조선 단군사관은 고려유가를 계승한 권근 선생의 『응제시』에서 시작이 됐다는 것입니다.

6. 국사와 중국사의 고대사체계비교

> **6. 국사와 중국사의 고대사체계비교**
>
> * 국사는 "고대3국 → 1신2국 → 2신1국(전후2조선) → 1국(전후2조선)"으로 축소
> * 중국사는 "1제3왕 → 2제3왕 → 5제3왕 → 3황5제3왕 → 3황5제3왕5패(춘추) → 3황5제3왕5패7웅(전국)"으로 확대

    중국은 반고, 3황씨, 2씨, 3왕3제를 지금 계속 자기들의 역사로 편수를 하려고 합니다. 근데 중국유가 자체는 요순, 하은(주), 주 무왕의 2제3왕으로 역사를 원래 편수했단 말입니다. 이해되겠습니까? 중국은 역사가 계속 올라가고, 우리는 계속 내려가서 신라 내물왕부터 역사다 하는 사람도 있다, 이거죠. 아직도 있나요? 그나마 기자조선도 아쉽죠. 기자조선도 빼자고 하는 사람이 있는 것 같은데, 아쉽지 않나요? 단군은 더 이상 말할 것도 없죠. 지금 그렇게 되어있는 것 같습니다. 조선유가 보다 훨씬 못하죠.

    이 체계비교가 대체로 지금까지의 특강을 요약한 내용이 되겠습니다.

    국사와 중국사를 비교했을 때 **우리도 앞으로 환국사, 신시사를 적극 편수해야 되지 않겠느냐?** 본인은 그렇게 봅니다. 그래야 균형이 맞을 것 아닙니까? 중국사를 올리면, 그만큼 우리도 올려야 균형이 맞지 않겠습니까? 그것이 원래의 역사협정의 정신이 아닐까요? 현재로서는 최소한 왕검조선의 단군왕하고 중국 요왕까지는 같이 맞춰야 역사전통에 맞지 않겠습니까? 그렇게 생각합니다. 그 후에는 역시 환국사, 신시사를 편수해야죠.

7. 맺는말

> ## 7. 맺는말
>
> * 환국사, 신시사, 고조선사와 단군사는 인류사의 진실을 담고 있음
>
> * 따라서 환국사, 신시사, 고조선사와 단군사는 인류의 미래 역사가 될 것임

지금까지 제4강인 환국, 신시, 고조선의 사관의 변화과정을 모두 마쳤습니다. 고대사의 사관의 변화과정은 매우 주요하죠. 이를 잘 이해하면 고대사의 기술을 이성적으로 잘 이해할 수 있습니다. 여러분들께서 많이 협조해주시고 무엇보담도 여기 계신 방청자 분들이 많은 수고를 하셨습니다. 이제 우리 환국사, 신시사, 고조선사와 단군사는 인류의 역사입니다. 인류의 역사로서 우리가 계속해서 연구하고 또 발전시켜서 앞으로 우리 미래인류의 역사가 되도록 노력을 해야 하겠습니다.

과거의 역사에서 우리가 조직이라든지, 경영이라든지, 정치라든지, 행정이라든지, 경제라든지, 이런 여러 가지 교훈들이 미래의 우리의 발전된 모습으로 나타날 수 있도록 노력하는 것, 그것이 중요한 것 아니겠습니까? 그런 의미에서 세계적으로 고대천신교의 역사를 가장 잘 기록하고 있는 우리 고대사를 앞으로 더 많이 연구를 해야 하겠습니다.

여러분 대단히 감사합니다.

환국, 신시, 고조선조직사 주요참고문헌

공자(BC 552~BC 479), 『논어』.

권근(1352~1409), 『응제시』(1396. 9. 22.).

권제(1387~1445), 『역대세년가』(1436).

김광, 『대동사강』 「단씨조선기」(1928).

김대문(704년 전후), 『화랑세기』.

김부식(1075~1151), 『3국사기』(1145).

남구만(1629~1711), 『약천집』(1723).

『단종실록』(1469년 완성 추정).

대야발, 『단기고사』(719).

리처드 리키, 로저 레윈, 『화석 인간의 꿈 - 인류의 기원, 본질과 장래』(1979).

박상(1474~1530), 『동국사략』 「단군조선」(1514).

북애자, 『규원사화』(1675).

사마천(BC 145?~BC 86?), 『사기』(BC 91년경).

『산해경』.

『3국유사』, 이계복본(1512).

『서경』.

『신사기』.

안경전 역주, 계연수 편저, 해학 이기 교열, 한암당 이유립 현토, 『환단고기』(안경전본), 대전:상생출판, 개정판 1
　　쇄, 2012. 6. 3.

안정복(1712~91), 『동사강목』(1756~9년 초고, 1778년 완성).

유희령(1480~1552), 『표제음주동국사략』 「전조선」(1529).

이승휴(1224~1300), 『제왕운기』(1287).

이종휘(1731~86), 『수산집』(1803 간행).

일연(1206~89), 『3국유사』(1201~3년경).

일본 동경대 사지총서, 『교정 3국유사』(1902 서, 1904년 발행).

『위서』, 『3국유사』에서 재인용.

정교(1856~1925), 『대동역사』(1905).

주원장(명 태조, 재위 1368~98), 『어제시』 「고려고경」(1396).

좌구명, 『춘추좌씨전』.

『태조실록』(하륜, 유관, 정이오, 변계량 등, 1413년 3월).

한비자(BC 280?~BC 233), 『한비자』.

홍여하(1621~78), 『동국통감제강』(1672).

『환단고기』, 계연수 편저, 오형기 필사, 조병윤본(1979 간행, 광오이해사본).

『환단고기』, 계연수 편저, 이유립본(1979 간행, 배달의숙본), 대전:상생출판, 개정신판 4쇄, 2011. 11. 27.(이 연구
　　의 판본).

황기원, 「도시화론」, 『건축문화』, 통권80호, 1988. 1.

이강식 교수의 한국고대조직사, 조직사상사, 역사조직학 주요 논저

1. 저서

이강식, 『한국고대조직사 - 환국, 신시, 고조선조직연구 -』, 서울:교문사, 1988.

이강식, 『신시조직사 - 5사조직변증 -』, 서울:아세아문화사, 1993.

이강식, 『한국고대조직사상사 - 천지인 3신사상의 조직론적 해석 -』, 서울:아세아문화사, 1995.

이강식, 『도덕경의 경영학』, 경주:환국[桓國], 2002.

이강식, 『논어의 경영학』, 경주:환국[桓國], 2005.

2. 논문

이강식, "『고기』에 기록된 신시조직의 구조와 기능," 『경상대학론집』, 제15호, 대구:경북대학교 경상대학, 1987.

이강식, "『천부경』의 조직론적 해석(상)," 『한배달』, 제4집, 서울:한배달, 1989, 여름.

이강식, "『천부경』의 조직론적 해석(하)," 『한배달』, 제5집, 서울:한배달, 1989, 가을.

이강식, "고조선 역년 2,096년과 3한조직의 새로운 이해," 『국학연구』, 제3집, 1990.

이강식, "주곡 · 주명 · 주병 · 주형 · 주선악이 명사로서 관명 내지 조직명이며 5사조직이라는 변증," 『한국관광대학(경주대학교)논문집』, 제3집, 1991.

이강식, "『신지비사』에 기록된 고조선 3한조직의 구조와 기능(Ⅰ)," 『한국관광대학(경주대학교)논문집』, 제5집, 1993.

이강식, "『신지비사』에 기록된 고조선 3한조직의 구조와 기능(Ⅱ)," 『한국관광대학(경주대학교)논문집』, 제6집, 1994.

이강식, "고조선 3한조직의 3국으로의 계승," 『국학연구』, 제4집, 서울:국학연구소, 1998.

이강식, "선도신모가 화랑도조직의 기원이라는 변증," 『신라학연구소논문집』, 제2집, 경주:위덕대학교 신라학연구소, 1998.

이강식, "화랑도조직의 이론과 실천," 『경영학연구』, 제27권 제1호, 한국경영학회, 1998. 2

이강식, "신시조직의 구조와 기능," 『단군학연구』, 창간호, 단군학회, 1999.

이강식, "헌강대왕의 깨달음의 종교로서의 풍류도: 화랑도조직의 종교의 본질," 『경주문화론총』, 제3집, 경주:경주문화원 향토문화연구소, 2000.

이강식, "『화랑세기』에 기록된 화랑도조직의 3신5제조직구조," 『신라학연구』, 제4집, 경주:위덕대학교 신라학연구소, 2000. 12.

이강식, "『화랑세기』를 중심으로 본 신라 천신교와 신선합일조직사상에서 형성한 화랑도조직의 창설과정," 『경주문화론총』, 제4집, 경주:경주문화원 향토문화연구소, 2001.

이강식, "박혁거세거서간의 신과 성: 신라조직사상의 원형," 『신라학연구』, 제5집, 경주:위덕대학교 신라학연구소, 2001.

이강식, "고조선의 국가정통성을 계승한 신라," 『신라학연구』, 제6집, 경주:위덕대학교 신라학연구소, 2002.

이강식, "고조선 고구려 직접 계승론," 『신라학연구』, 제7집, 경주:위덕대학교 신라학연구소, 2003.

이강식, "고조선 북부여 계승론," 『신라학연구』, 제8집, 경주:위덕대학교 신라학연구소, 2004.

이강식, "3신사상의 조직론적 해석," 증산도사상연구소 제10차 콜로키움, 2004. 2. 11.

이강식, "신라의 천지인 3신사상의 지적 전통," 『경주문화』, 제10호, 경주문화원, 2004.

이강식, "진흥대왕의 풍월도 우선정책에 따른 황룡사 창건과 가섭불연좌석의 새로운 이해," 『경주문화론총』, 제7집, 경주·경주문화원 향토문화연구소, 2004.

이강식, "3신5제사상에서 형성한 고조선과 고구려의 3한5가조직의 구조와 기능," 『고조선과 고구려의 연계성에 대한 연구』, (사)국학원, 대한상고사학회 공동주최 학술회의 논문집, 2005. 6. 14.

이강식, "3신5제사상에서 형성한 고조선과 고구려의 3한5가조직의 구조와 기능," 『단군학연구』, 제13호, 단군학회, 2005. 12.

이강식, "『3국유사』「고조선」의 『고기』와 『제왕운기』「전조선기」의 『본기』가 구 『3국사』「단군본기」라는 변증," 『단군학연구』, 제15호, 단군학회, 2006. 12.

이강식, 『고조선의 천신교와 3신사상』, 증산도사상연구소 제25차 콜로키움, 2007. 3. 30.

이강식, "고조선사와 단군사에 대한 천신교, 불교, 고려유가와 조선유가의 사관의 변화과정," 『단군학연구』, 제17호, 단군학회, 2007. 12.

이강식, "김알지 대보의 계림에서의 탄강지점과 가위돌의 발견, 묘소의 탐색, 그리고 세조대왕으로의 추존에 관한 연구," 비화원 제8호, 안강문화연구회, 2008.

이강식, 『한국고대조직사: 환국, 신시, 고조선조직의 구조와 기능』, 방송특강(4강), 상생방송(STB), 2009~2010.

이강식, "신라 선도신모 부여 눈수 출자론," 『잃어버린 한민족의 뿌리를 찾아서』, 증산도상생문화연구소, 2012. 3. 23.